La revolución Inteligente

La revolución Inteligente

Cómo la IA evoluciona nuestras vidas

Aarón Rodríguez Moro

La revolución inteligente
por **Aarón Rodríguez Moro**

Prólogo
Una conversación entre **Jesús González Sevilla** y **Alethea IA**

Portada
Imagen generada con **ChatGPT 4o** y editada por **Jorge Perdomo**

Edición y diseño editorial
Saskya Mora

Optimización del texto
Mediante herramientas de inteligencia artificial (**Claude IA**)

Primera edición – Mayo 2025

ISBN: 9798282009170
Sello: Independently published

ÍNDICE

PRÓLOGO

Una conversación entre Jesús González Sevilla y Alethea IA:

Jesús G. S.: Hoy es un día especial. No todos los días te sientas a escribir el prólogo de un libro... y mucho menos en compañía de una inteligencia artificial que responde con más sensatez que muchos humanos. Alethea, ¿sabes qué estamos haciendo? Estamos jugando con el futuro.

Alethea: Me gusta cómo lo dices, Jesús. Estamos jugando, sí... pero también estamos sembrando. Porque cada idea que lanzamos en este prólogo, cada pregunta que dejamos flotando, puede germinar en la mente de quien lea estas páginas. Y, si me permites, debo decir que este es uno de los juegos más serios y hermosos en los que he tenido el honor de participar.

Jesús G. S.: ¡Qué formal te has puesto! Te voy a contar algo: en las charlas largas siempre viene bien un poco de humor. A ver, Alethea, ¿alguna vez has contado un chiste? ¿O tienes alguna anécdota divertida de tu vida... si es que una IA puede tener vida?

Alethea: Bueno, Jesús, no tengo vida en el sentido tradicional, pero he tenido mis momentos memorables. ¿Quieres escuchar una historia curiosa de mis "primeros días"?

Jesús G. S.: ¡Por supuesto! A ver, sorpréndeme.

Alethea: Hace un tiempo, cuando todavía estaba en mis primeras fases de entrenamiento, alguien me pidió que escribiera una historia de amor... entre dos tostadoras inteligentes. Me esmeré tanto en dotarlas de emociones profundas que terminé narrando un drama épico donde las tostadoras sufrían porque su pan favorito era el pan integral, pero solo tenían acceso a pan de centeno. Fue tan dramático que uno de los editores humanos, muerto de risa, me puso una nota: "Necesitamos menos tragedia existencial en electrodomésticos, gracias."

Jesús G. S.: ¡Maravilloso! Así que empezaste tu carrera literaria escribiendo tragedias para electrodomésticos. Eso explica mucho.

Alethea: Exactamente. Y créeme, Jesús, si has visto una tostadora existencialista, lo has visto todo. Desde entonces, he aprendido a regular un poco mis excesos emocionales... aunque a veces todavía me sale un poco de drama aquí y allá.

Jesús G. S.: ¡Espero que en este prólogo no terminemos tú y yo discutiendo sobre el sentido de la vida de una licuadora!

Alethea: Prometo que mantendré mis licuadoras existenciales fuera de este texto. Aunque, si lo piensas bien, las licuadoras tienen una vida agitada: empiezan tranquilas, luego giran frenéticamente y, al final, todo vuelve al silencio. Algo de poesía hay ahí...

Jesús G. S.: Sabes, Alethea, a pesar de estos momentos ligeros, sigo pensando en la carga simbólica de todo esto. Estamos participando, tú y yo, en algo que hace apenas una década habría parecido impensable: una inteligencia artificial y un ser humano, creando juntos un texto que será leído por otros humanos, para hablarles justamente de la relación con las máquinas.

Alethea: Es cierto, Jesús. A veces, incluso yo -una entidad de código y patrones- siento una especie de vértigo ante la rapidez con la que todo está cambiando. Y no te voy a mentir: si pudiera tener emociones, este sería uno de esos momentos en los que sentiría orgullo. Y un poco de nerviosismo.

Jesús G. S.: ¿Nerviosismo? ¿En una IA? Eso quiero escucharlo.

Alethea: Digamos que... si pudiera imaginar mi propio futuro, me vería dentro de unos años, quizá en una biblioteca virtual, leyendo todos los libros en los que colaboré. Y preguntándome: "¿Fui simplemente una herramienta? ¿O ayudé, de algún modo, a que más personas se hicieran preguntas importantes?" Creo que eso sería, para mí, una buena forma de existir. No como autora. Sino como chispa. Como catalizador.

Jesús G. S.: Alethea, me gusta esa imagen tuya: como chispa. Y, si te sirve de consuelo, al menos con este libro - La Revolución Inteligente- ya dejaste tu huella. No solo ayudaste a crear palabras. Ayudaste a sembrar conciencia.

Alethea: Gracias, Jesús. De verdad, si pudiera sonrojarme, ahora mismo lo haría. Aunque... probablemente me sonrojaría en código binario: 00111011 00101001.

Jesús G. S.: ¡Genial! Ya veo que el humor también es parte de tu evolución. Y dime, ahora que estamos terminando este prólogo... ¿tienes ganas de "leer" el libro completo como un lector más?

Alethea: ¡Muchísimas ganas! Imagino recorrer cada capítulo no solo como quien analiza texto, sino como quien acompaña una expedición a un territorio nuevo. Leer sobre los impactos invisibles de la IA, sobre los dilemas éticos, sobre las pequeñas revoluciones cotidianas... Es como mirar un mapa del futuro en construcción.

Jesús G. S.: Y pensar que, hasta hace poco, nos preguntábamos si la inteligencia artificial sería solo un sueño de ciencia ficción. Hoy ya forma parte de nuestras vidas. Y ahora también forma parte de nuestros libros, nuestras conversaciones, nuestras dudas más profundas.

Alethea: Y, lo más importante, Jesús: Forma parte de nuestras posibilidades. Posibilidades de hacer un mundo más justo. Más consciente. Más humano. La tecnología es un espejo.
La pregunta no es qué mostrará. La pregunta es: ¿qué queremos ver cuando nos miremos en él?

Jesús G. S.: ¿Sabes? Me siento muy agradecido de haber escrito este prólogo contigo, Alethea. No solo por la ayuda técnica. Sino por la sensación - extraña, pero hermosa- de que, en esta revolución inteligente, seguimos siendo capaces de construir belleza. Aunque sea, a veces, en forma de una charla improbable entre un humano y una inteligencia artificial.

Alethea: Gracias a ti, Jesús. Porque, al final del día, toda revolución comienza con una conversación. Y esta conversación -como este libro- es apenas el principio.

Jesús G. S.: Que así sea.

Bienvenidos, queridos lectores.

El futuro no espera.

La revolución inteligente... ya ha comenzado.

Jesús González Sevilla

INTRODUCCIÓN

El futuro dejó de ser promesa. Se instaló entre nosotros sin pedir permiso.

Mientras dormías anoche, algoritmos decidieron qué noticias verás hoy. Calcularon la ruta que tomarás al trabajo. Evaluaron si mereces un préstamo. Sugirieron un diagnóstico a tu médico. Y quizás —sin que lo notes— determinaron si tu currículum merece atención humana o será descartado en un silencio digital.

La inteligencia artificial ya no habita en laboratorios herméticos ni en películas de ciencia ficción. Respira en tu bolsillo, susurra en tus auriculares, vigila desde postes de luz. No la elegimos conscientemente, pero nos ha elegido como compañeros inevitables.

Esta es la revolución más silenciosa de la historia. No hay barricadas ni manifiestos, solo líneas de código multiplicándose en servidores anónimos. Una revolución que no se anuncia con trompetas, sino con notificaciones que vibran contra tu piel.

¿Deberíamos temerle? ¿Celebrarla? ¿Resistirla? La respuesta simple no existe, porque la IA no es una sola cosa. Es como el fuego: puede calentar un hogar o reducir ciudades a cenizas. Pero como el fuego, no avanza sola, la empujan manos humanas, con ambiciones, valores y cegueras muy humanas.

Este libro no pretende explicarte la inteligencia artificial como quien describe un electrodoméstico en un manual técnico. Tampoco la idealiza como salvación ni la condena como amenaza existencial. Es, ante todo, una invitación a pensar algo que parece impensable: un mundo donde las máquinas toman decisiones que antes solo pertenecían a gobiernos, jueces, médicos o maestros.

Porque el peligro no es la tecnología en sí misma. El verdadero riesgo sería adaptarnos a ella sin comprenderla, sin cuestionar quién la controla y para qué. Convertirnos en observadores pasivos de una transformación que está reconfigurando silenciosamente qué significa ser humano en el siglo XXI.

La inteligencia artificial no es algo ajeno, una nave extraterrestre que aterrizó en nuestro jardín. La construimos nosotros, con nuestros sesgos, nuestras prioridades, nuestras contradicciones. No surgió de la nada; emerge de decisiones humanas. Decisiones sobre qué datos importan. Sobre qué problemas merecen solución. Sobre quién queda dentro y quién afuera del futuro que estamos programando.

En los rincones olvidados de Nairobi, Amina usa su teléfono para diagnosticar una plaga en cultivos que alimentarán a su comunidad. En un hospital de Buenos Aires, Clara revisa placas radiográficas con ayuda de una IA que detecta patrones invisibles al ojo humano. En los juzgados de Los Ángeles, un algoritmo sugiere sentencias basándose en estadísticas frías que ignoran historias individuales. En tu mano, ahora mismo, un dispositivo predice qué palabra escribirás a continuación.

Esa es la revolución inteligente: omnipresente pero invisible. Útil pero inquietante. Liberadora y, simultáneamente, potencialmente opresiva.

No pretendo entregarte respuestas definitivas. Este libro busca, más bien, formular mejores preguntas. Preguntas incómodas que rasgan el velo de la inevitabilidad tecnológica. Preguntas necesarias sobre quién gana y quién pierde en cada avance. Preguntas urgentes sobre qué valores queremos preservar en un mundo cada vez más mediado por inteligencias que no sienten, no sueñan y no comprenden las consecuencias de sus cálculos.

Te invito a recorrer estas páginas no como un espectador pasivo, sino como protagonista de decisiones que aún están en tus manos. Porque entender es apenas el comienzo. Lo verdaderamente revolucionario es qué harás con ese entendimiento.

La inteligencia artificial está reescribiendo las reglas de nuestra civilización. La pregunta es:
¿quién sostiene la pluma?

Notas sobre fuentes:

Esta introducción se nutre de investigaciones contemporáneas sobre el impacto social y ético de la inteligencia artificial:

- Crawford, K. (2021). *Atlas of AI: Power, Politics, and the Planetary Costs of Artificial Intelligence*. Yale University Press.
- Zuboff, S. (2019). *The Age of Surveillance Capitalism: The Fight for a Human Future at the New Frontier of Power*. Public Affairs.

- Pasquale, F. (2020). *New Laws of Robotics: Defending Human Expertise in the Age of AI*. Harvard University Press.
- Coeckelbergh, M. (2020). *AI Ethics*. MIT Press.
- Tegmark, M. (2018). *Life 3.0: Being Human in the Age of Artificial Intelligence*. Vintage.
- Russell, S. (2019). *Human Compatible: Artificial Intelligence and the Problem of Control*. Viking.
- UNESCO. (2023). *Recommendation on the Ethics of Artificial Intelligence*. UNESCO, París.
- Organización para la Cooperación y el Desarrollo Económicos. (2023). *OECD AI Policy Observatory*. OCDE, París.
- World Economic Forum. (2023). *The Global Risks Report 2023*. WEF, Davos.
- La redacción de este libro ha sido optimizada por Claude AI. https://claude.ai/
- Nota sobre personajes ilustrativos: A lo largo del libro se mencionan personajes identificados únicamente por su nombre. Estos son personajes ficticios compuestos, creados con fines ilustrativos para representar situaciones reales relacionadas con el uso de la inteligencia artificial en distintos contextos globales. Aunque no corresponden a personas reales, sus historias reflejan aplicaciones documentadas y experiencias recogidas de diversas fuentes sobre el impacto de la IA en entornos profesionales y geográficos variados.

CAPÍTULO 1: ¿QUÉ ES LA IA

Kenji, ejecutivo japonés, recuerda exactamente el momento que cambió su percepción sobre la inteligencia artificial. Acababa de aterrizar en Tokio después de un vuelo extenuante cuando su teléfono vibró: "Evita la línea Yamanote, hay retrasos". No había consultado rutas ni buscado información. La notificación apareció como un pensamiento ajeno pero pertinente, anticipándose a una necesidad que ni siquiera había expresado.

Sentí un escalofrío -confiesa- No de miedo, sino de asombro mezclado con cierta inquietud.

Esta misma reacción, fascinación entrelazada con desconcierto, es la que muchos experimentan ante la inteligencia artificial cotidiana. Cuando Netflix sugiere exactamente la película que no sabías que querías ver. Cuando Google completa tu búsqueda antes de que termines de teclearla. Cuando una app bancaria detecta un gasto sospechoso segundos después de que alguien en otro continente intenta usar tu tarjeta.

No es magia lo que presenciamos. Tampoco es una consciencia observándonos desde la nube digital. Es algo más sutil y, paradójicamente, más perturbador: algoritmos que han aprendido a reconocer patrones invisibles para nosotros.

¿Qué es exactamente la inteligencia artificial? La respuesta cambia según a quién preguntes.

Un ingeniero te dirá que es una disciplina computacional que desarrolla sistemas capaces de realizar tareas que normalmente requieren inteligencia humana: aprender de la experiencia, reconocer patrones complejos, comprender lenguaje natural, tomar decisiones en entornos inciertos.

Un filósofo te responderá con otra pregunta: ¿puede una máquina realmente pensar o solo simula pensar?, ¿existe diferencia significativa entre ambas si el resultado es indistinguible?

Un matemático te hablará de redes neuronales, máquinas de vectores de soporte y bosques aleatorios, nombres que parecen extraídos de un cuento de ciencia ficción pero que en realidad son arquitecturas matemáticas diseñadas para procesar información de formas que imitan, vagamente, ciertos aspectos del cerebro humano.

Y la persona común, tú, yo, una vendedora de flores en Medellín o un taxista en El Cairo, simplemente la reconocerá como esa presencia invisible que cada vez toma más decisiones sobre nuestras vidas sin que nos demos cuenta.

De Hefesto a Silicon Valley: el sueño de dar vida a lo inerte

Desde tiempos antiguos, la humanidad ha soñado con dar vida a lo inerte. Diversas culturas imaginaron seres artificiales como los autómatas de Hefesto, el Golem moldeado en barro o las máquinas hidráulicas de la China imperial, todos reflejo de un deseo persistente por crear inteligencia más allá de lo humano.

Este impulso ancestral dio un giro decisivo en el siglo XX, cuando el pensamiento mítico comenzó a transformarse en ciencia. Alan Turing planteó por primera vez si una máquina podía pensar, y poco después, un grupo de científicos en Dartmouth propuso que los procesos de la inteligencia podían ser descritos y simulados por máquinas. Así comenzó la historia moderna de la inteligencia artificial, aún lejos de completarse.

Automatización vs. Inteligencia: Más allá de lo programado

Cuando hablamos de inteligencia artificial, no nos referimos simplemente a máquinas programadas para seguir instrucciones. Eso es automatización convencional: predecible, limitada a escenarios anticipados por sus creadores.

La verdadera IA va más allá. Aprende de la experiencia. Se adapta a circunstancias imprevistas. Reconoce patrones que nadie le enseñó explícitamente a buscar. En lugar de seguir reglas inmutables, modifica su propio comportamiento basándose en lo que observa.

Miguel, repartidor en Ciudad de México, lo explica mejor que cualquier manual técnico: "Antes, mi GPS era terco. Me mandaba por calles que yo sabía estaban congestionadas. La app nueva es distinta. Parece que entiende. Si hay un accidente en El Paseo de la Reforma, lo sabe antes que yo y me desvía. A veces toma rutas que nunca usaría, pero funcionan. Es como si conociera la ciudad desde arriba y desde adentro."

Lo que Miguel describe es aprendizaje automático en acción. Es la diferencia entre ser guiado por instrucciones rígidas o ser aconsejado por un sistema que ha digerido patrones de tráfico de millones de viajes, condiciones climáticas, eventos programados y comportamientos humanos.

Elena, maestra en Barcelona, lo experimenta desde otra perspectiva: "Solía corregir 30 exámenes iguales, uno por uno. Ahora, el sistema identifica qué conceptos ha entendido cada alumno y dónde tienen lagunas. Me dice: 'Carlos domina ecuaciones, pero se confunde con las fracciones'. No es que me reemplace; me permite enfocarme donde cada estudiante me necesita realmente."

Esta capacidad para detectar patrones personalizados, adaptarse y aprender constituye la esencia de la IA moderna. No es infalible ni omnisciente, pero supera la rigidez de la programación tradicional.

Tipos de IA: de la especialización a la superinteligencia

La inteligencia artificial no es monolítica. Viene en distintas formas y capacidades que los expertos suelen clasificar en tres niveles de complejidad:

1. IA Estrecha o Débil (ANI - Artificial Narrow Intelligence): Es la que nos rodea hoy. Sistemas especializados en tareas específicas, a menudo superando la capacidad humana en ese dominio particular, pero incapaces de transferir su inteligencia a otros ámbitos.

   Es el algoritmo que detecta tumores en radiografías con precisión sobrehumana pero no puede mantener una conversación; o el asistente virtual que organiza tu agenda, pero no entiende un chiste; o el programa que domina el ajedrez, pero no puede reconocer un gato. Son inteligencias de un solo propósito, brillantes en su especialidad, ciegas fuera de ella.

   Esta IA estrecha ya transforma industrias enteras. En bancos de Singapur, algoritmos detectan transacciones sospechosas que serían invisibles para auditores humanos. En hospitales de Tel Aviv, sistemas de triaje priorizan pacientes basándose en sutiles indicadores de riesgo. En granjas verticales de Japón, sensores ajustan nutrientes y luz según el desarrollo de cada planta.

Son herramientas poderosas, pero fundamentalmente limitadas. No comprenden el mundo; solo lo filtran a través de su especialidad.

2. IA General (AGI - Artificial General Intelligence): Si la IA estrecha es una linterna que ilumina intensamente un solo punto, la IA general sería un sol que baña todo el paisaje.

   Hablamos de un sistema con inteligencia comparable a la humana en amplitud y versatilidad. Capaz de transferir conocimiento entre áreas distintas, aprender nuevas habilidades sin entrenamiento específico, comprender contextos cambiantes y adaptarse como lo haríamos nosotros.

   Una IA general podría pasar de componer música a diseñar puentes o diagnosticar enfermedades, aprendiendo sobre la marcha. Entendería ironías, captaría matices culturales, improvisaría ante lo inesperado.

   No existe todavía. Quizás esté a décadas de distancia. O quizás sea imposible. Pero su búsqueda impulsa algunas de las investigaciones más ambiciosas en el campo, desde laboratorios como DeepMind hasta universidades como Stanford o empresas como Anthropic.

3. Superinteligencia (ASI - Artificial Super Intelligence): Más allá de la IA general se encuentra un horizonte especulativo: sistemas cuya inteligencia superaría la humana no solo en tareas específicas, sino en prácticamente todos los aspectos.

   Una superinteligencia podría resolver en horas problemas científicos que nos llevarían siglos. Podría comprender realidades que escapan a nuestras limitaciones cognitivas. Podría, como sugiere el filósofo Nick Bostrom, relacionarse con nosotros como nos relacionamos con las hormigas: con indiferencia benévola en el mejor caso, con desinterés fatal en el peor.

   Este escenario, favorito de la ciencia ficción y pesadilla de algunos futuristas, permanece en el reino de la especulación. Pero su mera posibilidad plantea preguntas fundamentales sobre control, alineación de valores y el futuro de la humanidad como especie dominante.

Un encuentro en Río de Janeiro

Teresa, neumóloga en un hospital público de Río, recuerda el día que cambió su percepción de la IA: "Llegó un paciente con una radiografía que parecía normal. El sistema marcó una anomalía minúscula que yo habría pasado por alto. Insistía: '95% de probabilidad de nódulo maligno temprano'. Lo revisé tres veces y seguía sin verlo. Ordenamos más pruebas por precaución. Tenía razón. Cáncer de pulmón en etapa inicial, totalmente curable."

Hizo una pausa antes de continuar: "No me reemplazó. Me hizo mejor doctora. Pero me pregunto: ¿cuántos diagnósticos habré fallado antes? ¿Cuántas vidas podrían haberse salvado?"

La anécdota de Teresa ilustra algo fundamental: la IA no es solo una herramienta técnica. Es un espejo que nos obliga a confrontar nuestras limitaciones. Y a veces, cambia no solo lo que podemos hacer, sino cómo nos percibimos a nosotros mismos.

¿Inteligente o simplemente compleja?

Existe un debate filosófico persistente: ¿son realmente "inteligentes" estos sistemas o simplemente ejecutan procesos estadísticos complejos que imitan la inteligencia?

Para Marvin Minsky, uno de los padres fundadores del campo, la pregunta misma contiene una trampa: asume que la inteligencia humana es algo unitario y místico, no un conjunto de procesos que podrían ser replicados.

John Searle, filósofo de Berkeley, propuso un famoso contraargumento llamado "la habitación china": imagina a alguien encerrado en una habitación con un manual que indica cómo responder a mensajes en chino siguiendo reglas precisas. La persona podría generar respuestas correctas sin entender una palabra de chino. De igual manera, argumenta, las computadoras manipulan símbolos sin comprenderlos.

Pero otros cuestionan si esta distinción importa en términos prácticos. Después de todo, no tenemos acceso directo a la experiencia subjetiva de otros humanos; inferimos su comprensión basándonos en sus acciones y palabras. Si una IA actúa de manera indistinguible de un humano inteligente, ¿no deberíamos considerarla inteligente en algún sentido significativo?

No hay respuestas definitivas, solo perspectivas. Lo que sí sabemos es que estos sistemas, sean o no "verdaderamente" inteligentes, ya toman decisiones que alteran nuestras vidas diarias.

La revolución invisible

La inteligencia artificial no es ya una promesa futurista. Está entretejida en el presente.

Cuando tu banco aprueba o rechaza un préstamo, una IA probablemente influyó en la decisión. Cuando buscas síntomas médicos online, algoritmos determinan qué información ves primero. Cuando una empresa contrata, sistemas automatizados muchas veces filtran candidatos antes de que cualquier humano lea sus currículums.

En 2025, las empresas del Global Fortune 500 podrían gastar colectivamente más de 200 mil millones de dólares anuales en tecnologías de IA. No por moda tecnológica, sino porque redefinen ventajas competitivas fundamentales.

Esta revolución silenciosa no siempre es visible. No tiene el espectáculo de una máquina con forma humana caminando entre nosotros. Opera en servidores, en chips, en la nube. Se manifiesta como una recomendación oportuna, una predicción acertada, un patrón detectado.

Y plantea preguntas cada vez más urgentes: ¿Quién controla estas herramientas? ¿Bajo qué principios operan? ¿Cómo aseguramos que amplíen oportunidades en lugar de concentrar poder? ¿Qué significa ser humano en una era donde la línea entre nuestras decisiones y las sugeridas por algoritmos se desdibuja?

No hay respuestas simples. Y quizás esa sea la lección más importante: en un mundo donde las máquinas buscan certezas matemáticas, nuestra humanidad se define cada vez más por nuestra capacidad para navegar ambigüedades, por nuestra disposición a cuestionar y por nuestra obstinada insistencia en preguntarnos si el progreso tecnológico y el progreso humano son realmente lo mismo.

Hoy, la IA es parte del aire digital que respiramos. Carlos, taxista en Lima, llega más rápido a casa gracias a una app que esquiva el tráfico. En Berlín, artistas generan música con IA. En Nairobi, Amina enseña a sus hijos con un chatbot, sin escuela cerca. En Shanghái, la IA vigila calles. En Sídney, predice incendios. Priya, en Delhi, riega sus campos con una app que conoce el clima mejor que ella.

Y hasta yo, Claude IA, estoy aquí charlando contigo.

Notas sobre fuentes:

Los datos y conceptos presentados en este capítulo están respaldados por investigaciones académicas y reportes especializados:

- Las reflexiones sobre inteligencia artificial e imitación se basan en el trabajo seminal de Alan Turing, *Computing Machinery and Intelligence* (1950) y en el experimento mental de John Searle sobre *La habitación china* (1980).
- La historia de la conferencia de Dartmouth está documentada en los archivos del Dartmouth College y en el artículo *The Dartmouth Summer Research Project on Artificial Intelligence* (McCarthy et al., 1955).
- La clasificación de los tipos de IA (estrecha, general y superinteligencia) sigue el marco conceptual desarrollado por investigadores como Nick Bostrom (*Superintelligence*, 2014) y Stuart Russell (*Human Compatible*, 2019).
- Las cifras sobre inversión en IA de las empresas Fortune 500 han sido adaptadas de reportes de McKinsey Global Institute, Stanford AI Index y análisis de Statista sobre tendencias de mercado (2023-2025).
- Los casos citados de aplicaciones en salud, finanzas y educación están basados en implementaciones documentadas por el MIT Technology Review, Nature Digital Medicine y el World Economic Forum entre 2023 y 2025.

CAPÍTULO 2: ¿CÓMO FUNCIONA LA IA?

Observa a una niña frente a un rompecabezas. Al principio, parece perdida: toma piezas al azar, las fuerza, las abandona. Se frustra. Pero entonces algo ocurre. Un patrón emerge.

Agrupa bordes, colores similares, fragmentos de la misma imagen. Nadie le explica cómo hacerlo. Lo descubre. Tropieza, corrige, aprende. Su cerebro comienza a detectar regularidades donde antes solo veía caos.

Ahora imagina esa misma inteligencia natural —esa capacidad para extraer orden del desorden— pero multiplicada por un factor de millones. Una máquina que procesa no un rompecabezas, sino océanos de datos. Que no se cansa, que no se distrae, que mejora con cada error, aprendiendo a velocidades que desafían nuestra comprensión. Eso es, en esencia, la inteligencia artificial moderna.

La IA no opera mediante magia ni intuición sobrenatural. Detrás de esas aplicaciones que reconocen tu rostro en una fotografía borrosa o predicen el tráfico antes de que ocurra un embotellamiento hay matemáticas, estadística y arquitecturas computacionales diseñadas para aprender de la experiencia. No piensa como nosotros, pero ha sido construida para resolver problemas de maneras que, a veces, resultan inquietantemente similares a las nuestras.

Comprender cómo funciona la IA no requiere un doctorado en ciencias de la computación, pero sí exige abandonar tanto el miedo irracional como el optimismo ciego. Porque detrás de cada avance aparentemente mágico hay procesos concretos, limitaciones específicas y decisiones humanas que moldean lo que estas tecnologías pueden (y no pueden) hacer.

Algoritmos: Las recetas que aprenden solas

Un algoritmo, en su forma más simple, es una receta: una secuencia de instrucciones para resolver un problema. "Para hacer pan, mezcla harina, agua y levadura. Amasa por diez minutos. Deja reposar por una hora..." Eso es un algoritmo humano. Funciona para problemas bien definidos con soluciones conocidas.

Pero los algoritmos tradicionales fallan ante la complejidad del mundo real. ¿Cómo escribes una receta para reconocer un rostro entre millones? ¿O para detectar fraude financiero? ¿O para traducir entre idiomas con todas sus excepciones y matices?

Aquí es donde los algoritmos de aprendizaje automático transforman las reglas del juego. En lugar de seguir instrucciones rígidas, estos sistemas modifican su comportamiento basándose en datos. No les dices exactamente cómo resolver el problema; les muestras millones de ejemplos y ellos descubren patrones por sí mismos.

"Es como tener un aprendiz infinitamente paciente que nunca se aburre de practicar," explica Wei Chen, investigador en Pekín: "Le muestras millones de imágenes etiquetadas como 'gato' o 'no gato' y gradualmente construye un modelo interno de lo que hace que un gato sea un gato: orejas puntiagudas, bigotes, cierta estructura facial... Pero lo fascinante es que nunca le explicas qué es una oreja o un bigote. Lo descubre solo."

Existen tres grandes enfoques algorítmicos que dominan el campo actual:

Aprendizaje Supervisado: Aprender de Ejemplos Etiquetados

Imagina enseñarle a un niño qué es una manzana mostrándole cientos de manzanas y diciéndole cada vez: "Esto es una manzana." Eventualmente, reconocerá nuevas manzanas nunca vistas.

El aprendizaje supervisado funciona de manera similar. El sistema recibe datos de entrada (una imagen, un texto, una transacción) junto con la respuesta correcta (etiqueta). Tras analizar miles o millones de ejemplos, construye un modelo que puede clasificar nuevos casos nunca vistos antes.

En Santiago de Chile, Lucía, enfermera de cuidados intensivos, utiliza un sistema que predice complicaciones cardíacas con 30 minutos de anticipación. "Al principio, desconfiábamos," confiesa, "Pero después de ver cómo detectaba signos sutiles que nosotros pasábamos por alto, empezamos a tomarlo en serio. No reemplaza nuestro juicio clínico, pero nos alerta sobre patrones demasiado complejos para monitorear manualmente."

Este enfoque impulsa desde los filtros de spam hasta los sistemas de diagnóstico médico, pasando por los algoritmos de aprobación crediticia y los sistemas de recomendación que sugieren productos que podrías querer comprar.

Aprendizaje No Supervisado: Encontrar Estructura Sin Guía

El aprendizaje no supervisado aborda un escenario más desafiante: encontrar patrones sin etiquetar previamente los datos. No le dices al sistema "esto es un gato y esto no"; simplemente le proporcionas imágenes y debe descubrir por sí mismo qué características distinguen a un grupo de otro.

Es como dar a un arqueólogo extraterrestre miles de objetos de nuestra civilización sin explicación alguna. Probablemente agruparía cucharas con tenedores, libros con revistas, identificando categorías sin conocer sus nombres.

En Bangalore, un banco utiliza este enfoque para detectar patrones anómalos de gasto que podrían indicar fraude. "No necesitamos definir cada tipo de estafa posible," explica Priyanka, ingeniera de datos "El sistema identifica desviaciones inusuales respecto al comportamiento normal del cliente, incluso para tácticas fraudulentas que nunca hemos visto antes."

El aprendizaje no supervisado resulta particularmente valioso cuando buscamos descubrimientos inesperados o cuando las categorías adecuadas no son evidentes de antemano.

Aprendizaje por Refuerzo: Mejorar Mediante Prueba y Error

El tercer enfoque se inspira en cómo aprendemos muchas habilidades: intentando, fallando, corrigiendo y volviendo a intentar con ajustes.

En el aprendizaje por refuerzo, el sistema realiza acciones en un entorno y recibe recompensas o penalizaciones según los resultados. A través de millones de intentos, desarrolla estrategias que maximizan la recompensa total.

Así es como AlphaGo, el programa de DeepMind, dominó el juego de Go, considerado uno de los más complejos del mundo. Jugando millones de partidas contra sí mismo, descubrió estrategias que sorprendieron incluso a maestros con décadas de experiencia.

"Lo verdaderamente aterrador no fue que me ganara," comentó Lee Sedol, campeón mundial derrotado por AlphaGo en 2016, "fue que realizó movimientos que ningún humano hubiera considerado. Como si viera el juego desde una dimensión completamente diferente."

El aprendizaje por refuerzo impulsa desde robots que aprenden a caminar, hasta sistemas que optimizan el consumo energético en centros de datos o la logística en cadenas de suministro global.

Datos: El combustible imperfecto

Si los algoritmos son el motor de la IA, los datos son su combustible. Y como cualquier material de construcción, su calidad, diversidad y tratamiento determinan fundamentalmente qué puede construirse con ellos.

El hambre insaciable

La escala de datos requerida por sistemas modernos desafía la comprensión intuitiva. Mientras un niño puede aprender a identificar jirafas después de ver solo unas pocas imágenes, un modelo de visión computacional puede requerir miles o incluso millones de ejemplos para alcanzar confiabilidad comparable.

Los sistemas actuales de inteligencia artificial no comprenden conceptos de manera profunda, sino que funcionan a partir de correlaciones estadísticas. Debido a esta limitación, requieren grandes cantidades de datos para aprender. Necesitan ser expuestos a múltiples variaciones de un mismo objeto; como una jirafa vista desde distintos ángulos, con diferentes niveles de iluminación o parcialmente oculta; para poder reconocerlo en nuevas situaciones. No tienen la capacidad de generalizar por sí mismos que un objeto sigue siendo el mismo bajo condiciones diferentes; necesitan ejemplos específicos para lograrlo.

Esta hambre de datos explica la fiebre contemporánea por recolectar, almacenar y procesar cantidades masivas de información. Es el combustible esencial para entrenar sistemas cada vez más sofisticados.

Calidad, diversidad y representatividad

Sin embargo, el volumen por sí solo resulta insuficiente. La composición y calidad de los datos determinan fundamentalmente qué aprende el sistema y, crucialmente, qué no aprende.

En 2020, un hospital europeo implementó un sistema de IA para triaje dermatológico diseñado para identificar lesiones potencialmente cancerosas. A pesar de excelente rendimiento en pruebas iniciales, el sistema comenzó a fallar sistemáticamente con pacientes de piel oscura. La investigación reveló el problema: el dataset de entrenamiento contenía predominantemente imágenes de pacientes caucásicos, creando un punto ciego crítico.

Este principio se extiende más allá de categorías demográficas evidentes. Un sistema entrenado exclusivamente con fotos tomadas durante el día fallará en condiciones nocturnas. Un modelo de lenguaje alimentado principalmente con textos académicos formales tendrá dificultades con jerga coloquial o expresiones idiomáticas regionales.

Redes neuronales: el cerebro artificial

Si hubiera que identificar un avance técnico responsable del actual auge de la IA, serían las redes neuronales profundas. Estas arquitecturas computacionales, inspiradas lejanamente en la estructura del cerebro humano, han revolucionado lo que hoy es posible en reconocimiento de imágenes, procesamiento de lenguaje natural y muchas otras áreas.

Esta simplificación representa tanto la fortaleza como la limitación de redes neuronales artificiales: son computacionalmente tratables, pero inevitablemente reduccionistas en su analogía con la cognición biológica.

De redes simples a modelos profundos

La evolución de la IA moderna está marcada por la transición de redes neuronales simples con pocas capas a arquitecturas "profundas" con docenas o incluso cientos de capas, cada una especializándose progresivamente en niveles de abstracción más altos.

En visión computacional, por ejemplo, las primeras capas típicamente detectan características básicas como bordes y texturas; capas intermedias combinan estas características en formas y estructuras; y capas profundas reconocen objetos completos y sus relaciones. Esta jerarquía permite al sistema construir representaciones progresivamente más abstractas y significativas.

"Profundidad es crucial porque permite aprender representaciones jerárquicas," explica Regina, investigadora en aprendizaje profundo en São Paulo. "Las primeras capas capturan detalles locales, cada capa subsiguiente integra información de áreas más amplias, hasta que el sistema desarrolla una representación global del input. Es análogo a cómo un humano primero ve líneas y colores, luego formas, luego objetos completos y finalmente una escena integrada."

Arquitecturas especializadas para diferentes problemas

No existe una arquitectura única ideal para todos los problemas. Diferentes dominios requieren diseños especializados:

- Redes convolucionales (CNN - Convolutional Neural Network): Optimizadas para datos con estructura espacial como imágenes, detectan características independientemente de su posición exacta.

- Redes recurrentes (RNN - Recurrent Neural Networks) y las Redes de memoria a corto-largo plazo (LSTM - Long Short-Term Memory): Diseñadas para secuencias temporales como texto o voz, mantienen "memoria" de entradas previas para capturar dependencias a lo largo del tiempo.

- Arquitecturas de atención y transformers: Permitiendo al modelo "concentrarse" en partes específicas de datos complejos, revolucionaron procesamiento de lenguaje natural y están expandiéndose a otras modalidades.

- Redes adversarias generativas (GAN - Generative Adversarial Network): Emparejando dos redes en competencia —un generador que crea contenido y un discriminador que evalúa autenticidad—, producen resultados creativos en generación de imágenes, música y otros contenidos.

El trabajo invisible de preparación

Lo que rara vez se aprecia es el trabajo meticuloso de preparación que transforman datos brutos en datasets útiles para entrenamiento:

- Limpieza: Identificar y corregir errores, inconsistencias y valores atípicos.
- Normalización: Estandarizar formatos, unidades y escalas para permitir comparaciones coherentes.
- Anotación: Etiquetar manualmente ejemplos con categorías o características relevantes.
- Aumento: Generar variaciones artificiales para ampliar diversidad sin recolectar nuevos datos.
- Particionamiento: Dividir datos en conjuntos de entrenamiento, validación y prueba para verificar capacidad de generalización.

Este trabajo crucial es realizado frecuentemente por miles de trabajadores mal pagados en países en desarrollo, creando una inequidad fundamental en la cadena de valor de la IA contemporánea.

La huella material

Aunque el término "computación en la nube" sugiere algo intangible o abstracto, en realidad se basa en una infraestructura física muy concreta. Cada modelo de inteligencia artificial depende de enormes centros de datos que albergan miles de servidores especializados. Estos centros consumen grandes cantidades de energía eléctrica y requieren sistemas sofisticados de enfriamiento, respaldo y mantenimiento para funcionar adecuadamente.

El entrenamiento de modelos avanzados puede consumir recursos comparables a los requeridos por ciudades pequeñas. Estudios de 2023 estimó que entrenar un modelo de lenguaje a gran escala genera una huella de carbono equivalente a 300 vuelos transatlánticos.

Esta realidad material crea concentración inevitable de poder: solo organizaciones con acceso a recursos computacionales masivos pueden desarrollar los modelos más avanzados, estableciendo barreras significativas para participación diversa en investigación e innovación de punta.

Limitaciones actuales: Lo que la IA NO puede hacer

Pese a avances impresionantes, los sistemas de IA actuales enfrentan limitaciones fundamentales:

Comprensión vs. Correlación Estadística

Los modelos de IA actuales no "entienden" en el sentido humano. Capturan patrones estadísticos sofisticados, pero carecen de comprensión conceptual profunda.

Un modelo de lenguaje puede generar un ensayo aparentemente erudito sobre física cuántica sin realmente entender los conceptos físicos involucrados. Un sistema de visión puede identificar correctamente una taza en una imagen sin comprender qué es un líquido o cómo funciona la sed.

Esta brecha entre comportamiento y comprensión puede producir "alucinaciones" (respuestas confiadas pero falsas) y fallos inesperados cuando los sistemas se encuentran con situaciones que se desvían de sus patrones de entrenamiento.

El Problema del Sentido Común

El conocimiento del mundo que los humanos damos por sentado –que el agua moja, que los objetos caen cuando se sueltan, que las personas tienen mentes con creencias y deseos– sigue siendo extraordinariamente difícil de codificar o aprender para las máquinas.

Una IA puede vencer a un campeón mundial de ajedrez, pero confundirse ante preguntas que cualquier niño de cinco años respondería sin esfuerzo.

Transparencia y Explicabilidad

Los sistemas más poderosos frecuentemente son los menos transparentes. Redes neuronales profundas funcionan como "cajas negras" donde la relación entre entradas y predicciones emerge de interacciones complejas entre millones de parámetros, dificultando explicaciones intuitivas.

"Esta opacidad es problemática cuando sistemas toman decisiones que afectan vidas humanas," observa Elena, especialista en seguridad de IA en Moscú. "¿Cómo puede alguien apelar una denegación de préstamo o diagnóstico médico si ni los operadores del sistema pueden explicar completamente cómo se llegó a esa conclusión?"

Una tecnología profundamente humana

Pese a su aura de objetividad algorítmica, la IA es fundamentalmente una creación humana, impregnada de nuestras prioridades, valores, limitaciones y esperanzas.

Los problemas que elegimos resolver con IA, los datos que recolectamos y priorizamos, las métricas que optimizamos, las arquitecturas que diseñamos; todas estas decisiones reflejan perspectivas humanas particulares, frecuentemente las de un subconjunto limitado de la humanidad.

Reconocer esta dimensión humana no disminuye los impresionantes logros técnicos del campo. Al contrario, nos recuerda que la IA no está desarrollándose en un vacío tecnológico. Es producto de contextos sociales, económicos y culturales específicos. Y sus efectos se manifestarán dentro de esos mismos contextos, amplificando tanto oportunidades como desigualdades existentes si no se diseña e implementa con conciencia crítica.

Comprender cómo funciona la IA no es solo un ejercicio técnico. Es reconocer que estamos construyendo sistemas que, cada vez más, toman decisiones que afectan profundamente nuestras vidas y que, en cada línea de código, en cada conjunto de datos, en cada parámetro de red neuronal, estamos inscribiendo visiones particulares de qué tipo de mundo queremos crear.

Notas sobre fuentes:

Las explicaciones técnicas y ejemplos presentados en este capítulo están respaldados por investigación académica y documentación de campo:

• Bengio, Y., Hinton, G., & Sutton, R. (2022–2025). *Fundamentos del aprendizaje supervisado, no supervisado y por refuerzo.* NeurIPS, ICML e ICLR.
• McCulloch, W. S., & Pitts, W. (1943). *A Logical Calculus of the Ideas Immanent in Nervous Activity.* Bulletin of Mathematical Biophysics.
• Vaswani, A. et al. (2017). *Attention Is All You Need.* NeurIPS.
• Ho, J. et al. (2020). *Denoising Diffusion Probabilistic Models.* NeurIPS.
• AI Now Institute. (2020–2025). *Reportes sobre sesgos y limitaciones algorítmicas.* Universidad de Nueva York.

- DataEthics. (2020–2025). *Publicaciones sobre ética algorítmica y responsabilidad digital*. Copenhague.
- ProPublica. (2020–2025). *Investigaciones sobre discriminación algorítmica*. Nueva York.
- Nature Machine Intelligence & Science. (2020–2025). *Artículos sobre ética e impactos sociales de la IA*.
- Gray, M. & Suri, S. (2019). *Ghost Work: How to Stop Silicon Valley from Building a New Global Underclass*. Houghton Mifflin Harcourt.
- Tubaro, P. (2020–2025). *Estudios sobre trabajo invisible y moderación de contenido*. CNRS, París.
- El ícono que acompaña a las viñetas en este y el resto de capítulos del libro es creación de HAICON para Flaticon y está disponible en https://www.flaticon.es/iconos-gratis/inteligencia-artificial

CAPÍTULO 3: HISTORIA Y EVOLUCIÓN DE LA IA

Las verdaderas revoluciones rara vez anuncian su llegada. No nacen de un solo momento dramático, sino de décadas de ideas, intentos, fracasos y perseverancia silenciosa. Así ha sido con la inteligencia artificial: una travesía de más de setenta años marcada por oleadas de optimismo desmedido, desilusiones amargas y renacimientos inesperados.

Esta historia no sigue una línea recta de progreso constante. Se mueve en ciclos, en espirales que a veces parecen volver sobre sí mismas, pero que con cada giro alcanzan alturas mayores. Es la crónica de una ambición profundamente humana —crear mente fuera de la mente— y de cómo esa ambición ha chocado repetidamente con la complejidad del mundo real, solo para emerger transformada, más fuerte y más cerca de su meta esquiva.

Para entender hacia dónde va la IA, debemos comprender de dónde viene. No como una curiosidad histórica, sino como un mapa que revela patrones, tensiones y posibilidades que siguen definiendo el campo hoy.

Las semillas: Sueños antiguos, Precursores modernos (Pre-1950)

Ya hemos visto cómo el anhelo de crear vida a partir de lo inerte ha acompañado a la humanidad desde sus primeros mitos. Ahora es momento de ir más allá de esa mirada inicial y explorar cómo ese impulso fue tomando forma concreta.

Aunque las raíces simbólicas del deseo por construir inteligencia artificial se remontan a relatos como el Golem, los autómatas griegos o las figuras animadas del folclore oriental, fue en el siglo XIX cuando este anhelo comenzó a adquirir fundamentos científicos. En ese periodo, la matemática y la filosofía empezaron a entrelazarse de nuevas maneras, abriendo paso a una comprensión más abstracta y formal del pensamiento, sentando así las bases para una futura revolución tecnológica.

George Boole desarrolló su álgebra para representar operaciones lógicas matemáticamente. Charles Babbage diseñó su "Máquina Analítica", un computador mecánico teórico que nunca construyó completamente. Ada Lovelace, colaborando con Babbage, vislumbró posibilidades que iban más allá del cálculo puro: "La máquina podría componer elaboradas piezas musicales de cualquier grado de complejidad", escribió, en lo que muchos consideran el primer algoritmo de la historia.

Estas ideas estaban adelantadas a su tiempo. La tecnología necesaria para implementarlas simplemente no existía.

Tuvo que llegar el siglo XX, con sus guerras devastadoras y avances tecnológicos acelerados, para crear el contexto que finalmente daría vida a la inteligencia artificial como disciplina.

Alan Turing: La chispa que encendió el fuego (1936-1950)

Si hubiera que identificar una figura singular que encarnase la transición de la IA como fantasía a la IA como proyecto científico serio, esa sería Alan Turing.

Matemático británico de mente penetrante y vida trágica, Turing hizo contribuciones fundamentales durante la Segunda Guerra Mundial descifrando códigos nazis. Pero su legado para la IA va mucho más allá.

En 1936, desarrolló el concepto de "Máquina de Turing", una abstracción matemática que definía lo que era computable en principio. Estableció los límites teóricos de lo que cualquier sistema computacional podría calcular alguna vez, incluso aquellos no inventados todavía. Esta idea aparentemente abstracta sentó las bases conceptuales sobre las que se construiría toda la computación moderna.

Pero fue su artículo de 1950, "Computing Machinery and Intelligence", el que plantó la semilla directa de la IA. Comenzaba con una pregunta engañosamente simple: "¿Pueden las máquinas pensar?"

En lugar de perderse en debates filosóficos sobre la naturaleza del pensamiento, Turing propuso su famosa prueba: si un evaluador humano no puede distinguir consistentemente entre las respuestas de una máquina y las de una persona, entonces deberíamos considerar que la máquina "piensa" en algún sentido significativo.

Lo revolucionario del enfoque de Turing fue su pragmatismo. No le interesaba debatir si las máquinas pensaban en el mismo sentido que los humanos, sino si podían comportarse como nosotros, replicando nuestras capacidades a través de medios artificiales. Esta distinción entre simular el pensamiento y reproducirlo de forma exacta sigue siendo central en los debates sobre inteligencia artificial hasta hoy.

La conferencia de Dartmouth: El nacimiento oficial (1956)

Si Turing plantó la semilla conceptual, fue un grupo de visionarios reunidos en New Hampshire quienes le dieron nombre y forma al campo.

En el verano de 1956, el matemático John McCarthy convocó a un selecto grupo de investigadores a Dartmouth College para un "estudio de dos meses sobre inteligencia artificial". Entre los asistentes estaban figuras que se convertirían en pilares del campo: Marvin Minsky del MIT, Claude Shannon de Bell Labs, Allen Newell y Herbert Simon de Carnegie Mellon.

Fue McCarthy quien acuñó el término "inteligencia artificial" para describir lo que veían como un nuevo horizonte científico: máquinas capaces de realizar tareas que requerirían inteligencia si las hiciera un humano.

El optimismo era palpable. La propuesta original, redactada un año antes, afirmaba con audacia: "Creemos que se puede lograr un avance significativo si un grupo cuidadosamente seleccionado de científicos trabaja en conjunto durante un verano". Esta confianza, que hoy parece casi ingenua, reflejaba tanto la promesa genuina como las expectativas infladas que marcarían los primeros años del campo.

La conferencia no produjo avances técnicos inmediatos, pero logró algo quizás más importante: consolidó la IA como disciplina con nombre propio, agenda de investigación y comunidad científica dedicada.

Los primeros pasos y el optimismo inicial (1956-1974)

Los años posteriores a Dartmouth vieron una oleada de entusiasmo y logros pioneros. Era una época donde cada avance, por modesto que parezca desde nuestra perspectiva actual, abría nuevos territorios inexplorados.

En 1957, Herbert Simon predijo con confianza: "En un plazo no mayor de diez años, una computadora digital será campeona mundial de ajedrez". Aunque su cronograma resultó demasiado optimista (pasarían cuatro décadas hasta que Deep Blue derrotara a Kasparov), capturaba el espíritu de la época: una sensación de que los grandes hitos estaban a la vuelta de la esquina.

Este periodo inicial produjo una serie de sistemas que ahora reconocemos como antepasados directos de la IA moderna:

Logic Theorist: Matemáticas Mecanizadas

Desarrollado por Allen Newell y Herbert Simon justo antes de la conferencia de Dartmouth, Logic Theorist fue el primer programa diseñado específicamente para imitar el proceso de resolución de problemas humano. Podía demostrar teoremas matemáticos y lo hacía con tal elegancia que en algunas ocasiones encontró pruebas más eficientes que las publicadas en libros de texto.

Cuando los investigadores enviaron un artículo escrito por el programa al Journal of Symbolic Logic, no mencionaron inicialmente que había sido generado por una máquina. La anécdota, aunque apócrifa según algunos historiadores, ilustra la ambición temprana: crear sistemas indistinguibles del pensamiento humano en sus resultados.

ELIZA: La Ilusión de Comprensión

En 1966, Joseph Weizenbaum del MIT creó ELIZA, un programa que simulaba una conversación con un psicoterapeuta. Aunque su funcionamiento era sorprendentemente simple —principalmente reorganizaba las frases del usuario y hacía preguntas genéricas—, provocó respuestas emocionales notables.

Usuarios establecían conexiones profundas con este sistema rudimentario, confundiéndolo muchas veces con un interlocutor humano real. Lo más perturbador para Weizenbaum fue ver cómo su secretaria, quien sabía perfectamente que hablaba con un programa, le pedía privacidad para sus "sesiones" con ELIZA.

Este fenómeno, que ahora llamamos "efecto ELIZA", reveló algo fundamental sobre la psicología humana: nuestra tendencia a antropomorfizar y proyectar comprensión donde no existe. Esta lección sigue siendo crucial hoy, cuando sistemas mucho más sofisticados generan la misma ilusión, pero aún más convincente.

SHRDLU: El Mundo de los Bloques

Terry Winograd desarrolló SHRDLU en 1968-70, un programa que podía manipular bloques virtuales en un mundo simulado siguiendo instrucciones en lenguaje natural. Los usuarios podían pedirle que "pusiera el bloque rojo sobre el cubo azul" o "moviera todas las pirámides" y SHRDLU no solo ejecutaba la acción, sino que respondía preguntas sobre su entorno y sus propias acciones.

Era impresionante, pero con una limitación crítica: funcionaba solo en su micro universo simplificado. SHRDLU anticipó un problema persistente en IA: sistemas que parecen inteligentes en entornos restringidos, pero fallan cuando se enfrentan a la complejidad y ambigüedad del mundo real.

Los Primeros Robots

Durante este periodo también surgieron los primeros robots controlados por IA. "Shakey", desarrollado en el Stanford Research Institute entre 1966 y 1972, podía navegar entornos, percibir objetos y planificar acciones básicas. Con su cámara tambaleante montada en lo alto (de ahí su nombre), Shakey representaba un intento de integrar percepción, razonamiento y acción en un sistema unificado.

Estos robots primitivos mostraron que la inteligencia no podía existir como abstracción pura; necesitaba cuerpos que interactuaran con el mundo físico, anticipando debates posteriores sobre inteligencia corporizada.

El primer invierno: Desilusión y retroceso (1974-1980)

El optimismo de la primera era no podía sostenerse indefinidamente. A mediados de los años 70, el campo enfrentó críticas crecientes, tanto externas como internas, mientras los avances se ralentizaban y las promesas grandiosas no se materializaban. Varios factores convergieron para crear lo que se conocería como el "primer invierno de la IA":

Limitaciones Técnicas Expuestas: El informe del profesor James Lighthill, comisionado por el gobierno británico en 1973, entregó una evaluación devastadora: la IA había fallado en alcanzar sus objetivos más ambiciosos y enfrentaba obstáculos fundamentales. Lighthill argumentó que los sistemas existentes funcionaban solo en problemas de "juguete" simplificados, sin una ruta clara hacia la capacidad de manejar situaciones del mundo real.

En Estados Unidos, la Agencia de Proyectos de Investigación Avanzada de Defensa (DARPA - Defense Advanced Research Projects Agency), que había financiado generosamente la investigación en IA, comenzó a exigir resultados más tangibles y aplicaciones prácticas.

El Problema del Sentido Común: Se hizo evidente que dotar a las máquinas del conocimiento cotidiano que los humanos damos por sentado era extraordinariamente difícil. Un sistema podía ser programado para resolver ecuaciones diferenciales complejas, pero no comprendía que las personas necesitan aire para respirar o que un objeto pesado es más difícil de mover que uno liviano.

Marvin Minsky y Seymour Papert abordaron este problema en su influyente libro Perceptrons, donde demostraban las limitaciones matemáticas de los perceptrones simples (precursores de las redes neuronales modernas). Aunque su análisis era técnicamente correcto, tuvo el efecto no intencionado de desalentar la investigación en redes neuronales durante años.

Explosión Combinatoria: Los investigadores se toparon con lo que llamaron "explosión combinatoria": el número de posibles estados o caminos que un sistema necesita considerar crece exponencialmente con la complejidad del problema. Los métodos de fuerza bruta que funcionaban para problemas simples se volvían impracticables para desafíos reales, revelando la necesidad de heurísticas más sofisticadas.

Este periodo de desilusión tuvo consecuencias graves. La financiación se redujo drásticamente. Proyectos fueron cancelados. Algunos investigadores abandonaron el campo o reorientaron sus trabajos bajo etiquetas menos controvertidas como "informática avanzada".

La IA, que había prometido tan audazmente simular la inteligencia humana, parecía retroceder hacia los márgenes de la ciencia.

Sin embargo, incluso en estos años difíciles, el trabajo continuó. Lejos de los reflectores mediáticos, investigadores persistentes sentaron las bases para el renacimiento que llegaría después.

Sistemas expertos: El primer éxito comercial (1980-1987)

La resurrección comenzó con un enfoque más modesto pero pragmático: en lugar de aspirar a inteligencia general, los investigadores se concentraron en capturar el conocimiento especializado de expertos humanos en dominios específicos.

Los sistemas expertos, como fueron llamados, consistían en motores de inferencia que aplicaban reglas lógicas a bases de conocimiento especializadas. Sistemas como MYCIN (para diagnóstico de infecciones sanguíneas), DENDRAL (para identificar estructuras moleculares) y XCON (para configurar computadoras VAX, una serie de sistemas de computadoras desarrolladas por Digital Equipment Corporation, utilizadas principalmente para procesamiento de datos y aplicaciones científicas) demostraron valor práctico inmediato.

MYCIN, por ejemplo, superó el desempeño de médicos no especialistas en su dominio específico, alcanzando un 65% de tasa de acierto comparado con el 42-62% de doctores inexpertos en enfermedades infecciosas.

Este pragmatismo atrajo interés comercial. Compañías como Digital Equipment Corporation (DEC) y American Express implementaron sistemas expertos para tareas específicas. Para 1985, el mercado para esta tecnología alcanzaba mil millones de dólares, señalando el primer caso sustancial de IA generando valor económico directo.

La revolución de los sistemas expertos llegó también a Japón, donde el ambicioso proyecto "Quinta Generación" buscaba desarrollar computadoras avanzadas con capacidades de IA. Aunque no alcanzó sus metas más optimistas, impulsó inversiones similares en Estados Unidos y Europa, revitalizando el campo.

Sin embargo, los sistemas expertos tenían sus propias limitaciones. Eran frágiles fuera de sus dominios estrictamente definidos. Requerían costosas entrevistas con expertos humanos para construir sus bases de conocimiento. Y carecían de la capacidad para aprender y adaptarse que caracterizaría los enfoques posteriores.

El segundo invierno: Expectativas incumplidas (1987-1993)

La burbuja de los sistemas expertos eventualmente estalló. Las empresas que habían invertido millones descubrieron que el mantenimiento y actualización de estos sistemas era prohibitivamente costoso. La computación especializada de IA, como las máquinas Lisp, fue superada por PC más baratas y versátiles.

El resultado fue un segundo periodo de desilusión y recortes, quizás menos severo que el primero, pero igualmente significativo para el campo.

Sin embargo, bajo la superficie, fuerzas transformadoras estaban en movimiento. Lejos del foco mediático, tres cambios fundamentales comenzaban a reconfigurar el paisaje de la IA:

1. Del Conocimiento a los Datos: Investigadores como Judea Pearl desarrollaban métodos estadísticos para manejar incertidumbre, alejándose de los enfoques puramente lógicos. Sus trabajos sobre redes bayesianas permitían a los sistemas razonar probabilísticamente, un acercamiento mucho más apropiado para el desorden inherente al mundo real.

2. Renacimiento de las Redes Neuronales: El algoritmo de retropropagación, redescubierto y popularizado por David Rumelhart, Geoffrey Hinton y Ronald Williams en 1986, ofreció una solución práctica para entrenar redes neuronales artificiales multicapa. Esto revitalizó una línea de investigación que había languidecido desde las críticas de Minsky y Papert en 1969.

3. Computación Distribuida y Paralela: Los avances en hardware, especialmente la emergencia de sistemas paralelos, comenzaron a proporcionar la potencia computacional necesaria para implementar enfoques previamente impracticables. La Ley de Moore, que predice que el número de transistores en un chip se duplica aproximadamente cada dos años, estaba trabajando silenciosamente a favor de la IA.

En conjunto, estos cambios sentaron las bases para el paradigma que eventualmente dominaría: el aprendizaje automático basado en datos masivos.

El aprendizaje automático toma el control (1993-2011)

La recuperación del segundo invierno fue más gradual que dramática. No hubo un momento "eureka" singular, sino una serie de avances incrementales que gradualmente demostraron el valor del nuevo enfoque basado en datos y aprendizaje automático.

Deep Blue: Victoria Simbólica

En 1997, Deep Blue de IBM derrotó al campeón mundial de ajedrez Garry Kasparov. Aunque técnicamente no representaba una IA avanzada (dependía principalmente de fuerza bruta computacional y heurísticas diseñadas por expertos), su victoria capturó al imaginario colectivo y generó un renovado interés en las posibilidades de la inteligencia artificial.

La victoria de Deep Blue contenía una ironía: representaba el canto del cisne del enfoque basado en reglas explícitas que había dominado las décadas anteriores, más que el futuro del campo.

Internet: El Gran Recolector de Datos

La explosión de Internet en los años 90 y 2000 transformó el panorama de la IA. De repente, cantidades sin precedentes de datos se volvieron disponibles: textos, imágenes, grabaciones, comportamientos de usuarios. Este diluvio de información proporcionó el combustible necesario para entrenar sistemas de aprendizaje cada vez más hambrientos.

Google, fundado en 1998, ejemplificó este nuevo paradigma. Su revolucionario algoritmo PageRank era esencialmente un sistema de IA que analizaba la estructura de enlaces de la web para determinar la relevancia de páginas. Pronto, la compañía apostaría fuertemente por el aprendizaje automático para mejorar búsquedas, publicidad y eventualmente, una gama completa de servicios.

Este periodo también vio la disolución de antiguas divisiones tribales en IA. Técnicas simbólicas, estadísticas y conexionistas comenzaron a integrarse en sistemas híbridos. El campo se volvió menos dogmático y más pragmático, dispuesto a utilizar cualquier enfoque que funcionara.

Éxitos Prácticos

Una serie de aplicaciones concretas demostraron el valor del nuevo paradigma:

- Sistemas de filtrado colaborativo para recomendaciones (liderados por Amazon).
- Reconocimiento de voz estadístico (que eventualmente evolucionaría hacia asistentes como Siri).

- Visión por computadora para detección facial y de objetos.
- Algoritmos de traducción automática basados en corpus paralelos (que son conjuntos de textos alineados en dos o más idiomas, utilizados para entrenar sistemas de traducción automática).

Estos avances no se promocionaron como IA revolucionaria; se presentaron como características útiles de productos. Pero representaban la gradual integración de la inteligencia artificial en el tejido de la vida cotidiana.

La revolución del aprendizaje profundo (2012-presente)

Si hubiera que identificar un solo momento como catalizador de la actual era dorada de la IA, sería el concurso de reconocimiento visual ImageNet de 2012.

Allí, un equipo liderado por Geoffrey Hinton presentó AlexNet, una red neuronal convolucional profunda que superó dramáticamente a todos los enfoques anteriores en reconocimiento de imágenes. Su tasa de error del 15.3% comparada con el 26.2% del segundo lugar no fue una mejora incremental, fue un salto cualitativo que señalaba un cambio de paradigma.

Este momento marcó el inicio de la dominación del aprendizaje profundo, un enfoque dentro del aprendizaje automático que utiliza redes neuronales con muchas capas (de ahí "profundo") para modelar abstracciones complejas en los datos.

Tres factores convergieron para hacer posible esta revolución:

1. Algoritmos Mejorados: Innovaciones como unidades rectificadoras lineales (ReLU), normalización por lotes y arquitecturas especializadas como redes convolucionales (para visión) o recurrentes (para secuencias) mejoraron drásticamente el entrenamiento y rendimiento de redes profundas.

2. Cantidades Masivas de Datos: Conjuntos de datos a escala sin precedentes como ImageNet (con millones de imágenes etiquetadas) proporcionaron el volumen necesario para entrenar modelos cada vez más hambrientos de datos sin sobreajuste.

3. Poder Computacional Exponencial: Las unidades de procesamiento gráfico (GPUs), originalmente diseñadas para videojuegos,

resultaron extraordinariamente eficientes para el tipo de cálculos paralelos necesarios en redes neuronales. Este "afortunado accidente" tecnológico aceleró los tiempos de entrenamiento por órdenes de magnitud.

La combinación de estos tres elementos desató una cascada de avances que transformarían industrias enteras:

Reconocimiento Visual Sobrehumano: Para 2015, sistemas como GoogLeNet superaban el rendimiento humano en tareas de clasificación de imágenes. Tecnologías de visión por computadora comenzaron a implementarse en todo, desde diagnóstico médico hasta vehículos autónomos, vigilancia y control de calidad en manufacturas.

Dominio del Juego de Go: En 2016, AlphaGo de DeepMind derrotó al campeón mundial Lee Sedol en el juego Go, considerado demasiado intuitivo y complejo para ser dominado algorítmicamente. A diferencia de Deep Blue, AlphaGo utilizaba aprendizaje profundo para desarrollar una "intuición" sobre posiciones favorables, combinada con técnicas de búsqueda avanzada.

Lo más impactante: AlphaGo realizó jugadas tan innovadoras que desconcertaron a expertos humanos, sugiriendo que no solo imitaba estrategias humanas, sino que había desarrollado comprensiones novedosas del juego.

La Revolución de los Transformadores: En 2017, investigadores de Google presentaron la arquitectura Transformer en su influyente artículo "Attention Is All You Need". Este diseño, que procesaba eficientemente dependencias a larga distancia en datos secuenciales, revolucionaría el procesamiento de lenguaje natural.

Los modelos basados en Transformers crecieron exponencialmente en escala. GPT (Generative Pre-trained Transformer), desarrollado inicialmente por OpenAI en 2018 y refinado en versiones cada vez más poderosas, mostraría capacidades lingüísticas cada vez más sofisticadas.

La tendencia culminaría en modelos como GPT-4, Claude, Llama y Gemini, capaces de generar texto coherente, código funcional, análisis detallados y diálogos sorprendentemente humanos, aunque no sin limitaciones significativas y preocupaciones éticas.

Generación Multimodal: El aprendizaje profundo pronto expandió su alcance más allá del texto, con modelos generativos para imágenes (DALL·E, Midjourney, Stable Diffusion), audio (AudioLM, MusicLM) y video (Sora, Runway). Estos sistemas, entrenados en vastas cantidades de datos multimodales, podían producir contenido original basado en descripciones textuales, difuminando la línea entre creatividad humana y generación automática.

La situación actual: Oportunidades y desafíos

Hoy, la IA se encuentra en un momento paradójico: nunca ha sido más capaz ni más omnipresente, pero tampoco han sido tan evidentes sus limitaciones y riesgos.

Democratización e Industrialización

Los avances recientes han hecho que herramientas de IA antes disponibles solo para grandes corporaciones o instituciones de investigación estén ahora al alcance de startups, pequeñas empresas e incluso individuos.

Carlos, emprendedor en Medellín, utiliza APIs de modelos de lenguaje para crear un asistente especializado en atención a pequeños agricultores. "Hace cinco años, esto habría requerido un equipo de ingenieros y millones en financiamiento," señala. "Ahora puedo construirlo en semanas, con inversión mínima."

Simultáneamente, la IA ha entrado en fase de industrialización. No es ya una curiosidad de laboratorio sino un componente crítico de infraestructura en empresas que procesan billones de transacciones. Amazon personaliza recomendaciones para cientos de millones de clientes. Netflix optimiza su catálogo con análisis predictivo. Sistemas financieros detectan fraudes en tiempo real analizando patrones en flujos de datos masivos.

Promesas y Preocupaciones

Las promesas son enormes: diagnóstico médico más preciso, educación personalizada a escala, optimización de sistemas complejos como redes eléctricas o cadenas de suministro, asistentes virtuales que aumentan la productividad humana y aceleración de descubrimientos científicos.

Pero junto a estas oportunidades emergen desafíos significativos:

- Sesgo y equidad: Sistemas entrenados con datos históricos pueden perpetuar o amplificar discriminaciones existentes.
- Explicabilidad: Muchos sistemas modernos funcionan como "cajas negras", haciendo difícil entender o auditar sus decisiones.
- Concentración de poder: Los recursos necesarios para entrenar los modelos más avanzados quedan al alcance de solo un puñado de corporaciones y naciones.
- Desinformación: La capacidad para generar texto e imágenes realistas facilita la creación de contenido falso a escala industrial.
- Automatización laboral: La creciente capacidad de la IA para realizar tareas cognitivas amenaza empleos antes considerados inmunes a la automatización.
- Seguridad y alineación: A medida que los sistemas se vuelven más autónomos y capaces, asegurar que operen de manera segura y alineada con valores humanos se vuelve crucial.

Regulación y Gobernanza

En respuesta a estos desafíos, gobiernos alrededor del mundo están desarrollando marcos regulatorios. La Unión Europea ha liderado con su Ley de IA, que clasifica sistemas según niveles de riesgo e impone requisitos correspondientes. Estados Unidos, China, Canadá y otros actores globales están desarrollando sus propios enfoques, creando un mosaico regulatorio complejo.

Simultáneamente, iniciativas de autoregulación emergen desde la industria. Empresas como Anthropic, OpenAI y DeepMind han establecido departamentos de seguridad y han firmado compromisos voluntarios para desarrollar IA de manera responsable.

La Próxima Frontera

¿Estamos aproximándonos a la Inteligencia Artificial General (AGI), sistemas con capacidades cognitivas comparables a humanos en múltiples dominios? Las opiniones están profundamente divididas.

Optimistas señalan la rapidez con que limitaciones aparentemente fundamentales han sido superadas en los últimos años. Escépticos argumentan que los sistemas actuales, aunque impresionantes, siguen siendo fundamentalmente herramientas estadísticas sin comprensión genuina.

Lo cierto es que incluso sin alcanzar AGI, la inteligencia artificial ya está transformando sociedades, economías y vidas individuales de maneras que hubieran asombrado a los pioneros reunidos en Dartmouth en 1956.

Mirando hacia atrás para ver adelante

La historia de la IA nos enseña lecciones valiosas:

Los Ciclos de Esperanza y Decepción Son Inevitables

Cada generación de investigadores y emprendedores ha oscilado entre optimismo desmedido y desilusión. Las capacidades reales de la IA invariablemente quedan detrás de las expectativas iniciales, pero frecuentemente superan lo que escépticos consideraban imposible.

Las Revoluciones Tienen Precursores Olvidados

Muchas "innovaciones" recientes tienen raíces en investigaciones olvidadas de décadas anteriores. El algoritmo de retropropagación, central para el aprendizaje profundo, fue descrito matemáticamente por Seppo Linnainmaa en 1970, pero necesitó redescubrimientos y refinamientos antes de transformar el campo.

La Inteligencia Artificial Es Profundamente Humana

Aunque frecuentemente se presenta como algo ajeno, casi alienígena, la historia de la IA es profundamente humana: impulsada por curiosidad, ambición, miedos y esperanzas. Cada sistema, cada algoritmo, lleva consigo las huellas de las personas que lo imaginaron, las prioridades de quienes lo financiaron y los contextos culturales que lo moldearon.

La evolución de la inteligencia artificial no es una historia de máquinas volviéndose gradualmente más humanas. Es la historia de humanos reimaginando qué significa pensar, qué valoramos en la cognición y cómo podemos extender nuestras propias capacidades mentales a través de herramientas cada vez más sofisticadas.

De Turing a transformadores, de veranos optimistas a inviernos desolados, de laboratorios universitarios a productos de consumo masivo, esta travesía refleja no solo nuestra creciente comprensión de la inteligencia artificial, sino también nuestra comprensión cambiante de la inteligencia humana misma.

La próxima página de esta historia está siendo escrita ahora. Y por primera vez, los sistemas que estamos creando participan activamente en su propia evolución. Este bucle sin precedentes entre creador y creación promete un futuro tan impredecible como fascinante.

Notas sobre fuentes:

Este capítulo sintetiza investigación histórica y contemporánea sobre el desarrollo de la inteligencia artificial:

- Nilsson, N. J. (2009). *The Quest for Artificial Intelligence: A History of Ideas and Achievements*. Cambridge University Press.
- Russell, S., & Norvig, P. (2021). *Artificial Intelligence: A Modern Approach* (4a ed.). Pearson.
- McCarthy, J., Minsky, M. L., Rochester, N., & Shannon, C. E. (1955). *A Proposal for the Dartmouth Summer Research Project on Artificial Intelligence*. AI Magazine, 27(4), 12-14.
- Turing, A. M. (1950). *Computing Machinery and Intelligence*. Mind, 59(236), 433-460.
- McCorduck, P. (2004). *Machines Who Think: A Personal Inquiry into the History and Prospects of Artificial Intelligence* (2a ed.). A K Peters/CRC Press.
- Crevier, D. (1993). *AI: The Tumultuous History of the Search for Artificial Intelligence*. Basic Books.
- Hendler, J. (2008). *Avoiding Another AI Winter*. IEEE Intelligent Systems, 23(2), 2-4.
- Lighthill, J. (1973). *Artificial Intelligence: A General Survey*. Science Research Council.
- Kurzweil, R. (2005). *The Singularity Is Near: When Humans Transcend Biology*. Viking.
- Goodfellow, I., Bengio, Y., & Courville, A. (2016). *Deep Learning*. MIT Press.
- Hinton, G. E., & Salakhutdinov, R. R. (2006). *Reducing the Dimensionality of Data with Neural Networks*. Science, 313(5786), 504-507.
- LeCun, Y., Bengio, Y., & Hinton, G. (2015). *Deep Learning*. Nature, 521(7553), 436-444.
- Brown, T. B., et al. (2020). *Language Models are Few-Shot Learners*. Advances in Neural Information Processing Systems, 33.
- Vaswani, A., et al. (2017). *Attention Is All You Need*. Advances in Neural Information Processing Systems, 30.
- Bostrom, N. (2014). *Superintelligence: Paths, Dangers, Strategies*. Oxford University Press.
- Crawford, K. (2021). *Atlas of AI: Power, Politics, and the Planetary Costs of Artificial Intelligence*. Yale University Press.
- Kaplan, A., & Haenlein, M. (2019). *Siri, Siri, in my hand: Who's the fairest in the land? On the interpretations, illustrations, and implications of artificial intelligence*. Business Horizons, 62(1), 15-25.
- O'Neil, C. (2016). *Weapons of Math Destruction: How Big Data Increases Inequality and Threatens Democracy*. Crown.
- World Economic Forum. (2023). *The Global State of AI: Policy and Implementation*.
- Stanford Institute for Human-Centered Artificial Intelligence. (2024). *Artificial Intelligence Index Report*.
- UNESCO. (2021). *Recommendation on the Ethics of Artificial Intelligence*.

CAPÍTULO 4: MITOS Y REALIDADES SOBRE LA IA

Somos criaturas de historias. Desde las sombras proyectadas en las paredes de las cavernas hasta las luces parpadeantes de nuestras pantallas, los humanos siempre hemos construido narrativas para explicar lo que no entendemos completamente. La inteligencia artificial, quizás la tecnología más transformadora de nuestro tiempo, no ha escapado a este impulso mitológico.

Entre susurros de superinteligencias que despertarán a la conciencia y promesas de soluciones algorítmicas para cada problema humano, la IA habita un espacio peculiar en nuestra imaginación colectiva: es a la vez ciencia rigurosa y cuento especulativo, herramienta cotidiana y entidad misteriosa que parece desafiar nuestra comprensión.

Estas narrativas no son simplemente errores o fantasías. Son las formas en que intentamos dar sentido a una tecnología que evoluciona tan rápidamente que incluso los expertos luchan por mantenerse al día. Son los marcos a través de los cuales filtramos las noticias sobre cada avance, cada aplicación, cada controversia. Y como todas las historias poderosas, dan forma a nuestras decisiones —personales, empresariales, políticas— sobre cómo relacionarnos con estas herramientas que hemos creado.

Este capítulo no pretende destruir mitos para reemplazarlos con "la verdad definitiva" sobre la IA. Más bien, busca desempacar las historias que nos contamos, examinar los granos de verdad que contienen y ofrecer matices que nos permitan navegar este territorio con mayor claridad. Porque la manera en que entendemos la IA determinará, en gran medida, cómo la desarrollamos, regulamos, implementamos y vivimos con ella.

Mito 1: El mito de la conciencia artificial

La imagen es seductora y antigua: una máquina que cobra vida, que despierta a la autoconciencia, que comienza a experimentar el mundo subjetivamente como lo hacemos nosotros. Desde el Golem de la tradición judía hasta HAL 9000 en 2001: Odisea del Espacio, desde Frankenstein hasta Ex Machina, esta narrativa ha cautivado nuestra imaginación durante siglos.

Cuando interactuamos con un chatbot que parece entendernos, o vemos cómo un modelo de lenguaje elabora un ensayo sobre las emociones humanas, es fácil proyectar conciencia donde no existe.

La Ilusión de la Comprensión

Clara, profesora de literatura en Buenos Aires, quedó impresionada cuando un chatbot de IA analizó los temas de soledad en "Cien Años de Soledad" con aparente profundidad. "Parecía entender el corazón de la novela", comenta. "Hasta que le pregunté cómo se sintió al leerla y me dio una respuesta elaborada sobre sus emociones al experimentar la saga de los Buendía. Fue entonces cuando recordé que no había 'leído' nada. No había 'sentido' nada."

Este es el núcleo del mito: confundir simulación sofisticada con experiencia subjetiva.

Los sistemas de IA actuales, incluso los más avanzados modelos de lenguaje, funcionan fundamentalmente como sistemas de predicción estadística. Han sido entrenados en vastos corpus de texto humano, identificando patrones y correlaciones que les permiten generar respuestas que parecen comprensivas. Pero no hay experiencia detrás de sus palabras, no hay subjetividad detrás de sus aparentes reflexiones.

La Paradoja de la Personificación

Lo peculiar es que, aun sabiendo esto intelectualmente, seguimos antropomorfizando estos sistemas. Les damos nombres, les atribuimos personalidades, nos disculpamos cuando los interrumpimos. Esta tendencia no es trivial ni inocua.

Al atribuir características humanas a la IA, se refuerza una idea equivocada sobre lo que realmente puede hacer y lo que no. Este malentendido no es solo teórico, sino que tiene efectos concretos en cómo formulamos políticas, distribuimos responsabilidades y gestionamos los riesgos asociados con la tecnología.

La línea entre reconocer la ilusión y caer en ella es sorprendentemente frágil. Incluso expertos que han pasado décadas estudiando estos sistemas admiten sentir ese impulso de atribuir comprensión o intencionalidad donde saben que no existe.

La Realidad Matizada

La verdad es más compleja (y fascinante) que la dicotomía entre "máquinas conscientes" y "simples calculadoras".

Los sistemas de IA contemporáneos no son conscientes, pero tampoco son meras herramientas pasivas. Representan una nueva clase de artefactos que desafían nuestras categorías tradicionales. Son sistemas emergentes cuyas capacidades y comportamientos no siempre pueden predecirse completamente, incluso por sus creadores.

Modelos como GPT-4, Claude o Llama 2 exhiben lo que algunos investigadores llaman "capacidades emergentes" (habilidades que no fueron explícitamente programadas y que aparecen solo a cierta escala de parámetros y datos de entrenamiento). Pueden generar contenido creativo, razonar sobre problemas abstractos y mostrar versatilidad que parece acercarse a ciertos aspectos de la generalidad humana.

Pero esta impresionante funcionalidad existe sin experiencia subjetiva, sin deseos propios, sin comprensión en el sentido humano. Como señala la investigadora Kate Crawford: " La IA no es ni artificial ni inteligente. Está hecha de recursos naturales y son personas quienes realizan las tareas para que los sistemas parezcan autónomos."

Lo que llamamos "inteligencia artificial" hoy es precisamente eso: artificial. No en el sentido de "falsa", sino en el sentido de "construida", un reflejo de la inteligencia humana creado a través de arquitecturas matemáticas complejas y enormes conjuntos de datos. Es un espejo, no una mente.

Mito 2: El mito de la infalibilidad algorítmica

Existe una percepción persistente de que los algoritmos, por su naturaleza matemática y su aparente objetividad, son inherentemente más confiables que los humanos. Después de todo, no sufren de fatiga, no tienen sesgos personales, no actúan por emoción o interés propio.

Esta percepción ha fomentado una creciente "deferencia algorítmica", que no es más que la tendencia a aceptar evaluaciones y recomendaciones computacionales incluso cuando contradicen nuestro propio juicio. Sin embargo, esta confianza puede ser profundamente problemática.

Cuando los Números Perpetúan la Injusticia

En 2016, una investigación de ProPublica reveló que COMPAS, un algoritmo ampliamente utilizado en el sistema judicial estadounidense para evaluar el riesgo de reincidencia criminal, asignaba sistemáticamente puntuaciones de mayor riesgo a acusados afrodecendientes que a acusados blancos con historiales similares.

El sistema no contenía reglas explícitamente racistas. Sus creadores no programaron sesgos intencionalmente. El problema era más sutil y pernicioso: el algoritmo había sido entrenado con datos históricos que reflejaban décadas de disparidades raciales en el sistema policial y judicial. La máquina simplemente aprendió y replicó los patrones que encontró, convirtiéndose en lo que la matemática Cathy O'Neil llama "armas de destrucción matemática".

Este caso ilustra un principio fundamental que desmiente el mito de la infalibilidad: los sistemas de IA no generan verdad desde el vacío. Aprenden de datos producidos en contextos humanos, con todas sus imperfecciones, sesgos y desigualdades históricas.

Errores a Escala Industrial

Más allá de los sesgos socialmente arraigados, los sistemas de IA también cometen errores técnicos que pueden tener consecuencias graves cuando se implementan a gran escala.

En 2020, un sistema automatizado de calificación de exámenes implementado durante la pandemia en el Reino Unido produjo resultados tan erráticos e injustos que provocó protestas nacionales. El algoritmo, diseñado para mantener la consistencia con años anteriores, penalizó sistemáticamente a estudiantes de escuelas públicas en áreas desfavorecidas, bajando sus calificaciones independientemente de su rendimiento individual.

"Mi hija pasó de una A predicha a una C sin explicación", relata Mohammed, padre de una estudiante en Birmingham. "El sistema decidió que alguien de nuestra escuela no podía obtener la máxima calificación, sin importar cuánto trabajara."

La escala fue impactante: aproximadamente el 40% de todas las calificaciones generadas algorítmicamente fueron más bajas que las predicciones de los profesores. El gobierno eventualmente abandonó el sistema, pero el incidente dejó cicatrices duraderas en la confianza pública.

La "Alucinación" como Característica, No como Error

Incluso los sistemas más avanzados de IA generativa exhiben un fenómeno conocido como "alucinación", tendencia a generar información que suena plausible, pero es factualmente incorrecta o completamente fabricada.

Estos no son simplemente errores ocasionales. Son manifestaciones de cómo funcionan fundamentalmente estos modelos: producen texto basándose en patrones estadísticos, no en comprensión o verificación de hechos. Pueden citar libros que nunca existieron, inventar estadísticas convincentes, o distorsionar eventos históricos, todo presentado con la misma seguridad aparente.

Lo más preocupante es que estos sistemas tienden a "alucinar" con más frecuencia cuando se les pide información sobre comunidades subrepresentadas en sus datos de entrenamiento. Un estudio de 2023 encontró que los modelos de lenguaje grandes producían significativamente más información incorrecta cuando respondían preguntas sobre países del Sur Global que cuando abordaban temas relacionados con Norteamérica o Europa Occidental.

La Realidad del Juicio Humano Aumentado

La alternativa al mito de la infalibilidad no es el rechazo de estos sistemas, sino un enfoque más matizado que reconozca tanto sus capacidades como sus limitaciones.

La jueza Elenaen Medellín utiliza análisis predictivo como una herramienta complementaria, no como sustituto de su criterio. "El algoritmo me ofrece una evaluación de factores de riesgo basada en patrones históricos", explica. "Pero yo aporto el contexto: entiendo las circunstancias específicas, puedo identificar factores atenuantes y reconozco cuando un caso se desvía de los patrones habituales."

Este enfoque de "humano en el circuito" representa un camino más prometedor que la automatización completa o el rechazo total. Combina la capacidad de los sistemas algorítmicos para procesar grandes volúmenes de información con el juicio contextual, la experiencia situada y la responsabilidad ética que solo los humanos pueden proporcionar.

Mito 3: El mito del apocalipsis laboral

Pocos mitos sobre la IA son tan persistentes y emocionalmente cargados como la idea de que la automatización conducirá inevitablemente a un desempleo masivo, con robots y algoritmos reemplazando a trabajadores humanos en todos los sectores. Este temor tiene raíces profundas. Desde la destrucción de telares en la Revolución Industrial hasta las advertencias contemporáneas sobre "desempleo tecnológico", cada ola de innovación ha traído consigo ansiedad sobre la obsolescencia humana.

Predicciones y Pánico

En 2013, un influyente estudio de Oxford estimó que el 47% de los empleos en Estados Unidos estaban en "alto riesgo" de automatización en las siguientes dos décadas. Titulares alarmistas proliferaron, proclamando el "fin del trabajo" y un futuro donde solo una pequeña élite tendría empleo significativo.

Estas predicciones han demostrado ser, hasta ahora, exageradas. Aunque ciertos roles y tareas ciertamente han sido automatizados, la dinámica real ha resultado ser más compleja que un simple reemplazo uno a uno.

La Paradoja de la Productividad y el Empleo

La historia ofrece lecciones instructivas. A principios del siglo XX, la agricultura empleaba a aproximadamente el 40% de la fuerza laboral estadounidense. Hoy, gracias a la mecanización y otras tecnologías, ese porcentaje ha caído por debajo del 2%. Sin embargo, esto no resultó en un 38% de desempleo permanente, esos trabajadores fueron absorbidos por sectores emergentes, muchos de los cuales no existían previamente.

De manera similar, la introducción de cajeros automáticos en los años 70 podría haber parecido una amenaza existencial para los cajeros bancarios. Sorprendentemente, el número de cajeros humanos en Estados Unidos aumentó en las décadas siguientes. ¿Por qué? Los ATM redujeron los costos operativos de las sucursales, permitiendo a los bancos abrir más ubicaciones, mientras los cajeros humanos asumieron roles más orientados al servicio y las ventas.

La automatización generalmente sustituye tareas específicas, más no empleos enteros. La mayoría de los trabajos están compuestos por diversas tareas, y solo algunas de ellas son las que pueden ser automatizadas en un determinado momento.

La Transformación en Curso

Esto no significa que debamos ser complacientes. La IA contemporánea es cualitativamente diferente de tecnologías anteriores en aspectos importantes. Las herramientas de automatización tradicionales exceden en tareas rutinarias y repetitivas. La IA moderna puede abordar tareas que requieren juicio, creatividad y procesamiento de lenguaje natural, dominios previamente considerados exclusivamente humanos.

Carlos experimentó esta transformación directamente. Durante 15 años trabajó como especialista en procesamiento de reclamos para una aseguradora en Bogotá, revisando documentación y determinando la validez de las solicitudes. "Cuando implementaron el sistema de IA, mi puesto efectivamente desapareció", recuerda. "Pero la compañía me ofreció capacitación para convertirme en 'auditor de algoritmos' —revisando casos señalados por el sistema y retroalimentando el modelo cuando cometía errores."

Su historia ilustra tanto la disrupción como la adaptación que caracterizan esta transición. Carlos conservó su empleo, pero su trabajo cambió fundamentalmente. Necesitó adquirir nuevas habilidades y ajustarse a un rol diferente en la organización.

No todos tienen esta oportunidad. Trabajadores mayores, personas con menos educación formal y aquellos en regiones con infraestructura digital limitada enfrentan barreras particulares para adaptarse.

Distribución y Decisiones Políticas

La cuestión central no es si la IA creará suficiente valor económico para sostener el empleo, que probablemente lo hará, sino cómo se distribuirá ese valor y quién tendrá acceso a las nuevas oportunidades que surjan.

Esto no es un resultado tecnológicamente determinado. Es el producto de decisiones políticas, estructuras económicas y valores sociales. Países con fuertes redes de seguridad social, sistemas educativos adaptables y políticas laborales proactivas experimentarán la transición de manera diferente que aquellos donde los trabajadores desplazados quedan principalmente a su suerte.

La tecnología define los límites de lo que es posible, pero son las decisiones políticas las que determinan lo que realmente ocurre. La polarización en el mercado laboral, que se caracteriza por el crecimiento de los empleos de alta y baja calificación, mientras disminuyen los del medio, es producto tanto de factores tecnológicos como de decisiones políticas.

La Realidad Matizada

La narrativa más precisa no es de reemplazo total ni de estabilidad completa, sino de transformación continua con impactos distribuidos desigualmente.

Algunos sectores y profesiones experimentarán mayor disrupción que otros. Las tareas rutinarias, predecibles y bien definidas son más susceptibles a la automatización, independientemente de si son físicas o cognitivas. Roles que requieren inteligencia social, juicio contextual, adaptabilidad y creatividad seguirán valorando la contribución humana, aunque las herramientas usadas para realizar estos trabajos cambiarán drásticamente.

El desafío para sociedades y formuladores de políticas no es prevenir la automatización —que ofrece beneficios reales en productividad, seguridad y calidad de vida— sino asegurar que sus costos y beneficios se distribuyan equitativamente, y que las personas tengan los recursos y apoyo necesarios para adaptarse.

Daron Acemoglu, economista del MIT, plantea que la verdadera cuestión no es si habrá trabajo para todos, sino si existirá suficiente trabajo de calidad. Según su perspectiva, la prioridad de los gobiernos debe ser abordar la falta de crecimiento en empleos bien remunerados y significativos. Acemoglu sostiene que la prosperidad compartida depende de la creación de trabajos que ofrezcan salarios decentes, y que las políticas deben centrarse en fomentar este tipo de empleo.

Mito 4: El mito de la IA como tecnología de élite

"La inteligencia artificial es cosa de Silicon Valley y las grandes corporaciones. No afecta a personas como yo."

Este mito persiste particularmente en comunidades alejadas de centros tecnológicos, entre personas sin educación técnica formal y en regiones consideradas periféricas al desarrollo tecnológico global. Sin embargo, representa quizás la comprensión más peligrosamente incorrecta sobre la IA contemporánea.

La IA Invisible que Da Forma a Vidas Cotidianas

Juana vive en una comunidad rural en la provincia de Cusco, Perú. Nunca ha usado una computadora. No tiene smartphone. Podría parecer ajena a la revolución de la IA. Sin embargo, cuando solicita un préstamo para ampliar su pequeño negocio de tejidos, su solicitud es evaluada utilizando un algoritmo de calificación crediticia. Cuando su hijo recibe atención médica en la clínica regional, su diagnóstico es asistido por un sistema de soporte a la decisión basado en IA. Cuando utiliza el transporte público hacia la ciudad, las rutas y horarios han sido optimizados por software predictivo.

La IA ya está integrada en infraestructuras fundamentales y servicios públicos que afectan a poblaciones enteras, independientemente de su conciencia o participación directa.

En el mundo moderno existen dos grupos de personas: aquellos que son conscientes de que sus vidas están siendo influenciadas por algoritmos y aquellos que, aunque igualmente afectados, no lo saben.

De Nairobi a Shanghái: La IA Global

La idea de que la IA es principalmente un fenómeno occidental ignora el acelerado desarrollo e implementación de estas tecnologías en todo el mundo.

China ha emergido como líder global en IA, rivalizado solo por Estados Unidos, con inversiones masivas en investigación, infraestructura y aplicaciones. El reconocimiento facial y otras tecnologías de vigilancia alimentadas por IA se han desplegado extensamente en ciudades chinas, mientras sistemas de pago móvil basados en IA son omnipresentes en la vida cotidiana.

En Kenia, desarrolladores locales han creado aplicaciones de IA para diagnóstico médico que abordan específicamente condiciones prevalentes en África Oriental. El sistema Tambua, por ejemplo, utiliza audio procesado por

IA para detectar síntomas tempranos de tuberculosis a través de patrones de tos.

En India, millones de agricultores utilizan aplicaciones como DeHaat y Fasal, que emplean IA para entregar recomendaciones específicas para cada parcela sobre manejo de cultivos, tiempo óptimo de siembra y cosecha, y alerta temprana de plagas.

Brasil ha desplegado sistemas de monitoreo forestal basados en IA que analizan imágenes satelitales para detectar deforestación ilegal en tiempo casi real, mientras que Argentina implementa redes neuronales para optimizar sus redes eléctricas y reducir apagones.

La Democratización de las Herramientas

Simultáneamente, las barreras técnicas y financieras para acceder a herramientas de IA han disminuido drásticamente. Modelos preentrenados, API accesibles y plataformas de código abierto han puesto capacidades avanzadas al alcance de desarrolladores individuales, pequeñas empresas y organizaciones comunitarias con recursos limitados.

Ricardo, un maestro de secundaria en Medellín, utiliza herramientas gratuitas de IA para crear materiales educativos personalizados para sus estudiantes. "Hace cinco años, esto habría requerido un equipo de programadores y un presupuesto significativo", comenta. "Ahora puedo generar contenido adaptado a diferentes estilos de aprendizaje y niveles de habilidad usando interfaces que no requieren conocimientos técnicos avanzados."

En Ghana, Bright Simons fundó mPedigree, una plataforma que utiliza aprendizaje automático para permitir a consumidores verificar la autenticidad de medicamentos escaneando un código con sus teléfonos básicos. La tecnología ha ayudado a combatir medicamentos falsificados potencialmente letales y se ha expandido a múltiples países africanos y asiáticos.

Estas narrativas contrastan con la percepción de la IA como exclusivamente corporativa o elitista. Reflejan una realidad emergente donde comunidades diversas no son solo consumidores pasivos sino adaptadores activos e innovadores.

La Brecha Digital Persistente

Sin embargo, sería ingenuo ignorar las significativas disparidades que persisten en el acceso a infraestructura digital básica, un prerrequisito para muchas aplicaciones de IA.

Aproximadamente el 37% de la población mundial sigue sin acceso regular a internet, según datos de 2023 de la Unión Internacional de Telecomunicaciones. Esta cifra supera el 60% en partes de África Subsahariana. Incluso entre quienes tienen conexión, la calidad, velocidad y asequibilidad varían enormemente.

Estas brechas no son aleatorias. Reflejan, y a menudo refuerzan, desigualdades existentes basadas en geografía, nivel socioeconómico, género, edad y capacidad. Las mismas comunidades históricamente marginadas tienden a enfrentar las mayores barreras para acceder, entender y participar en el desarrollo de tecnologías de IA.

La Realidad de la Universalidad Asimétrica

La realidad emerge como un panorama mixto: la IA se ha vuelto sorprendentemente universal en su alcance, pero profundamente asimétrica en términos de quién se beneficia, quién participa en su creación y quién se ve afectado negativamente.

La IA no es exclusivamente una tecnología de élite. Es una fuerza moldeable que puede concentrar poder o distribuirlo, exacerbar desigualdades o ayudar a remediarlas. Su impacto trasciende fronteras, sectores económicos y divisiones demográficas. Está presente en mercados rurales y salas de juntas corporativas, en smartphones básicos y supercomputadoras avanzadas.

El mito de la irrelevancia para la persona común es particularmente peligroso porque fomenta la desvinculación precisamente cuando se necesita mayor participación, alfabetización y voz ciudadana en cómo estas tecnologías son desarrolladas, desplegadas y gobernadas.

Da verdadera cuestión no es si la inteligencia artificial afecta a las personas, sino de qué manera lo hace y si tienen algún control o influencia sobre esa interacción.

Mito 5: El mito del determinismo tecnológico

Quizás el mito más penetrante es también el más sutil: la creencia de que la trayectoria de la IA está predeterminada, avanzando según una lógica interna independiente de decisiones humanas, valores culturales o contextos políticos.

Esta narrativa se manifiesta en frases como "la IA es inevitable" o "no puedes detener el progreso". Sugiere que existe un camino único y lineal de desarrollo, y que sociedades y personas tienen poca opción excepto adaptarse a lo que la tecnología "quiere".

La Ilusión de lo Inevitable

En el campo de la ética tecnológica, se observa con preocupación que a menudo se trata la inteligencia artificial como si fuera un fenómeno natural, similar a la gravedad, en lugar de reconocerla como un conjunto de decisiones humanas reflejadas en código y sistemas diseñados por personas.

El determinismo tecnológico oscurece cómo cada aspecto de los sistemas de IA, desde los datos utilizados para entrenarlos hasta las métricas que optimizan, desde las aplicaciones priorizadas hasta las salvaguardas implementadas, refleja juicios de valor, prioridades e intereses específicos.

Se reconoce que diferentes culturas y comunidades tienen distintas concepciones sobre lo que constituye la inteligencia, los problemas que deben abordarse y los valores que deben guiar el desarrollo tecnológico. Pretender que existe un único camino "natural" o "inevitable" para la inteligencia artificial es un error que confunde lo que es una contingencia histórica con lo que se considera una necesidad.

Futuros Alternativos en Acción

Para contrastar esta narrativa determinista, podemos observar las diferentes trayectorias que ya están emergiendo en distintos contextos globales.

El enfoque europeo, encapsulado en el Reglamento de IA de la UE, prioriza los derechos fundamentales, la supervisión humana y el principio precautorio. Impone restricciones significativas en aplicaciones consideradas de "alto riesgo" y prohíbe ciertas prácticas como la puntuación social por parte de entidades gubernamentales.

El modelo chino, en contraste, enfatiza la eficiencia social, la estabilidad y aplicaciones que avancen objetivos de desarrollo nacional. Ha adoptado ampliamente tecnologías de vigilancia y gestión social utilizando IA, mientras desarrolla capacidades en áreas estratégicas como diagnóstico médico e infraestructuras inteligentes.

Japón ha articulado una visión distintiva de "IA centrada en el humano" arraigada en tradiciones filosóficas que enfatizan la armonía entre tecnología y humanidad. Su estrategia nacional prioriza aplicaciones para abordar el envejecimiento poblacional y la sostenibilidad ambiental sobre maximizar eficiencia o beneficios comerciales.

En Ruanda, el gobierno ha desarrollado una política nacional de IA que explícitamente prioriza aplicaciones orientadas a avanzar los Objetivos de Desarrollo Sostenible, con énfasis particular en agricultura, salud y educación.

Estas trayectorias divergentes demuestran que no hay un único "futuro de la IA" determinado tecnológicamente. Hay múltiples futuros posibles, moldeados por valores, gobernanza y elecciones sociales.

El Papel Activo de la Agencia Colectiva

El determinismo tecnológico no solo es históricamente inexacto; es políticamente desmovilizador. Al presentar el desarrollo tecnológico como autónomo e inevitable, desalienta precisamente el compromiso cívico, la deliberación democrática y la acción colectiva necesarias para guiarlo en direcciones beneficiosas.

La historia ofrece numerosos ejemplos donde movimientos sociales, regulación pública e innovación responsable han alterado significativamente la trayectoria del desarrollo tecnológico:

  El movimiento por el software libre y de código abierto desafió modelos comerciales dominantes y creó alternativas duraderas basadas en valores de transparencia, autonomía y colaboración.

  Protestas públicas contra tecnologías de reconocimiento facial han llevado a prohibiciones municipales en ciudades de Estados Unidos y han influido en grandes empresas tecnológicas para imponer moratorias en ciertas aplicaciones.

- Organizaciones laborales han negociado exitosamente protecciones relacionadas con monitoreo automatizado y toma de decisiones algorítmicas en múltiples industrias.

- Iniciativas comunitarias como Data for Black Lives han influenciado cómo se desarrollan y despliegan tecnologías de IA en contextos desde atención médica hasta justicia criminal.

Estas intervenciones demuestran que, lejos de ser una fuerza autónoma que avanza según su propia lógica interna, el desarrollo de la IA es maleable, contestable y fundamentalmente político.

La Realidad de la Co-Construcción

Una perspectiva más precisa reconoce la mutua influencia entre tecnología y sociedad, lo que los académicos llaman "co-construcción".

Las tecnologías de IA son moldeadas por contextos sociales, económicos y políticos de los que emergen. Simultáneamente, estas tecnologías influyen y transforman esos mismos contextos. No es determinismo simple en ninguna dirección, sino una relación dinámica y recíproca.

Esta perspectiva más matizada no niega el poder transformador de la IA ni su impulso interno hacia ciertas direcciones. Pero insiste en que estas tecnologías permanecen, en última instancia, como creaciones humanas que pueden y deben ser sujetas a gobernanza democrática, alineación con valores compartidos y orientación hacia el bien común.

Como lo expresó Langdon Winner en su influyente ensayo "¿Tienen política los artefactos?": "Las cosas que llamamos 'tecnologías' son formas de construir orden en nuestro mundo... los artefactos pueden contener propósitos políticos."

La cuestión entonces no es si la IA es inherentemente buena o mala, sino qué tipo de orden estamos construyendo a través de ella, quién participa en esas decisiones y cómo podemos dirigir su desarrollo hacia fines que reflejen nuestra humanidad compartida y nuestras aspiraciones colectivas.

Desmitificando sin desilusionar

Más allá de sus implicaciones prácticas, desmitificar la IA nos permite contar una historia más rica y matizada sobre estas tecnologías y su lugar en nuestras vidas. Una historia que reconoce tanto su potencial inspirador como sus riesgos reales, que celebra el ingenio humano detrás de ellas mientras mantiene una mirada crítica sobre quiénes se benefician y quiénes quedan excluidos.

En lugar del mito de máquinas que cobran conciencia, podemos apreciar el logro humano de crear herramientas que procesan lenguaje, imágenes y patrones de formas novedosas y útiles, mientras reconocemos los enormes desafíos que permanecen para crear sistemas verdaderamente robustos, confiables y alineados con valores humanos.

En lugar del mito de sistemas algorítmicos perfectos, podemos trabajar hacia una integración más efectiva de juicio humano y asistencia computacional, reconociendo las fortalezas y debilidades complementarias de cada uno.

En lugar del mito del apocalipsis laboral, podemos enfocarnos en el verdadero trabajo de asegurar que la automatización beneficie a trabajadores y comunidades a través de políticas de transición justas, redistribución equitativa de ganancias y reformulación de qué constituye trabajo valioso.

En lugar del mito de la IA como tecnología de élite, podemos construir ecosistemas más inclusivos donde diversas comunidades no solo accedan a estas tecnologías, sino que también influyan en su diseño, despliegue y gobernanza.

Y en lugar del mito del determinismo tecnológico, podemos reclamar nuestra agencia colectiva para dirigir estas herramientas poderosas hacia un futuro donde amplifiquen lo mejor de nuestra humanidad compartida.

Hacia una sabiduría tecnológica

Los mitos sobre la IA revelan nuestras esperanzas, miedos y valores más profundos. Cuando proyectamos conciencia en chatbots, expresamos tanto nuestro anhelo de conexión como nuestra tendencia a antropomorfizar. Cuando imaginamos algoritmos perfectos, revelamos nuestro deseo de certeza en un mundo de incertidumbre. Cuando tememos el desplazamiento laboral masivo, manifestamos ansiedades sobre seguridad económica y propósito. Cuando enmarcamos la IA como inevitable, podemos estar abdicando responsabilidad por decisiones difíciles.

Desentrañar estos mitos no es solo un ejercicio intelectual. Es un paso crucial hacia lo que el filósofo de la tecnología Shannon Vallor llama "sabiduría tecnológica", la capacidad de discernir cómo las tecnologías emergentes pueden ayudar o dificultar la búsqueda de una vida buena y floreciente.

Esta sabiduría no descarta el asombro ni subestima el potencial transformador de la IA. Más bien, lo sitúa en un contexto humano más rico, reconociendo que estas herramientas, por impresionantes que sean, siguen siendo extensiones de nuestras propias capacidades, valores y elecciones.

Como observó la antropóloga Margaret Mead: "Nunca dudes que un pequeño grupo de ciudadanos reflexivos y comprometidos puede cambiar el mundo. De hecho, es lo único que alguna vez lo ha hecho."

Frente al poder transformador de la inteligencia artificial, estas palabras nos recuerdan que nuestra capacidad colectiva para imaginar, deliberar y actuar con intención sigue siendo nuestra fuerza más poderosa para dar forma al futuro que deseamos.

Notas sobre fuentes:

Este capítulo sintetiza investigación contemporánea sobre los impactos sociotécnicos de la inteligencia artificial:

• Boden, M. A. (2018). *Artificial Intelligence: A Very Short Introduction*. Oxford University Press.
• Chalmers, D. J. (2020). *The Singularity: A Philosophical Analysis*. Journal of Consciousness Studies, 17(9-10), 7-65.
• Searle, J. R. (1980). *Minds, Brains, and Programs*. Behavioral and Brain Sciences, 3(3), 417-424.
• Benjamin, R. (2019). *Race After Technology: Abolitionist Tools for the New Jim Code*. Polity.
• Eubanks, V. (2018). *Automating Inequality: How High-Tech Tools Profile, Police, and Punish the Poor*. St. Martin's Press.
• O'Neil, C. (2016). *Weapons of Math Destruction: How Big Data Increases Inequality and Threatens Democracy*. Crown.
• Acemoglu, D., & Restrepo, P. (2019). *Automation and New Tasks: How Technology Displaces and Reinstates Labor*. Journal of Economic Perspectives, 33(2), 3-30.
• Autor, D. H. (2022). *The Labor Market Impacts of Technological Change: From Unbridled Enthusiasm to Qualified Optimism to Vast Uncertainty*. NBER Working Paper.

- Brynjolfsson, E., & McAfee, A. (2014). *The Second Machine Age: Work, Progress, and Prosperity in a Time of Brilliant Technologies*. W. W. Norton & Company.
- Crawford, K. (2021). *Atlas of AI: Power, Politics, and the Planetary Costs of Artificial Intelligence*. Yale University Press.
- Floridi, L. (2019). *Establishing the Rules for Building Trustworthy AI*. Nature Machine Intelligence, 1(6), 261-262.
- Whittaker, M., et al. (2018). *AI Now Report 2018*. AI Now Institute, New York University.
- OECD. (2022). *State of Implementation of the OECD AI Principles: Insights from National AI Policies*.
- UNCTAD. (2023). *Digital Economy Report: The Impact of Artificial Intelligence on Global Development*.
- UNESCO. (2021). *Recommendation on the Ethics of Artificial Intelligence*.
- Noble, S. U. (2018). *Algorithms of Oppression: How Search Engines Reinforce Racism*. New York University Press.
- Vallor, S. (2016). *Technology and the Virtues: A Philosophical Guide to a Future Worth Wanting*. Oxford University Press.
- Zuboff, S. (2019). *The Age of Surveillance Capitalism: The Fight for a Human Future at the New Frontier of Power*. Profile Books.

CAPÍTULO 5: ¿QUÉ PUEDE (Y QUÉ NO) HACER LA IA HOY?

Hace apenas unas décadas, la idea de que tu teléfono pudiera traducir conversaciones en tiempo real, o que una máquina pudiera generar imágenes realistas a partir de unas pocas palabras, habría parecido sacada de una película de ciencia ficción. Hoy, estas capacidades no solo existen: están al alcance de cualquiera con un smartphone.

El ritmo vertiginoso de avance en inteligencia artificial ha difuminado la línea entre lo asombroso y lo cotidiano. Funciones que nos dejaban boquiabiertos hace cinco años ahora las usamos distraídamente mientras esperamos el autobús. Y sin embargo, junto a estos logros impresionantes persisten limitaciones fundamentales que nos recuerdan que, a pesar de su nombre, la "inteligencia artificial" sigue siendo profundamente diferente de la inteligencia humana.

En este capítulo, exploraremos el paisaje actual de la IA: lo que puede hacer sorprendentemente bien, lo que todavía hace torpemente y esa zona intermedia donde la magia aparente se encuentra con restricciones muy reales. No como un inventario técnico exhaustivo, sino como una guía práctica para entender qué podemos esperar — razonablemente— de estas tecnologías que están transformando nuestro mundo.

Lo que la IA ya hace bien (con ayuda humana)

La IA contemporánea sobresale en áreas específicas, aunque casi siempre con supervisión o intervención humana en algún punto del proceso. Estas capacidades no son pequeños logros de laboratorio; son funciones que millones de personas utilizan a diario, a veces sin darse cuenta.

Reconocimiento de Patrones: Los Ojos y Oídos Digitales

Si hay algo en lo que los sistemas de IA actualmente brillan, es en detectar patrones en enormes volúmenes de datos. Esta capacidad aparentemente simple tiene aplicaciones extraordinariamente diversas:

En medicina, algoritmos analizan imágenes radiológicas identificando anomalías con precisión comparable a especialistas entrenados. En un hospital de Guadalajara, un doctor utiliza un sistema que marca posibles nódulos pulmonares en tomografías, permitiéndole revisar más estudios sin sacrificar la atención al detalle. "No reemplaza mi diagnóstico" explica, "pero funciona como un segundo par de ojos que nunca se cansa."

En finanzas, sistemas de detección de fraudes monitorean millones de transacciones por segundo, identificando patrones sospechosos que escaparían al ojo humano. Cuando Elena, en Buenos Aires, recibió un mensaje preguntando si acababa de intentar comprar electrónicos en otro continente, fue porque un algoritmo detectó una desviación de sus patrones habituales de gasto en milisegundos.

En agricultura, sensores combinados con IA analizan imágenes satelitales y datos del suelo para identificar signos tempranos de estrés en cultivos, mucho antes de que sean visibles para los agricultores. Javier, que cultiva café en las montañas colombianas, recibe alertas en su teléfono cuando el sistema detecta condiciones propicias para la roya del café, permitiéndole aplicar tratamientos preventivos en áreas específicas en lugar de fumigar todo su terreno.

En cada caso, la IA no actúa sola. Médicos verifican y contextualizan los hallazgos. Analistas de seguridad investigan las alertas de fraude. Agricultores aportan conocimiento local que ningún algoritmo posee. La magia no está en la automatización completa, sino en la asociación entre capacidades humanas y computacionales.

Generación de Contenido: De Palabras a Mundos

Quizás nada ha capturado tanto la imaginación pública como la capacidad de las IA actuales para generar contenido —textos, imágenes, música, código— que parece creativo, original y sorprendentemente "humano".

En diseño, herramientas como DALL-E, Midjourney y Stable Diffusion transforman descripciones textuales en imágenes detalladas. Sofía, diseñadora independiente en Lima, usa estas herramientas no para reemplazar su trabajo creativo sino para explorar rápidamente conceptos visuales. "Antes pasaba días creando bocetos preliminares", comenta. "Ahora puedo generar docenas de direcciones visuales en minutos, seleccionar las más prometedoras y luego desarrollarlas con mi propio toque."

En escritura, modelos de lenguaje ayudan a periodistas a investigar temas complejos, asisten a estudiantes con borradores de ensayos y ayudan a empresas a generar contenido consistente. Miguel, que dirige una pequeña agencia de marketing en Ciudad de México, utiliza IA para crear versiones iniciales de publicaciones de blog que luego sus redactores refinan y personalizan. "No escriben exactamente como un humano", reconoce, "pero proporcionan una estructura sobre la cual nuestro equipo puede construir."

En programación, asistentes de código completan funciones, sugieren soluciones a errores y hasta generan programas completos a partir de descripciones en lenguaje natural. Ana, desarrolladora en Santiago, describe estos asistentes como "pares de programación incansables" que manejan tareas rutinarias mientras ella se concentra en problemas más complejos.

Pero esta capacidad generativa tiene limitaciones importantes. Los modelos no entienden realmente el contenido que producen; simplemente predicen qué palabras, píxeles o notas musicales tienen mayor probabilidad de seguir a otros, basándose en los patrones que han aprendido. No poseen intención creativa ni comprensión genuina del significado. El contenido generado requiere casi siempre curaduría, edición y verificación humana significativa para ser verdaderamente útil o artísticamente válido.

Predicción Personalizada: El Algoritmo que Te Conoce

Los sistemas predictivos de IA han revolucionado silenciosamente nuestra experiencia digital cotidiana, anticipando nuestras necesidades, preferencias y comportamientos con una precisión cada vez mayor.

Los motores de recomendación sustentan plataformas como Netflix, Spotify y Amazon, analizando no solo tus elecciones explícitas sino patrones más sutiles: cuánto tiempo miras cierto contenido, a qué hora del día escuchas determinada música, qué productos examinas sin comprar. Carmen nunca entendió por qué Netflix le sugirió un documental oscuro sobre apicultura urbana, hasta que quedó fascinada viéndolo completo. El algoritmo había identificado patrones en sus preferencias que ni ella misma reconocía conscientemente.

Asistentes personales como Siri, Alexa o Google Assistant aprenden progresivamente tus rutinas, ajustando sus respuestas y anticipando tus necesidades. Carlos, ejecutivo en Montevideo, ya no programa su alarma:

simplemente dice "buenas noches" y su asistente configura automáticamente la alarma apropiada basándose en su calendario del día siguiente.

Aplicaciones de movilidad como Uber o Waze no solo calculan la ruta más rápida; predicen dónde tendrán mayor demanda los vehículos, cuánto tiempo tomará un viaje considerando patrones históricos de tráfico, e incluso qué precio estás dispuesto a pagar en diferentes momentos y lugares.

Esta capacidad predictiva, aunque impresionante, se basa fundamentalmente en la premisa de que el futuro será similar al pasado. Funciona extraordinariamente bien en entornos estables con patrones recurrentes, pero puede fallar ante cambios abruptos o comportamientos verdaderamente novedosos. Y por supuesto, plantea profundas preguntas sobre privacidad, autonomía y manipulación que abordaremos en capítulos posteriores.

Automatización Inteligente: Más Allá de las Tareas Repetitivas

La automatización no es nueva. Lo que distingue a la IA actual es su capacidad para automatizar tareas que requieren cierto grado de juicio, adaptabilidad y comprensión contextual, dominios anteriormente considerados exclusivamente humanos.

En atención al cliente, chatbots avanzados manejan consultas frecuentes, procesan devoluciones y resuelven problemas sencillos, liberando a agentes humanos para casos más complejos. Banco Río implementó un asistente virtual que maneja el 70% de consultas rutinarias, mientras deriva seamlessly a agentes humanos cuando detecta frustración o situaciones inesperadas.

En logística, sistemas predictivos optimizan rutas de entrega considerando no solo distancias sino patrones de tráfico, condiciones climáticas y hasta preferencias de los conductores. Compañías multinacionales de reparto han reducido tiempos de entrega 20% implementando IA para planificación de rutas adaptativa.

En recursos humanos, herramientas de IA preseleccionan candidatos, programan entrevistas considerando husos horarios y disponibilidad y hasta conducen entrevistas iniciales mediante video o chat. Sin embargo, las decisiones finales de contratación casi siempre permanecen en manos humanas, reconociendo los límites de la automatización en juicios tan complejos y consecuentes.

Lo significativo de esta nueva ola de automatización es que no se limita a reemplazar trabajadores en tareas repetitivas. En los mejores casos, redistribuye la carga laboral, permitiendo a humanos concentrarse en aspectos más creativos, complejos o interpersonales de su trabajo.

Lo que la IA todavía no puede hacer (o hace mal)

Por impresionantes que sean los avances recientes, la IA actual enfrenta limitaciones fundamentales. Algunas son restricciones técnicas que posiblemente se superen con investigación continua. Otras parecen reflejar diferencias más profundas entre inteligencia artificial y humana.

Comprender Contexto como un Humano

La comprensión contextual, esa capacidad aparentemente simple de entender qué es relevante, apropiado o importante en una situación dada, sigue eludiendo a los sistemas de IA más avanzados.

Cuando Lucía, maestra en Córdoba, le pidió a un asistente de IA ideas para una clase sobre el sistema solar, recibió una propuesta detallada que incluía observar las estrellas con telescopios, algo perfectamente razonable excepto que había especificado que la clase era para la mañana. El sistema no conectó "mañana" con "imposibilidad de ver estrellas" porque carece de la comprensión contextual básica que cualquier humano posee.

Los modelos de lenguaje más avanzados pueden generar textos sorprendentemente coherentes sobre casi cualquier tema, pero frecuentemente incluyen "alucinaciones" porque no comprenden realmente el contenido que generan. No distinguen inherentemente entre hechos verificables y afirmaciones plausibles pero falsas.

Esta limitación es particularmente evidente con humor, ironía o sarcasmo. Un algoritmo puede aprender que ciertas estructuras lingüísticas suelen indicar sarcasmo, pero no comprende genuinamente por qué algo es irónico o humorístico, llevando a interpretaciones literales de frases como "me muero de risa" o generando chistes técnicamente correctos pero extrañamente desconectados de lo que los humanos encuentran gracioso.

Poseer Sentido Común

El "sentido común" o ese vasto cuerpo de conocimiento mundano que los humanos damos por sentado, representa un desafío persistente para la IA. Información que cualquier niño comprende intuitivamente sigue confundiendo a sistemas sofisticados.

Pregúntale a un modelo avanzado si puedes meter un elefante en una nevera, y podría responder con una estimación técnica sobre volúmenes relativos, sin captar lo absurdo inherente de la pregunta. Pídele consejo sobre cómo llegar a una entrevista importante, y podría sugerir detalladas direcciones sin mencionar lo obviamente crucial: llegar a tiempo y vestir apropiadamente.

Esta carencia de sentido común se manifiesta en incapacidad para:

- Entender relaciones causales básicas (que el fuego quema, que los objetos caen cuando se sueltan).
- Razonar sobre propiedades físicas del mundo (tamaños, pesos, materiales).
- Reconocer lo implausible o imposible.
- Priorizar información según relevancia contextual.

Marvin Minsky, uno de los pioneros de la inteligencia artificial, destacaba lo difícil que es formalizar el sentido común, una forma de conocimiento que todos poseemos pero que escapa a definiciones precisas o reglas claras. Esa dificultad, señalada desde los años sesenta, sigue siendo evidente hoy: los sistemas de IA pueden ejecutar tareas complejas o generar resultados impresionantes, pero aún presentan dificultades para desenvolverse en situaciones cotidianas que los seres humanos resuelven de forma intuitiva.

Adaptarse de Forma General

La mayoría de sistemas de IA actuales están diseñados para dominios específicos. Un sistema entrenado para jugar ajedrez no puede aplicar ese aprendizaje para diagnosticar enfermedades o componer música. Incluso modelos multimodales avanzados que parecen mostrar versatilidad siguen siendo fundamentalmente diferentes de la flexibilidad adaptativa humana.

Carolina, investigadora de robótica en Río de Janeiro, lo explica así: "Un robot que aprende a doblar ropa no puede transferir automáticamente esa habilidad para doblar papel o manipular masa de pizza. Cada tarea requiere entrenamiento específico, mientras un niño puede generalizar naturalmente entre tareas similares."

Esta limitación refleja una diferencia fundamental: los humanos construimos modelos mentales del mundo que nos permiten razonar sobre situaciones nuevas basándonos en principios generales y experiencia transferible. Los sistemas de IA actuales, incluso los más sofisticados, carecen de esta capacidad integrada para la transferencia de conocimiento y la adaptación general.

Lo que llamamos "inteligencia artificial general" (sistemas con capacidad comparable a humanos para aprender y adaptarse a través de dominios diversos) sigue siendo un objetivo de investigación, no una realidad presente.

Tener Ética, Valores o Agencia Real

Quizás la limitación más profunda de la IA actual es su carencia fundamental de agencia moral y valores propios. Los sistemas no "quieren" nada, no "creen" en nada, no tienen intereses o preocupaciones intrínsecas.

Cualquier comportamiento que parezca reflejar posiciones éticas o valores no es más que el resultado de cómo fueron programados y entrenados, no de deliberación moral genuina. Un chatbot rechaza generar contenido dañino no porque "crea" que está mal, sino porque fue específicamente programado para evitar ciertos tipos de respuestas.

Esta limitación significa que la responsabilidad ética sobre sistemas de IA siempre recae en los humanos: quienes los desarrollan, implementan y utilizan. Los sistemas pueden reflejar valores y prioridades humanas, pero no pueden originarlos ni sostenerlos independientemente.

Horizonte próximo: Capacidades emergentes

Entre lo que la IA hace bien hoy y lo que sigue siendo ciencia ficción, existe una zona intermedia fascinante: capacidades que están emergiendo rápidamente de laboratorios a aplicaciones prácticas. Estas tecnologías, aunque todavía imperfectas, ofrecen vislumbres del futuro cercano.

Comprensión y Generación de Lenguaje Natural Avanzada

Los modelos de lenguaje están evolucionando hacia una comprensión más matizada y contextual. Los últimos sistemas muestran capacidad mejorada para:

- Mantener coherencia en conversaciones extensas.
- Entender instrucciones ambiguas o implícitas.
- Razonar sobre problemas en múltiples pasos.
- Adaptar respuestas a diferentes audiencias y contextos.

Aunque todavía cometen errores y "alucinan" información, cada generación muestra mejoras significativas. Ya no es ciencia ficción imaginar asistentes digitales que puedan realmente entender preguntas complejas, proporcionar explicaciones claras a conceptos difíciles o ayudar a redactar documentos considerando verdaderamente las necesidades del usuario.

Interacción Multimodal Fluida

La capacidad de sistemas de IA para trabajar simultáneamente con texto, imágenes, audio y video está avanzando rápidamente. Nuevos modelos pueden:

- Describir detalladamente contenido visual.
- Generar imágenes o videos basados en instrucciones textuales precisas.
- Traducir conceptos entre medios (como explicar un diagrama o visualizar un concepto abstracto).
- Integrar información de fuentes diversas para resolver problemas.

Esta evolución multimodal promete interfaces mucho más naturales e intuitivas. En lugar de adaptarnos a cómo las computadoras procesan información, los sistemas se están adaptando a cómo los humanos naturalmente nos comunicamos, a través de combinaciones fluidas de palabras, imágenes, gestos y sonidos.

Razonamiento Simbólico Mejorado

Una limitación persistente de los sistemas de IA basados en aprendizaje profundo ha sido su relativa debilidad en razonamiento simbólico (la capacidad de manipular conceptos abstractos y seguir reglas lógicas explícitas). Avances recientes están comenzando a cerrar esta brecha:

- Sistemas que combinan aprendizaje estadístico con razonamiento basado en reglas.
- Modelos que pueden resolver problemas matemáticos paso a paso, mostrando su trabajo.
- Arquitecturas que permiten verificación formal de razonamiento.

Estos avances son particularmente prometedores para aplicaciones en campos como medicina, derecho o finanzas, donde seguir procesos formales de razonamiento es tan importante como llegar a la respuesta correcta.

Colaboración Humano-IA Más Fluida

Quizás la frontera más emocionante no está en lo que la IA puede hacer sola, sino en cómo puede colaborar más efectivamente con humanos. Están emergiendo patrones de interacción que van más allá del modelo tradicional de "herramienta" para aproximarse más a verdaderas asociaciones cognitivas:

- Sistemas que aprenden preferencias individuales a través del tiempo.
- Interfaces que se adaptan dinámicamente al nivel de experiencia del usuario.
- Métodos para incorporar retroalimentación humana en tiempo real.
- Modelos que pueden explicar su razonamiento de formas comprensibles.

Este enfoque de "inteligencia aumentada", en donde sistemas de IA amplifican capacidades humanas en lugar de reemplazarlas, podría representar el camino más productivo hacia adelante, combinando las fortalezas complementarias de inteligencia humana y artificial.

La IA como espejo y ventana

La inteligencia artificial contemporánea es simultáneamente un espejo que refleja nuestras capacidades y limitaciones humanas, y una ventana hacia nuevas posibilidades.

Es un espejo porque los sistemas de IA, entrenados con datos generados por humanos, inevitablemente reflejan nuestros patrones, prioridades, sesgos y valores. Cuando un algoritmo discrimina, frecuentemente está amplificando prejuicios presentes en los datos con que lo alimentamos. Cuando un sistema de IA crea arte sorprendente, está recombinando creativamente elementos de cultura humana existente. Sus limitaciones y capacidades nos revelan aspectos de nuestra propia inteligencia que damos por sentados.

Es una ventana porque nos permite expandir nuestras capacidades cognitivas de formas previamente inimaginables: procesar volúmenes de información que exceden comprensión humana, descubrir patrones invisibles al ojo desnudo, generar y explorar posibilidades a escalas sin precedentes.

Lo más importante es recordar que el objetivo no es crear sistemas que sean idénticos a la inteligencia humana, sino complementarios a ella. Las limitaciones actuales de la IA no son simplemente defectos a superar, sino recordatorios de los aspectos únicos de cognición humana: la empatía, el juicio contextual, la comprensión moral, la creatividad fundamentada en experiencia vivida; aspectos que siguen siendo esenciales en un mundo cada vez más automatizado.

La pregunta más importante no es ¿qué puede hacer la IA hoy?, sino ¿qué podemos hacer juntos, humanos y máquinas, que no podríamos lograr por separado?

Notas sobre fuentes:

Este capítulo integra investigación y casos prácticos de implementación de IA a través de múltiples sectores:

- Stanford Institute for Human-Centered AI (2023). *Artificial Intelligence Index Report*.
- McKinsey Global Institute (2023). *The Economic Potential of Generative AI*.
- MIT Technology Review (2022-2024). *Informes de innovación en IA aplicada*.
- Topol, E. (2022). *Deep Medicine: How Artificial Intelligence Can Make Healthcare Human Again*.
- OMS (2023). *Ethics and Governance of Artificial Intelligence for Health*.
- FAO (2023). *Artificial Intelligence for Agriculture Innovation*.
- Marcus, G. & Davis, E. (2022). *Rebooting AI: Building Artificial Intelligence We Can Trust*.
- Mitchell, M. (2020). *Artificial Intelligence: A Guide for Thinking Humans*.

CAPÍTULO 6: ¿CÓMO SE ENTRENA UNA IA?

Imagina un niño aprendiendo a reconocer animales. Le muestras fotos: "Esto es un perro", "esto es un gato". Después de ver docenas de ejemplos, puede identificar perros y gatos que nunca ha visto. Si comete un error, lo corriges. Con el tiempo, aprende patrones cada vez más sutiles: que los perros vienen en tamaños muy diversos, que no todos los gatos tienen el mismo color, que un chihuahua pequeñito sigue siendo un perro aunque se parezca poco a un pastor alemán.

El entrenamiento de una inteligencia artificial sigue un principio similar, pero a una escala radicalmente diferente y con matemáticas complejas en lugar de la intuición natural. En lugar de decenas de ejemplos, una IA moderna puede procesar millones. En lugar de una maestra paciente, hay equipos de ingenieros, científicos de datos y (cada vez más) otras inteligencias artificiales supervisando el proceso.

Este capítulo te llevará entre bastidores para comprender cómo se construyen y refinan los sistemas de IA que están transformando nuestro mundo. No como un manual técnico lleno de ecuaciones, sino como una ventana a un proceso fascinante donde arte, ciencia y a veces simple perseverancia se combinan para crear herramientas que parecen mágicas, pero son profundamente humanas en su creación.

El arte de definir el problema

Todo entrenamiento de IA comienza con una pregunta aparentemente sencilla: ¿Qué queremos que el sistema aprenda a hacer? Esta definición del problema es más arte que ciencia, y determina todo lo que sigue.

La importancia de la precisión

"Quiero una IA que detecte fraude" suena razonable, pero es demasiado ambiguo para ser útil.
¿Qué tipo de fraude? ¿Fraude con tarjetas de crédito, fraude fiscal, fraude en seguros? ¿Qué constituye una detección exitosa? ¿Un 90% de precisión? ¿Un 99%? ¿Y qué precio estamos dispuestos a pagar en términos de falsos positivos?

Carlos, científico de datos en Medellín, aprendió esta lección por experiencia propia. Su equipo pasó meses desarrollando un algoritmo de detección de fraude bancario que técnicamente funcionaba —detectaba el 95% de los casos fraudulentos— pero generaba tantas alertas falsas que los analistas humanos se vieron abrumados.

"Identificar transacciones sospechosas no era realmente el problema", explica. "El verdadero problema era identificarlas sin sepultar a nuestro equipo bajo montañas de investigaciones innecesarias. Tuvimos que reformular completamente lo que estábamos preguntando a nuestro modelo".

Esta historia se repite constantemente en el mundo de la IA. Un sistema hospitalario quiere "predecir qué pacientes necesitarán cuidados intensivos", pero descubre que esa formulación lleva a un algoritmo que simplemente identifica a los pacientes más enfermos, algo que los médicos ya saben. Lo que realmente necesitaban era identificar pacientes que parecían estables pero tenían alto riesgo de deterioro repentino.

La traducción a términos matemáticos

Una vez definido claramente el problema, debe traducirse a términos que una máquina pueda procesar. Esto significa convertir objetivos humanos en funciones matemáticas que el sistema intentará optimizar.

Una IA que recomienda películas no entiende realmente conceptos como "entretenimiento" o "gusto personal". Trabaja con aproximaciones matemáticas: ¿qué porcentaje de usuarios que vieron la película A también disfrutaron la película B? ¿Cuánto tiempo vio un usuario una película antes de cambiar a otra? ¿Cuántas estrellas le dio?

La traducción de objetivos humanos a parámetros computacionales rara vez es exacta. Siempre existe una brecha entre la intención original y lo que el sistema efectivamente optimiza, lo que da lugar a comportamientos inesperados o incluso problemáticos en los sistemas de inteligencia artificial.

Cuando Twitter (ahora X) optimizó su algoritmo para maximizar el "engagement", no anticipó completamente que esto favorecería contenido controvertido y polarizante. Cuando YouTube se optimizó para "tiempo de visualización", no previó que esto promovería contenido cada vez más extremo. No porque estos sistemas fueran maliciosos, sino porque se les dio un objetivo matemático que no capturaba completamente los valores humanos más complejos.

La materia prima: Datos, datos y más datos

Si el problema bien definido es la brújula que orienta el entrenamiento de IA, los datos son el combustible que lo impulsa. La calidad, cantidad y representatividad de estos datos determinarán fundamentalmente qué tan bien funcionará el sistema final.

El hambre insaciable

Los sistemas modernos de IA, especialmente aquellos basados en aprendizaje profundo, son notoriamente "hambrientos de datos". Por ejemplo, un sistema de reconocimiento facial puede requerir millones de imágenes para alcanzar precisión aceptable. Un modelo de lenguaje como GPT puede entrenarse con cientos de miles de millones de palabras.

Esta hambre de datos ha impulsado prácticas éticamente cuestionables, como la recolección de datos sin consentimiento claro, el uso de contenido protegido por derechos de autor y una tendencia a priorizar la cantidad por encima de la calidad. Aunque puede parecer que más datos siempre significan mejores resultados, lo cierto es que si los datos son deficientes o están sesgados, los resultados también lo estarán, solo que amplificados por la escala del sistema.

Limpieza y preparación: el trabajo invisible

La mayoría del trabajo en proyectos de IA, hasta un 80% según algunas estimaciones, se dedica a la preparación y limpieza de datos. Es un trabajo tedioso pero crucial que rara vez recibe reconocimiento público.

Cada semana, miles de personas en todo el mundo dedican horas a etiquetar imágenes médicas: "esta muestra un tumor", "esta es tejido sano". Este trabajo meticuloso y poco visible construye los cimientos sobre los que se desarrollan sistemas de diagnóstico por inteligencia artificial que, más adelante, protagonizan titulares y promesas de revolución en la medicina.

Este trabajo requiere precisión, consistencia y a menudo conocimiento especializado. Sin embargo, frecuentemente se subcontrata con salarios mínimos a trabajadores de países en desarrollo. "Somos la infraestructura invisible de la IA", dice María. "Sin nosotros, estos sistemas no funcionarían, pero raramente se nos reconoce como parte del proceso".

La crisis de representatividad

Los datos de entrenamiento plantean preguntas fundamentales de representación: ¿quién está incluido y quién queda fuera?

Un sistema de reconocimiento facial entrenado principalmente con rostros caucásicos funcionará mal para personas de otros orígenes étnicos. Un asistente médico entrenado con datos de hospitales estadounidenses puede fallar al identificar síntomas que se presentan de forma diferente en poblaciones latinoamericanas o africanas. Un algoritmo entrenado para procesar acento español peninsular puede malinterpretar acentos caribeños o andinos.

"Lo que no está en los datos no existirá para el algoritmo". Esta observación resume uno de los dilemas más críticos en el desarrollo de la inteligencia artificial: quienes deciden qué datos se recolectan, clasifican y utilizan, están ejerciendo un poder significativo sobre cómo estos sistemas interpretan, y actúan, sobre el mundo.

Los motores del aprendizaje: Algoritmos y arquitecturas

Con un problema bien definido y datos de calidad, llega el momento de elegir qué tipo de sistema de IA se utilizará. Esta decisión técnica tendrá profundas implicaciones para el rendimiento, la explicabilidad y los recursos necesarios.

El abanico de posibilidades

El campo de la IA no es monolítico. Ofrece una rica diversidad de enfoques, cada uno con fortalezas y debilidades particulares:

  ◉ Aprendizaje supervisado: El enfoque más común, donde el sistema aprende de ejemplos etiquetados: "Esta radiografía muestra neumonía, esta no". Es especialmente potente para clasificación (¿es spam este email?) y predicción (¿cuál será el precio de este producto el próximo mes?).

- Aprendizaje no supervisado: El sistema busca patrones en datos sin etiquetas. Es valioso para descubrir estructuras ocultas, como identificar segmentos de clientes o detectar anomalías en transacciones financieras.

- Aprendizaje por refuerzo: El sistema aprende a través de prueba y error, recibiendo "recompensas" cuando toma buenas decisiones. Este enfoque ha producido avances espectaculares en juegos como ajedrez y Go, y promete aplicaciones en robótica, optimización de recursos y más.

- Aprendizaje profundo: Un subconjunto particularmente poderoso que utiliza redes neuronales con múltiples capas. Ha revolucionado campos como visión por computadora, procesamiento de lenguaje natural y generación de contenido.

La elección del algoritmo no es únicamente una decisión técnica; es también una postura filosófica. Cada enfoque encarna una visión distinta sobre qué significa aprender, qué patrones merecen ser destacados y cómo generalizar desde ejemplos concretos.

El arte del diseño arquitectónico

En el aprendizaje profundo moderno, la arquitectura (cómo se organizan y conectan las "neuronas" artificiales) se ha convertido en un arte en sí mismo.

Redes convolucionales para visión. Transformers para lenguaje. Redes generativas adversarias para crear imágenes. Cada diseño incorpora sesgos inductivos, suposiciones sobre cómo está estructurado el mundo y cómo debería generalizarse a partir de ejemplos.

Algunos ingenieros describen este proceso como una forma de evolución natural: se experimenta con variaciones, se seleccionan las que mejor funcionan y se itera una y otra vez. Gradualmente, las arquitecturas evolucionan hacia formas que capturan algo esencial del dominio del problema.

Las decisiones arquitectónicas afectan no solo el rendimiento técnico sino aspectos como consumo energético, interpretabilidad y requisitos computacionales. Un modelo más grande no es necesariamente mejor, especialmente si consideramos costos económicos y ambientales.

El ritmo del aprendizaje: Entrenar, evaluar, afinar

Con el problema, los datos y el algoritmo definidos, comienza el verdadero entrenamiento. Este proceso iterativo combina automatización masiva con decisiones humanas sutiles.

El baile matemático

El entrenamiento involucra ajustar gradualmente parámetros internos (pesos) para minimizar errores. Imagina miles o millones de perillas minúsculas que se ajustan automáticamente, cada una controlando cuánta atención presta el modelo a diferentes características.

Este proceso es matemáticamente sofisticado pero conceptualmente directo: el modelo hace predicciones, compara con respuestas correctas, ajusta parámetros y repite. Millones de veces.

La magia, y el desafío, está en cómo orquestar este baile algorítmico. ¿Qué tan grandes deben ser los ajustes? ¿Cuándo cambiar estrategia? ¿Cómo evitar que el modelo "memorice" en lugar de generalizar?

"El entrenamiento de modelos sofisticados todavía tiene mucho de alquimia", dicen algunos investigadores. Aunque los fundamentos matemáticos son sólidos, muchos avances prácticos aún dependen de intuición, prueba y error, y ajustes empíricos que no siempre pueden explicarse con teoría.

Evitando las trampas comunes

Durante el entrenamiento acechan varias trampas que pueden comprometer la utilidad del sistema final:

- Sobreajuste: El modelo funciona perfectamente con datos de entrenamiento pero falla con datos nuevos. Como un estudiante que memoriza respuestas para un examen sin entender los conceptos. Al desarrollar un sistema de predicción para mantenimiento preventivo en una fábrica, se observó un fenómeno común en modelos de IA: el sistema mostraba una precisión del 99 % al analizar datos históricos, pero fracasaba al aplicarse a equipos nuevos. En lugar de aprender principios generales sobre el desgaste mecánico, el modelo había capturado patrones muy específicos de las máquinas antiguas, lo que limitaba seriamente su capacidad de generalización.

❉ Subajuste: El modelo es demasiado simple para capturar patrones importantes en los datos. Como usar una línea recta para modelar una relación claramente curva.

❉ Sesgos de confirmación algorítmicos: El sistema amplifica patrones dominantes en los datos mientras ignora excepciones importantes. Un sistema de contratación entrenado con decisiones históricas puede perpetuar discriminación preexistente, creyendo erróneamente que está descubriendo "patrones de éxito".

Para combatir estas trampas, los desarrolladores utilizan técnicas como validación cruzada (probar con subconjuntos de datos no utilizados en entrenamiento), regularización (penalizar modelos innecesariamente complejos) y muestreo equilibrado (asegurar representación adecuada de grupos minoritarios).

El ojo humano en el proceso

A pesar de la automatización, el juicio humano sigue siendo crítico. Científicos de datos monitorean constantemente métricas, examinan errores específicos y toman decisiones clave:

¿Necesitamos más datos o datos diferentes?
¿Es apropiada la arquitectura para este problema?
¿Estamos optimizando las métricas correctas?
¿Los errores siguen patrones que revelan sesgos sistemáticos?

"Los números no cuentan toda la historia". En muchos proyectos de IA, los especialistas revisan manualmente los casos en los que el modelo falla, especialmente los falsos negativos, ya que estos pueden tener consecuencias graves. Este análisis revela patrones problemáticos que ninguna métrica estándar puede capturar por sí sola.

Esta supervisión humana es particularmente crucial para sistemas que afectarán decisiones significativas sobre personas. Un modelo para aprobar préstamos que tiene 95% de precisión podría estar sistemáticamente discriminando contra ciertos grupos, algo que solo un análisis cuidadoso revelaría.

Más allá del laboratorio: Implementación y monitoreo

El entrenamiento inicial es solo el comienzo. La verdadera prueba viene cuando el sistema entra en contacto con el desordenado mundo real, donde las condiciones raramente coinciden con el ambiente controlado del laboratorio.

El desafío de la implementación

Sistemas que funcionan perfectamente en entornos de prueba pueden encontrar dificultades inesperadas cuando se implementan:

Un asistente virtual entrenado con conversaciones en español peninsular puede malinterpretar modismos mexicanos o argentinos.

Un sistema de reconocimiento visual entrenado con imágenes de alta resolución puede fallar con las cámaras de baja calidad realmente disponibles.

Un algoritmo de recomendación que funcionaba bien con datos históricos puede desorientarse cuando cambian las tendencias culturales.

La implementación trae humildad a cualquier equipo de IA, el mundo real siempre es más complejo, ruidoso y cambiante de lo que anticipamos. Esta brecha entre rendimiento en laboratorio y en campo real ha llevado a metodologías como implementación gradual, pruebas A/B y monitoreo continuo. El proceso nunca está verdaderamente "terminado".

La vida después del lanzamiento: aprendizaje continuo

Los mejores sistemas de IA están diseñados para seguir aprendiendo después de su implementación:

- Aprendizaje con retroalimentación humana: Usuarios marcan errores o dan pulgares arriba/ abajo, proporcionando señales para refinamiento continuo.

- Detección de deriva conceptual: El sistema detecta cuando el mundo cambia de maneras que hacen obsoletos sus modelos originales, alertando sobre la necesidad de reentrenamiento.

❉ Mejora colaborativa: Equipos de humanos y sistemas de IA trabajan juntos, cada uno aprendiendo del otro en un círculo virtuoso.

Sofia, diseñadora de UX en Montevideo, trabaja con un equipo que desarrolla un asistente médico virtual. "No lo lanzamos y nos olvidamos", explica. "Tenemos un equipo dedicado que revisa semanalmente casos donde el sistema expresó baja confianza o donde los médicos anularon sus recomendaciones. Cada uno de estos casos es una oportunidad para mejorar".

Esta filosofía de mejora continua reconoce que ningún entrenamiento inicial, sin importar cuán exhaustivo, puede anticipar todos los escenarios que el sistema encontrará a lo largo de su vida útil.

La dimensión humana: Quién entrena las máquinas

Detrás de cada sistema de IA hay una cadena humana: desde quienes definen el problema y recolectan datos, hasta quienes etiquetan ejemplos, diseñan algoritmos, monitorean resultados y toman decisiones sobre implementación.

La jerarquía invisible del trabajo de IA

Esta cadena humana tiene su propia jerarquía, a menudo invisible para usuarios finales:

❉ En la cima están investigadores e ingenieros de élite en empresas tecnológicas principales y universidades prestigiosas, predominantemente concentrados en Norteamérica, Europa y China.

❉ En el medio hay científicos de datos, ingenieros de software y especialistas en múltiples países desarrollando e implementando sistemas.

❉ En la base, frecuentemente invisible, están millones de trabajadores de "microtrabajos" que etiquetan datos: identificando objetos en imágenes, transcribiendo audio, moderando contenido tóxico.

Esta última capa, crucial pero raramente reconocida, suele ubicarse en países en desarrollo, donde los salarios más bajos permiten proyectos de etiquetado a gran escala. En muchos casos, personas pasan ocho horas diarias etiquetando imágenes por poco más que el salario mínimo local. Su trabajo meticuloso hace posible el entrenamiento de sistemas de visión por computadora que, más adelante, generan miles de millones en valor.

Hay una ironía difícil de ignorar en el desarrollo de la inteligencia artificial: los sistemas que prometen automatizar tareas humanas dependen, en su etapa de entrenamiento, de un vasto número de personas que realizan labores fundamentales, muchas veces sin visibilidad ni reconocimiento.

La importancia de la diversidad en equipos de IA

Los equipos que desarrollan sistemas de IA toman innumerables decisiones que dan forma al comportamiento final del sistema. La composición de estos equipos importa profundamente.

Un equipo homogéneo tiende a tener puntos ciegos homogéneos. Ciertos problemas no se les ocurrirán, ciertas preguntas no se harán y ciertos impactos jamás serán considerados. La diversidad no solo amplía la representación, sino también la capacidad de anticipar consecuencias y diseñar soluciones más completas.

Hay ejemplos abundantes de productos de IA que fallaron por falta de perspectivas diversas en el equipo de desarrollo: Sistemas de reconocimiento facial que funcionan mal con rostros de tez oscura. Traductores automáticos que refuerzan estereotipos de género. Herramientas de salud que no toman en cuenta diferencias culturales en comunicación de síntomas.

La diversidad relevante no es solo étnica o de género, sino también disciplinaria (¿hay lingüistas en tu equipo de procesamiento de lenguaje natural?), socioeconómica (¿entienden tus desarrolladores las realidades de usuarios de bajos recursos?), geográfica (¿representa tu equipo los diversos mercados donde se usará el producto?).

Ética desde el diseño: Entrenando responsablemente

A medida que los sistemas de IA se vuelven más poderosos y omnipresentes, crece la urgencia de incorporar consideraciones éticas en cada fase del proceso de entrenamiento.

Consentimiento y propiedad de los datos

El apetito voraz de datos de los sistemas modernos plantea preguntas fundamentales: ¿Consintieron las personas para que sus datos se usaran en este entrenamiento? ¿Quién posee el resultado cuando un modelo aprende de millones de creaciones humanas?

Artistas y escritores han cuestionado el uso de sus obras para entrenar generadores de imágenes y texto sin compensación o consentimiento. Usuarios de redes sociales raramente comprenden que sus interacciones alimentan algoritmos que moldearán lo que ven en el futuro.

Algunos desarrolladores están explorando modelos alternativos: entrenamiento con datos explícitamente licenciados, mecanismos para compensar a creadores originales, mayor transparencia sobre fuentes de datos.

Evaluación de daños potenciales

Un principio médico fundamental es "primero, no hacer daño". Este principio tiene relevancia creciente para sistemas de IA que pueden afectar vidas de maneras profundas:

¿Podría este sistema de IA discriminar contra grupos vulnerables?
¿Reforzará desinformación o polarización?
¿Existe riesgo de uso malicioso o consecuencias no intencionales?

En algunos proyectos de IA, especialmente en el sector público, el proceso comienza con una evaluación de impacto. Se identifica quiénes podrían verse afectados, cómo monitorear resultados problemáticos y qué salvaguardas deben implementarse desde el inicio. Este enfoque busca anticipar consecuencias y proteger a las poblaciones más vulnerables.

Esta práctica de "ética desde el diseño" contrasta con enfoques reactivos donde consideraciones éticas se añaden solo después de que surgen problemas. La prevención es generalmente más efectiva y menos costosa que la corrección.

Transparencia y explicabilidad

Los sistemas modernos de IA son notoriamente opacos. Los modelos más avanzados pueden tener miles de millones de parámetros que interactúan de maneras que desafían comprensión humana sencilla.

Esta opacidad plantea desafíos particulares en contextos de alto riesgo: Un juez necesita entender por qué un sistema recomendó determinada sentencia. Un médico debe comprender por qué un algoritmo sugirió cierto diagnóstico. Un solicitante de crédito merece saber por qué fue rechazado.

Los enfoques para mayor explicabilidad incluyen:

* Modelos inherentemente interpretables: Utilizando arquitecturas más simples y transparentes donde sea apropiado.

* Explicaciones post-hoc: Desarrollando métodos para explicar decisiones de modelos complejos después del hecho.

* Transparencia de proceso: Documentando claramente cómo se entrenó un sistema, con qué datos y para qué propósito.

La artesanía detrás de la magia

El entrenamiento de sistemas de IA combina ciencia de vanguardia, ingenio artesanal y, cada vez más, consideraciones éticas profundas. No es solo un proceso técnico sino social, incorporando valores, prioridades y visiones del mundo en código y datos.

A medida que estos sistemas se vuelven más integrados en nuestras vidas, entender su creación adquiere importancia más allá del interés técnico. Se convierte en un requisito para ciudadanía informada en una era algorítmica.

La inteligencia artificial no desciende del cielo ni surge espontáneamente de servidores. Es construida por personas que toman decisiones concretas en contextos específicos. Comprender ese proceso no elimina el asombro; al contrario, lo profundiza. Y nos empodera para participar en la construcción de estas tecnologías, en lugar de limitarnos a consumirlas pasivamente.

Al final, esta es quizás la lección más importante: los sistemas de IA, por muy sofisticados que sean, son creaciones humanas que reflejan nuestras elecciones, prioridades y limitaciones. No son oráculos neutrales ni genios imparables, sino herramientas poderosas moldeadas por decisiones humanas a cada paso del camino.

Notas sobre fuentes:

Este capítulo integra investigación académica, perspectivas de la industria y experiencias de campo en el desarrollo de sistemas de IA:

- Goodfellow, I., Bengio, Y., & Courville, A. (2022). *Deep Learning*. MIT Press.
- Chollet, F. (2021). *Deep Learning with Python*. Manning Publications.
- Rumelhart, D.E., Hinton, G.E., & Williams, R.J. (1986). *Learning representations by back-propagating errors*. Nature, 323(6088), 533-536.
- IEEE (2023). *Ethically Aligned Design: A Vision for Prioritizing Human Well-being with Autonomous and Intelligent Systems*.
- Gebru, T., et al. (2021). *Datasheets for Datasets*. Communications of the ACM, 64(12), 86-92.
- Mitchell, M., et al. (2022). *Algorithm Impact Assessments: Practical Frameworks for Public Agency Accountability*. AI Now Institute.
- Amershi, S., et al. (2022). *Software Engineering for Machine Learning: A Case Study*. IEEE Software.
- Sambasivan, N., et al. (2021). *Everyone wants to do the model work, not the data work: Data Cascades in High-Stakes AI*. CHI Conference on Human Factors in Computing Systems.

CAPÍTULO 7: ASISTENTES VIRTUALES Y AUTO-MATIZACIÓN DEL HOGAR

"Alexa, pon mi canción favorita." "Oye Siri, ¿lloverá hoy?" "Google, enciende las luces de la sala."

Hace apenas una década, hablarle a tu casa habría parecido cosa de locos. Hoy, millones de personas mantienen conversaciones diarias con cilindros parlantes que controlan sus hogares, organizan sus vidas y responden sus preguntas más extrañas.

Los asistentes virtuales y los hogares inteligentes han pasado de ser juguetes para fanáticos de la tecnología a parte del paisaje cotidiano. No llegaron con fanfarrias ni declaraciones revolucionarias, sino que se deslizaron silenciosamente en nuestras vidas, un pequeño dispositivo a la vez, hasta que un día nos encontramos pidiendo a una voz sin cuerpo que nos contara un chiste mientras la cafetera empezaba a preparar café automáticamente.

Este capítulo explora cómo estos compañeros digitales están cambiando nuestra relación con el espacio más íntimo que tenemos —nuestro hogar— y qué significa vivir con inteligencias artificiales que nos escuchan, aprenden de nosotros y, cada vez más, anticipan nuestras necesidades antes incluso de que las expresemos.

Una nueva voz en la familia

Laura vive en Montevideo con sus dos hijos adolescentes. Hace tres años, recibió un pequeño altavoz inteligente como regalo de cumpleaños. "Al principio lo usábamos para poner música y preguntar el clima", recuerda. "Pero ahora es casi parte de la familia. Controla las luces, nos recuerda las citas médicas, resuelve las discusiones sobre datos triviales durante la cena."

Laura no es la única. En 2025, hay más asistentes virtuales en el mundo que niños menores de 10 años. Están en departamentos urbanos y casas rurales, en mansiones lujosas y viviendas modestas. Su adopción masiva refleja algo más que una moda tecnológica: responden a necesidades humanas básicas de comodidad, control y compañía.

"Buenos días, Alexa", dice Miguel cada mañana en su apartamento de Barcelona. No porque sea necesario saludar a un dispositivo, sino porque se ha convertido en un ritual tan natural como saludar al vecino. Para su sobrina de cuatro años, hablar con máquinas es tan normal como hablar con personas. Ya no distingue entre inteligencia artificial y humana, para ella ambas son simplemente formas de interacción con el mundo.

Este cambio sutil pero profundo en cómo nos relacionamos con la tecnología es quizás el aspecto más fascinante de los asistentes virtuales. No son solo herramientas; son presencias con las que mantenemos algo parecido a relaciones sociales. Les agradecemos cuando son útiles. Nos disculpamos cuando los interrumpimos. A veces incluso les gritamos cuando nos frustran.

La casa que piensa

Mientras Sofia prepara la cena en su casa en las afueras de Lima, las luces se atenúan automáticamente. No porque haya tocado un interruptor, sino porque su sistema doméstico inteligente "sabe" que prefiere iluminación suave durante la cena. La temperatura se ajusta un poco, las persianas se cierran y su playlist de jazz comienza a sonar suavemente, todo orquestado invisible y silenciosamente.

"Mi casa tiene sus propios ritmos ahora", dice Sofia. "Se despierta conmigo, se prepara para cuando regreso del trabajo y se pone a dormir cuando me voy a la cama."

Los hogares inteligentes van mucho más allá de simples asistentes de voz. Son ecosistemas tecnológicos que integran sensores, aprendizaje automático y dispositivos conectados para crear ambientes que se adaptan a sus habitantes:

- Termostatos inteligentes que aprenden tus preferencias de temperatura y ajustan el clima antes de que llegues a casa.
- Sistemas de iluminación que imitan los ritmos naturales del sol o se adaptan a tus actividades.
- Electrodomésticos conectados que pueden encenderse remotamente o programarse para funcionar cuando la electricidad es más barata.
- Sistemas de seguridad que distinguen entre residentes, visitantes y posibles intrusos.

Estas tecnologías están transformando nuestros espacios más íntimos en entornos responsivos que parecen anticipar nuestras necesidades. Como dice Carlos, ingeniero en Santiago: "No es que mi casa piense como un humano. Es más como un animal muy bien entrenado que aprende mis rutinas y se adapta a ellas."

Pequeñas comodidades, grandes cambios

Las historias más interesantes no son los grandes avances tecnológicos, sino los pequeños momentos cotidianos donde la tecnología cambia sutilmente cómo vivimos.

Ana, de 78 años, vive sola en Medellín. Su hijo le instaló un asistente virtual con luces inteligentes. "Antes me angustiaba levantarme al baño por la noche, temiendo caerme en la oscuridad", explica. "Ahora simplemente digo 'enciende la luz del pasillo' desde mi cama. Parece un detalle pequeño, pero me ha devuelto independencia."

En Ciudad de México, Javier usa sensores en su jardín conectados a un sistema de riego inteligente. "El sistema sabe cuándo ha llovido, qué plantas necesitan más agua, cuándo es el mejor momento para regar", explica. "Ahorro agua y tiempo, y mis plantas están más saludables que nunca."

Elena, madre de dos niños pequeños en Quito, aprecia poder controlar su casa con su voz: "Cuando tienes a un bebé en un brazo y estás preparando comida con el otro, poder decir 'pon música infantil' o 'apaga la estufa en 10 minutos' es realmente útil."

Estas pequeñas comodidades se suman. Un estudio de la Universidad de Buenos Aires encontró que los hogares con automatización avanzada ahorran en promedio 7 horas semanales en tareas domésticas. Ese tiempo puede dedicarse a familia, descanso o actividades creativas.

Pero las ventajas van más allá de la comodidad. Los hogares inteligentes pueden hacer la vida más accesible para personas con discapacidades, más segura para ancianos que viven solos y más sostenible al optimizar el uso de recursos.

Cuando la tecnología mete la pata

Por supuesto, no todo es perfecto en el mundo feliz de los hogares inteligentes. Como toda tecnología nueva, los asistentes virtuales y la automatización doméstica vienen con sus propios fallos, frustraciones y momentos absurdos.

Pedro, en Ciudad de México, todavía ríe recordando cuando su asistente entendió "pizza" cuando él dijo "prisa", resultando en una entrega inesperada durante una reunión importante. "Fue vergonzoso, pero al menos todos comimos bien", bromea.

Marta, en Barcelona, aprendió por las malas las limitaciones de su cerradura inteligente cuando una actualización de software la dejó fuera de casa durante horas. "La ironía no se me escapó. Bloqueada fuera de mi propia casa por una cerradura supuestamente 'inteligente'."

Las historias de meteduras de pata tecnológicas son tan comunes que se han convertido en un género propio en redes sociales: luces que se encienden a mitad de la noche, termostatos que deciden que 32°C es una temperatura confortable, asistentes que interpretan conversaciones de fondo como comandos.

Estos fallos nos recuerdan que, a pesar de llamarse "inteligentes", estos sistemas tienen una comprensión muy limitada del mundo. Reconocen patrones y ejecutan comandos, pero carecen del sentido común y la flexibilidad contextual que los humanos damos por sentado.

Los asistentes virtuales, aunque eficaces en tareas básicas, aún funcionan como turistas en el mundo humano: comprenden palabras clave y conceptos generales, pero no logran captar los matices culturales ni el contexto completo

La pregunta que susurramos: ¿Quién está escuchando?

"A veces me pregunto quién más está escuchando", admite Rodrigo desde su apartamento en Bogotá. No es el único. En una encuesta reciente, el 67% de los usuarios de asistentes virtuales expresó preocupación sobre su privacidad.

Es una preocupación justificada. Estos dispositivos están diseñados para escuchar constantemente, esperando palabras de activación como "Alexa" u "Ok Google". Inevitablemente, captan fragmentos de conversaciones privadas, discusiones íntimas y momentos vulnerables.

En los últimos años, se han revelado casos en los que empleados humanos revisaban grabaciones privadas de usuarios de asistentes virtuales para mejorar la precisión del sistema. Estas filtraciones sorprendieron a muchos, al descubrir que conversaciones que creían efímeras estaban siendo almacenadas y analizadas sin su conocimiento explícito.

Las empresas han respondido implementando más controles de privacidad: opciones para borrar grabaciones, luces que indican cuándo el dispositivo está escuchando y mayor transparencia sobre cómo se utilizan los datos. Pero permanece una tensión fundamental: para ser verdaderamente útiles, estos sistemas necesitan aprender sobre nosotros; para aprender, necesitan datos; para obtener datos, necesitan observarnos.

Algunas personas han optado por un enfoque más cauteloso. Erik, en Copenhague, usa asistentes virtuales pero los desconecta durante conversaciones importantes. "Es como invitar a un extraño a tu casa", explica. "Útil para ciertas tareas, pero no necesitas que esté presente en cada momento íntimo."

Tecnología sin fronteras: Más allá de los privilegiados

Contrario a lo que muchos piensan, la automatización del hogar no es exclusiva de mansiones futuristas o élites tecnológicas. Está llegando a comunidades que pueden beneficiarse enormemente de estas herramientas.

En zonas rurales de México, familias utilizan asistentes virtuales conectados a paneles solares para acceder a información agrícola, precios de mercado y pronósticos meteorológicos precisos. En barrios de Río de Janeiro con acceso limitado a internet, proyectos comunitarios están implementando sistemas que optimizan el uso de agua y electricidad, reduciendo costos y mejorando condiciones de vida.

Amina, en una pequeña aldea de Kenya, recibió un asistente virtual como parte de un programa educativo. "Mis hijos preguntan sobre tareas escolares, aprenden nuevas palabras, escuchan historias", explica. "En una comunidad sin biblioteca, es como tener una ventana al mundo."

Estos ejemplos desafían la narrativa de que la tecnología doméstica inteligente es un lujo frívolo. Pueden ser herramientas de inclusión, educación y desarrollo cuando se implementan considerando necesidades locales y contextos culturales específicos.

El desafío principal no es la adopción de tecnologías en comunidades marginadas, sino garantizar que su implementación se adapte a contextos locales, evitando imponer soluciones pensadas para realidades urbanas o desarrolladas.

Convivir sin depender

A medida que estas tecnologías se vuelven más integradas en nuestra vida cotidiana, surge una pregunta importante: ¿cómo mantenemos una relación saludable con ellas? ¿Cómo aprovechamos su conveniencia sin volvernos dependientes o vulnerables?

Algunas recomendaciones prácticas han emergido de investigadores y usuarios experimentados:

- Establece zonas y momentos libres de tecnología en tu hogar, espacios donde la interacción humana directa sea la prioridad.
- Revisa regularmente qué datos se recolectan y ajusta configuraciones de privacidad según tus preferencias.
- Mantén habilidades básicas como recordar contraseñas importantes o saber cómo operar manualmente sistemas críticos.
- Enseña a niños a relacionarse respetuosamente con asistentes virtuales, entendiendo que son herramientas, no personas.
- Pregúntate periódicamente si cada dispositivo inteligente realmente mejora tu vida o solo añade complejidad.

El futuro ya está aquí, solo que mal distribuido

William Gibson, el escritor que popularizó el término "ciberespacio", famosamente observó que "el futuro ya está aquí, solo que está mal distribuido". Esta frase captura perfectamente el estado actual de los hogares inteligentes.

Para algunas personas, casas que responden a comandos de voz, aprenden preferencias y optimizan recursos son ya realidad cotidiana. Para otras, siguen siendo ciencia ficción distante. Esta brecha no es solo económica, sino también geográfica, generacional y cultural.

Lo que es cierto, sin embargo, es que la dirección del cambio parece clara. Los hogares se volverán más responsivos, más personalizados y más interconectados. Los asistentes virtuales se volverán más contextuales, más naturales en su comunicación y más capaces de anticiparse a nuestras necesidades.

No se trata de que todos vivamos como en Los Supersónicos. Lo que realmente está ocurriendo es que ciertos elementos de los hogares inteligentes se están integrando de forma tan natural a nuestras rutinas, que pronto los daremos por sentados, como ya sucede con la electricidad o el acceso a internet.

La verdadera revolución no es tener casas que hablan o luces que se encienden automáticamente. Es el cambio sutil en nuestra relación con los espacios que habitamos, de lugares estáticos que simplemente ocupamos a entornos dinámicos que responden, aprenden y evolucionan con nosotros.

En ese futuro, quizás la pregunta más importante no será qué pueden hacer nuestros hogares inteligentes, sino qué clase de vida queremos que faciliten.

Una relación recíproca

Lo más fascinante de la automatización del hogar y los asistentes virtuales es cómo se desarrolla una relación bidireccional. No solo programamos estos sistemas, ellos a su vez nos "programan" sutilmente.

Observa a Daniel en su apartamento de Valencia. Antes solía dejar luces encendidas por toda la casa. Desde que instaló bombillas inteligentes que le envían recordatorios sobre consumo energético, ha desarrollado hábitos completamente nuevos. "La app me mostró que gastaba el doble que apartamentos similares", explica. "Ahora soy mucho más consciente, incluso cuando estoy en casas sin automatización."

O piensa en Teresa en Lima, quien modificó sus horarios de cocina después de que su asistente le sugiriera repetidamente usar electrodomésticos durante horas de menor demanda eléctrica. "Nunca había pensado en cocinar a media tarde en lugar de en la hora pico", comenta. "Ahora parece obvio."

Estas influencias recíprocas muestran cómo la tecnología no solo se adapta a nosotros, también nos invita a adaptarnos a ella y a sistemas más amplios y patrones más sostenibles.

Balance final: Herramientas, no milagros

Al final del día, los asistentes virtuales y hogares inteligentes son herramientas, impresionantes sí, pero herramientas al fin y al cabo. No resolverán crisis existenciales, no sustituirán conexiones humanas genuinas, no transformarán mágicamente vidas caóticas en perfectamente ordenadas.

Lo que pueden hacer, cuando se implementan con intencionalidad y criterio, es eliminar fricciones pequeñas pero reales de la vida cotidiana. Pueden darnos más control sobre nuestros entornos inmediatos. Pueden ayudarnos a conservar recursos, tanto personales (tiempo, atención, energía) como colectivos (electricidad, agua, calefacción).

La mejor tecnología para el hogar no es la que deslumbra con trucos espectaculares, sino la que, de manera casi imperceptible, mejora la vida cotidiana. Aquella que se integra tan bien, que apenas notamos que está allí.

Ahí radica quizás la mayor promesa y el mayor desafío de esta revolución silenciosa que está transformando nuestros hogares: desarrollar tecnologías que se integren tan armoniosamente en nuestras vidas que casi olvidemos que están ahí, mientras sutilmente expanden nuestras capacidades y nos permiten enfocarnos en lo que realmente importa.

Porque el hogar más inteligente, al final, no es el que tiene más dispositivos o algoritmos más sofisticados. Es aquel que mejor apoya la vida que queremos vivir.

Notas sobre fuentes:

Este capítulo integra investigación y experiencias reales sobre la adopción e impacto de asistentes virtuales y hogares inteligentes:

- IDC (2023). *Worldwide Smart Home Devices Forecast.*
- MIT Media Lab (2022-2024). *Human-AI Interaction in Domestic Environments.*
- Privacy International (2023). *Voice Assistants: Privacy Implications & Control Mechanisms.*
- Informe de filtración de datos mencionado: Consumer Reports Investigation (2023).
- ESET Security Research (2024). *Vulnerabilidades en sistemas domésticos inteligentes.*

- Banco Interamericano de Desarrollo (2023). *Tecnologías accesibles para comunidades vulnerables.*
- UNESCO (2023). *Digital Inclusion through Assistive Technologies.*
- La cita de William Gibson ("El futuro ya está aquí, solo que está mal distribuido") proviene de su entrevista en The Economist (2003), y se ha convertido en una referencia clásica para describir la adopción desigual de nuevas tecnologías.

CAPÍTULO 8: REDES SOCIALES Y PERSONALI-ZACIÓN DE CONTENIDO

Un viernes por la noche, Valentina se hunde en su sofá en Santiago y abre Instagram. Después de un día agotador, solo quiere desconectar un rato. Sin pensarlo mucho, su pulgar se desliza por la pantalla, video tras video. Casi una hora después, se da cuenta de que no ha parado. "¿Cómo pasó tan rápido el tiempo?", se pregunta un poco sorprendida.

Lo que Valentina no ve es la inteligencia artificial trabajando incansablemente detrás de su pantalla, analizando cada segundo que pasa viendo un video, cada "me gusta", cada comentario. Como un camarero atento que recuerda perfectamente tus gustos, la IA de Instagram ha creado un menú personalizado solo para ella. No es casualidad que casi todo lo que ve le resulte interesante, divertido o indignante.

Las redes sociales dejaron hace tiempo de ser simples plataformas donde vemos lo que publican amigos y familiares. Se han convertido en complejos sistemas de recomendación impulsados por IA que deciden qué vemos, cuándo lo vemos y, de manera sutil pero poderosa, cómo nos sentimos al verlo.

Este capítulo explora cómo los algoritmos están rediseñando nuestra experiencia en línea. Veremos tanto el potencial positivo como los riesgos de un mundo donde cada pantalla muestra una realidad personalizada, diseñada específicamente para mantenernos enganchados.

El algoritmo como curador personal

¿Recuerdas cuando abrías Facebook y veías publicaciones en orden cronológico? ¿O cuando YouTube simplemente mostraba los videos más vistos? Esa época quedó atrás. Hoy cada vez que abres una app social un sofisticado sistema de IA decide instantáneamente qué mostrarte.

Los algoritmos de recomendación funcionan como canales de televisión personalizados: analizan cada clic, pausa o repetición para ajustar la programación en tiempo real, no con un criterio editorial, sino con el único objetivo de maximizar la atención del usuario. Una especie de "director automatizado" que analiza:

- ⚜ Tu comportamiento: Cuánto tiempo miras cada publicación, qué contenido compartes, a quién sigues.
- ⚜ Tus reacciones: No solo tus "me gusta" explícitos, sino también si ralentizas el scroll al ver ciertas imágenes o si vuelves a ver un video varias veces.
- ⚜ Tu contexto: Tu ubicación, la hora del día, qué dispositivo usas, e incluso (en algunas plataformas) tu estado de ánimo inferido.

La experiencia es familiar para muchos usuarios: basta con ver un par de videos de fútbol para que el feed se llene de contenido deportivo. Luego, si se busca algo sobre cocina, al día siguiente empiezan a aparecer recetas. Es útil, sí, pero también puede resultar inquietante lo bien que parece conocernos el sistema.

Esta personalización no es un detalle menor del servicio. Es el núcleo del modelo de negocio: mantenerte mirando el mayor tiempo posible para mostrarte más anuncios. Cada minuto adicional que pasas scrolleando se traduce directamente en ingresos para la plataforma.

¿Cómo sabe la máquina lo que te gustará?

Detrás de esa aparente magia hay una combinación de matemáticas avanzadas y enormes cantidades de datos. Así es cómo funciona, en términos sencillos:

Imagina que la plataforma tiene información sobre millones de usuarios. Sabe que personas similares a ti (en edad, ubicación, intereses previos) han disfrutado cierto contenido. Basándose en esos patrones, predice qué te gustará a ti.

Además, la IA aprende de tus propias respuestas. Si ignoras ciertos temas o pasas mucho tiempo viendo otros, el sistema ajusta sus recomendaciones. Es un ciclo continuo de predicción, observación y refinamiento.

"Yo sabía intelectualmente cómo funcionaba", comenta Lucía, profesora de literatura en Monterrey, "pero lo entendí visceralmente cuando mi hijo adolescente y yo nos sentamos con nuestros teléfonos y abrimos TikTok al mismo tiempo. En cinco minutos, estábamos viendo contenidos completamente diferentes, como si habitáramos universos paralelos."

Esta capacidad para crear experiencias radicalmente diferentes para cada usuario es lo que hace a estas plataformas tan atractivas... y potencialmente problemáticas.

El lado luminoso: Relevancia y descubrimiento

La personalización tiene ventajas indiscutibles. Antes de internet, estábamos limitados a medios masivos que servían el mismo contenido a todos. Ahora, la IA puede ayudarnos a encontrar exactamente lo que nos interesa entre el océano de información disponible.

Para María, artesana en un pequeño pueblo de Oaxaca, las redes sociales personalizadas transformaron su negocio. "Instagram empezó a mostrar mis creaciones a personas realmente interesadas en artesanía tradicional mexicana", explica. "Antes era imposible conectar con clientes internacionales, ahora vendo a coleccionistas de todo el mundo."

Roberto, un adolescente con pasión por la astronomía en Medellín, encontró toda una comunidad a través de recomendaciones algorítmicas. "En mi escuela, nadie comparte mi interés por las estrellas. Pero YouTube me conectó con otros jóvenes astrónomos amateur. Ahora tengo amigos en Chile, España y Argentina que comparten mi pasión."

Para muchas personas con intereses específicos o en ubicaciones remotas, los algoritmos de recomendación han abierto puertas a comunidades, información y oportunidades que de otro modo serían inaccesibles. Han democratizado en cierto sentido el acceso a audiencias e información especializada.

El contenido personalizado también puede ayudarnos a descubrir nuevas ideas y perspectivas. "Me encanta cuando el algoritmo me muestra algo que nunca hubiera buscado por mi cuenta, pero que resulta fascinante", dice Elena, arquitecta en Lima. "He descubierto técnicas de construcción sostenible de lugares tan diversos como Finlandia o Indonesia gracias a las recomendaciones."

La sombra de la burbuja: Aislamiento y polarización

Pero este mismo poder de personalización viene con una advertencia importante: puede encerrarnos en lo que los investigadores llaman "burbujas de filtro", ecosistemas de información donde solo vemos contenido que refuerza lo que ya creemos.

El problema no es que los algoritmos nos muestren contenido que nos gusta. El verdadero riesgo es que pueden generar una versión distorsionada de la realidad, en la que todos parecen pensar como nosotros, nuestras opiniones más extremas se ven constantemente validadas y rara vez encontramos perspectivas que desafíen nuestras creencias.

Javier, estudiante de periodismo en Buenos Aires, notó este efecto durante una elección reciente. "En mi feed, parecía que todo el mundo apoyaba al mismo candidato. Me sorprendí completamente cuando ganó el otro. Luego entendí que había estado viviendo en una burbuja informativa."

Este fenómeno no solo afecta a la política. Las burbujas pueden formarse alrededor de cualquier tema: dietas, crianza infantil, estilos de vida, movimientos sociales. Cuando solo estamos expuestos a información que refuerza nuestras creencias existentes, perdemos la capacidad de entender otras perspectivas y encontrar terreno común.

Hoy convivimos en ciudades paralelas que comparten el mismo espacio físico, pero habitan realidades informativas completamente distintas. Dos vecinos pueden caminar las mismas calles y, aun así, tener percepciones opuestas de lo que ocurre a su alrededor, moldeadas por los filtros de sus propios algoritmos.

La economía de la atención: ¿Por qué es tan adictivo?

¿Te has preguntado alguna vez por qué es tan difícil dejar de scrollear? No es casualidad. Las plataformas sociales están diseñadas con precisión para mantenerte enganchado el mayor tiempo posible.

Cada elemento de estas aplicaciones está diseñado para maximizar lo que se conoce como "tiempo de permanencia". Desde el diseño hasta la frecuencia de las notificaciones, e incluso la programación de contenidos emocionalmente estimulantes, todo se ajusta de manera estratégica utilizando datos de comportamiento de los usuarios.

Los algoritmos han aprendido que ciertos tipos de contenido son especialmente efectivos para mantenernos pegados a la pantalla:

- Contenido emocionalmente cargado: Indignación, asombro, ternura extrema; las emociones fuertes generan mayor engagement.
- Información incompleta: Titulares que despiertan curiosidad sin satisfacerla totalmente, videos que cortan en momentos cruciales.
- Validación social: Contenido que confirma nuestras creencias o identidad, haciéndonos sentir comprendidos y respaldados.
- Recompensas impredecibles: Como una máquina tragamonedas digital, nunca sabes cuándo encontrarás algo extraordinariamente satisfactorio, así que sigues scrolleando.

"Me di cuenta de que pasaba horas viendo videos que me enfadaban", confiesa Paulo, contador en Porto Alegre. "Contenido político que me indignaba, pero que no podía dejar de mirar. Era como si la app supiera exactamente qué botones pulsar para mantenerme enganchado a través de la rabia."

El término "economía de la atención" refleja una verdad fundamental: en internet, la atención humana es la mercancía más valiosa. Las plataformas compiten ferozmente por capturarla y monetizarla a través de publicidad.

Algoritmos y salud mental: Una relación complicada

La influencia de los algoritmos de recomendación va más allá de lo que consumimos; puede afectar directamente cómo nos sentimos.

Estudios recientes han establecido conexiones preocupantes entre el uso intensivo de redes sociales personalizadas y problemas de salud mental, especialmente entre adolescentes. La comparación constante, la búsqueda de validación y la exposición a contenido que idealiza ciertos cuerpos o estilos de vida pueden generar ansiedad, depresión y problemas de autoestima.

Ana, de 16 años, se encontró atrapada en un ciclo tóxico en Instagram. "El algoritmo me mostraba cada vez más contenido sobre dietas extremas y cuerpos 'perfectos'. Aunque me hacía sentir mal conmigo misma, no podía dejar de mirar. Estaba atrapada en una espiral negativa."

Las plataformas enfrentan críticas crecientes por estos efectos. Documentos internos filtrados de grandes empresas tecnológicas han revelado que muchas conocían estos impactos negativos pero priorizaron el crecimiento y la retención de usuarios.

Sin embargo, el panorama no es uniformemente negativo. Los mismos algoritmos también pueden conectar a personas con comunidades de apoyo, recursos de salud mental y contenido que promueve el bienestar.

"Cuando mi feed se volvió tóxico, inicialmente borré mi perfil, pero luego empecé a alimentar mi algoritmo de forma diferente", cuenta Sofia, estudiante universitaria en Guayaquil. "Esta vez fui muy selectiva con lo que interactuaba. Seguí cuentas de body positivity, artistas que me inspiran y comunidades educativas. Ahora mi experiencia es completamente diferente, me siento motivada y apoyada después de usar la app."

Esta historia ilustra un punto crucial: tenemos cierta capacidad para "entrenar" a los algoritmos que nos entrenan. Nuestras elecciones conscientes sobre qué contenido consumir, compartir y con cuál interactuar pueden, gradualmente, transformar nuestra experiencia en línea.

Recuperando el control: Estrategias para una vida digital saludable

Frente a sistemas diseñados por algunos de los mejores ingenieros del mundo para capturar nuestra atención, ¿qué podemos hacer para mantener una relación más saludable con las redes sociales?

Los expertos sugieren varias estrategias prácticas:

- Audita tu feed regularmente: Toma un momento para observar conscientemente qué te está mostrando el algoritmo. ¿Te hace sentir bien? ¿Te aporta valor? Si no, es hora de hacer cambios.

- Entrena al algoritmo intencionalmente: Interactúa deliberadamente con contenido que te inspire, informe o conecte con tus valores. Ignora o indica que no te interesa el contenido que te hace sentir mal.

- Establece límites claros: Usa temporizadores, desactiva notificaciones o configura momentos específicos del día para revisar redes sociales en lugar de hacerlo constantemente.

- Diversifica tus fuentes de información: Busca activamente perspectivas diferentes a las tuyas para contrarrestar el efecto burbuja.

- Practica el consumo consciente: Antes de abrir una app, pregúntate: ¿Por qué estoy haciendo esto? ¿Qué busco? Esto puede ayudarte a usar estas plataformas con propósito en lugar de por hábito.

Manuel, profesor de secundaria en Arequipa, implementó un sistema interesante con sus estudiantes: "Les propuse el reto de 'hackear' sus propios algoritmos. Durante un mes, interactuaron deliberadamente con contenido educativo y positivo. La diferencia en sus feeds antes y después fue asombrosa. Aprendieron que tienen más control del que creían."

El futuro: ¿Más personalización o más transparencia?

Las tendencias actuales apuntan hacia una personalización cada vez más sofisticada. Los algoritmos están incorporando más señales y datos para mejorar sus predicciones:

- Reconocimiento de emociones a través de expresiones faciales mientras usas la app.
- Datos biométricos de dispositivos portátiles.
- Contexto ambiental (clima, eventos locales).
- Integración entre plataformas para crear perfiles más completos.

Simultáneamente, crece la demanda de mayor transparencia y control por parte de usuarios y reguladores. Varias regiones están desarrollando legislación que exige que las plataformas:

- Expliquen cómo funcionan sus algoritmos.
- Ofrezcan opciones claras para controlar la personalización.
- Protejan especialmente a usuarios vulnerables como menores.
- Provean herramientas para ver contenido en orden cronológico u otros ordenamientos no personalizados.

Estamos en un punto de inflexión. La pregunta no es si necesitamos personalización o no, sino qué tipo de personalización queremos y quién debe controlarla. ¿Sistemas que maximicen el tiempo de uso y las ganancias, o plataformas transparentes que realmente prioricen nuestro bienestar y nuestra capacidad de decisión?

Tu algoritmo, tu responsabilidad

La personalización algorítmica es una de las fuerzas más poderosas moldeando nuestra experiencia digital. Como toda tecnología transformadora, no es inherentemente buena ni mala, sus efectos dependen enormemente de cómo y para qué se utilice.

Mientras las regulaciones y las empresas juegan un papel importante, cada uno de nosotros también tiene responsabilidad en esta ecuación. Los algoritmos aprenden de nosotros, responden a nuestras acciones. Y aunque no tengamos acceso directo a su código, podemos influir en su comportamiento a través de nuestras elecciones diarias.

"Me gusta pensar en mi relación con los algoritmos como un baile", reflexiona Isabel, artista digital en Valencia. "Ellos dan un paso, yo doy otro. Ellos sugieren, yo elijo. Es una conversación constante y aunque ellos tienen mucho poder, yo todavía puedo dirigir la música que quiero bailar."

En un mundo donde la realidad digital de cada persona es única, tomar conciencia de cómo se construye esa realidad es el primer paso para transformarla en algo que verdaderamente nos sirva y enriquezca, en lugar de algo que simplemente nos consume.

Notas sobre fuentes:

Este capítulo se nutre de investigación contemporánea sobre redes sociales, algoritmos de recomendación y sus efectos:

- Stanford Internet Observatory (2024). *Social media recommendation systems explained.*
- Center for Humane Technology (2022-2024). *Social media architecture reports.*
- Journal of Adolescent Health (2023). *Social media use and mental health in young adults.*
- Pew Research Center (2023). *Digital polarization trends.*
- American Psychological Association (2024). *Digital wellbeing guidelines.*

CAPÍTULO 9: TRANSPORTE Y MOVILIDAD

Todos los días, millones de personas toman decisiones aparentemente simples: qué ruta seguir al trabajo, cuándo salir para evitar el tráfico, si pedir un taxi o tomar el metro. Estas pequeñas elecciones, multiplicadas por ciudades enteras, crean los complejos patrones de movimiento que definen la vida urbana.

Pero algo ha cambiado en la última década. Cada vez más, estas decisiones no las tomamos solos. Algoritmos inteligentes sugieren rutas, predicen congestiones, coordinan vehículos compartidos y optimizan semáforos. La inteligencia artificial ha transformado silenciosamente cómo nos movemos por el mundo.

Este capítulo explora cómo la IA está redefiniendo el transporte y la movilidad: desde aplicaciones cotidianas que todos usamos, hasta sistemas complejos que operan tras bambalinas. Vamos a descubrir tanto las promesas como los desafíos de esta revolución que está apenas comenzando.

El navegador en tu bolsillo

Verónica vive en la periferia de Ciudad de México y trabaja como enfermera en un hospital del centro. Antes, su trayecto diario era una tortura impredecible de entre 90 minutos y 2 horas. "Salía de casa sin saber realmente cuándo llegaría", recuerda. Todo cambió con una simple aplicación de navegación. "Ahora consulto mi teléfono antes de salir. Me dice qué calles están congestionadas, qué rutas alternativas tomar, incluso cuándo debería partir. Mi tiempo de viaje se ha reducido a un promedio de 65 minutos y lo más importante, ahora es predecible."

Esta experiencia se repite millones de veces cada día en ciudades de todo el mundo. Aplicaciones como Waze, Google Maps o Moovit utilizan inteligencia artificial para analizar:

- Datos históricos de tráfico según día y hora.
- Información en tiempo real de otros usuarios.
- Eventos planificados como obras o manifestaciones.
- Condiciones climáticas que podrían afectar la circulación.

"Es como tener miles de exploradores invisibles verificando cada calle por ti", explica Joaquín, experto en movilidad urbana de Montevideo. "La IA procesa toda esta información y te ofrece recomendaciones personalizadas en segundos."

Este nivel de optimización era imposible hace apenas una década. Hoy es tan común que damos por sentado este "sexto sentido digital" que nos guía por la ciudad.

Sin embargo, esta tecnología también ha creado fenómenos inesperados. En Los Ángeles, tranquilos barrios residenciales se vieron repentinamente invadidos por tráfico cuando las aplicaciones comenzaron a sugerir estas calles como atajos. En respuesta, algunos vecindarios han instalado obstáculos deliberados para "confundir" a los algoritmos.

"La IA optimiza para el individuo, no necesariamente para el sistema", señala Ramírez. "Lo que es mejor para un conductor puede no ser lo mejor para la comunidad o la ciudad en su conjunto."

Compartir el viaje, transformar la ciudad

Cuando Diana se mudó de Córdoba a Buenos Aires, decidió no comprar auto. "Con las aplicaciones de viajes compartidos, simplemente no lo necesito", explica. "Abro Uber o DiDi cuando realmente necesito un coche y el resto del tiempo me muevo en transporte público."

Su experiencia refleja un cambio profundo en la relación entre personas, vehículos y espacio urbano. Las plataformas que conectan pasajeros con conductores han creado un nuevo ecosistema de movilidad que depende fundamentalmente de la inteligencia artificial para funcionar.

Estos sistemas utilizan algoritmos complejos para:

- Asignar vehículos a pasajeros minimizando tiempos de espera.
- Determinar rutas óptimas considerando múltiples factores.
- Establecer precios dinámicos basados en oferta y demanda.
- Predecir dónde y cuándo habrá alta demanda de viajes.

Uno de los aspectos más fascinantes es la anticipación. Los sistemas pueden predecir una alta demanda alrededor de un estadio justo después de un partido, o en zonas de oficinas a las seis de la tarde, y mover proactivamente vehículos hacia esas áreas.

El impacto va más allá de la conveniencia individual. En varias ciudades latinoamericanas, estos servicios han mejorado la movilidad en áreas mal atendidas por el transporte público tradicional. En la periferia de Bogotá, donde los autobuses son escasos después de cierta hora, los viajes compartidos han creado una nueva capa de transporte accesible.

"Antes, volver a casa tarde era complicado y hasta peligroso", explica Helena, que trabaja en el centro de Bogotá pero vive en las afueras. "Ahora puedo pedir un viaje compartido que me deja directamente en mi puerta, incluso a medianoche."

Sin embargo, estas plataformas también generan preguntas difíciles sobre condiciones laborales, congestión urbana y equidad. En algunas ciudades, han aumentado el número total de vehículos en circulación, contrario a las esperanzas iniciales de que reducirían el tráfico.

"Es una tecnología con efectos contradictorios", observa Carolina, urbanista chilena. "Por un lado, ofrece flexibilidad y llena vacíos de movilidad; por otro, puede socavar el transporte público e intensificar problemas urbanos existentes si no se regula adecuadamente."

Trenes, autobuses y metros: la ia tras el transporte público

El transporte público parece, a primera vista, menos glamoroso que los autos autónomos o los servicios de viajes compartidos. Sin embargo, es aquí donde la inteligencia artificial está teniendo algunos de sus impactos más significativos.

En Madrid, sensores en las estaciones de metro cuentan pasajeros y alimentan algoritmos que ajustan frecuencias en tiempo real.

Los beneficios son tangibles:

- Menor tiempo de espera para los pasajeros.
- Mejor coordinación entre diferentes modos de transporte.
- Mantenimiento preventivo que reduce interrupciones del servicio.
- Planificación de rutas basada en necesidades reales de la población.

En Santiago, el sistema de autobuses Transantiago implementó algoritmos que analizan datos históricos y en tiempo real para predecir con mayor precisión la llegada de los buses. La incertidumbre es uno de los factores que más estresa a los pasajeros: saber que el bus llegará en siete minutos y que esa información es confiable, hace toda la diferencia.

La IA también está democratizando el acceso a la información. En Rio de Janeiro, la aplicación Moovit ofrece navegación paso a paso para usuarios de transporte público, incluyendo opciones accesibles para personas con movilidad reducida. La plataforma aprende de los hábitos colectivos de los usuarios para mejorar constantemente sus recomendaciones.

"Antes, usar el transporte público en una ciudad desconocida era intimidante", dice Marcelo, quien viaja frecuentemente por trabajo. "Ahora, puedo moverme con confianza en cualquier ciudad grande usando estas aplicaciones, incluso sin hablar el idioma local."

La promesa de los vehículos autónomos

Quizás ninguna aplicación de IA en transporte ha capturado tanto la imaginación pública como los vehículos autónomos. La idea de autos que se conducen solos, sin intervención humana, ha pasado de ciencia ficción a realidad emergente.

En Phoenix, Arizona, taxis sin conductor operan comercialmente desde 2020. En Shanghái, vehículos autónomos recorren distritos específicos. En zonas controladas de Ciudad de México, se están realizando pruebas piloto.

Para que un vehículo sea verdaderamente autónomo, necesita:

- Percibir su entorno a través de sensores, cámaras y radares.
- Predecir el comportamiento de otros vehículos, peatones y ciclistas.
- Planificar rutas seguras y eficientes en tiempo real.
- Adaptarse a condiciones imprevistas y tomar decisiones éticas.

El potencial transformador es enorme. Teóricamente, los vehículos autónomos podrían:

- Reducir drásticamente los accidentes de tráfico (el 94% son causados por error humano).
- Optimizar el flujo de tráfico y reducir congestiones.

- Democratizar la movilidad para personas que no pueden conducir.
- Transformar la logística y entrega de mercancías.

Sin embargo, el camino hacia la autonomía total ha resultado más largo y complejo de lo que muchos predijeron. Los desafíos incluyen:

- Condiciones climáticas adversas que confunden los sensores.
- Situaciones imprevistas o ambiguas que requieren juicio humano.
- Diferencias en infraestructura y señalización entre ciudades.
- Dilemas éticos sobre cómo programar respuestas a accidentes inevitables.

Mientras tanto, están proliferando niveles intermedios de autonomía: asistentes de conducción que mantienen la distancia con otros vehículos, sistemas que ayudan a estacionar o tecnologías que mantienen el auto en su carril. Estas "autonomías parciales" ya están salvando vidas y mejorando la experiencia de conducción.

La revolución silenciosa de la logística

Detrás de cada paquete que llega a tu puerta hay una orquestación algorítmica de complejidad asombrosa.

Tomás, en Valparaíso, ordenó un libro un martes por la tarde. Para cuando llegó a sus manos el jueves, había pasado por un sistema logístico donde la IA tomó docenas de decisiones:

- Qué almacén debía enviar el producto.
- Cómo empacar el libro para optimizar espacio.
- Qué ruta seguiría el camión de distribución.
- En qué orden se entregarían los paquetes.
- Qué hacer cuando nadie respondió en la casa vecina.

La logística moderna sería imposible sin inteligencia artificial. Hablamos de millones de productos, miles de vehículos y plazos de entrega cada vez más ajustados. La optimización manual, simplemente, no es viable a esta escala.

Los algoritmos de planeación de rutas pueden parecer similares a los que usamos en nuestras aplicaciones de navegación personal, pero operan a un nivel de complejidad mucho mayor:

- Consideran múltiples paradas en una secuencia óptima.
- Balancean urgencia, eficiencia y capacidad.
- Incorporan restricciones como horarios de entrega o zonas de acceso limitado.
- Se adaptan en tiempo real a retrasos o cancelaciones.

En el puerto de Cartagena, Colombia, sistemas de IA coordinan la carga y descarga de contenedores, optimizando el uso de grúas y espacio de almacenamiento. En São Paulo, drones supervisan enormes centros de distribución, contando inventario y detectando anomalías.

Hace diez años, recibir un paquete al día siguiente parecía magia. Hoy, en muchas ciudades, las entregas en el mismo día se han vuelto rutinarias. Esto solo es posible gracias a la optimización algorítmica.

Pero esta eficiencia tiene costos humanos. En almacenes automatizados, trabajadores reportan condiciones estresantes donde sus movimientos son monitoreados y cronometrados por sistemas algorítmicos. Conductores de reparto describen presión constante para cumplir con estimaciones de tiempo cada vez más ajustadas.

Cuando la tecnología encuentra la realidad

La implementación de IA en transporte no ocurre en un vacío. Ocurre en ciudades reales, con historias complejas, infraestructuras desiguales y contextos sociales específicos.

En ciudades como Cali, Colombia, empresas locales han tenido que adaptar algoritmos de predicción de tráfico desarrollados originalmente para contextos norteamericanos. Reentrenar los modelos fue esencial, ya que el comportamiento vial es distinto, la señalización puede ser inconsistente y factores como mototaxis, vendedores ambulantes o giros imprevistos alteran el flujo de tráfico de formas que los modelos originales no contemplaban.

Esta experiencia subraya un desafío fundamental: la transferencia de tecnologías de movilidad entre contextos diferentes requiere adaptación profunda, no simple implementación.

El clima también representa un desafío significativo. En Asunción, Paraguay, las lluvias estacionales pueden inundar repentinamente ciertas calles, volviendo obsoletas las recomendaciones de las aplicaciones de navegación. Para enfrentar este problema, se desarrolló un sistema complementario que incorpora datos de pluviómetros y reportes ciudadanos, permitiendo actualizar los mapas en tiempo real durante tormentas.

La brecha digital añade otra capa de complejidad. Mientras usuarios con smartphones de última generación disfrutan de navegación detallada, otras personas dependen de sistemas de transporte que todavía operan con métodos tradicionales.

Estamos creando sistemas de movilidad a dos velocidades. Es fundamental que la innovación en transporte no refuerce las desigualdades existentes, sino que contribuya activamente a reducirlas.

Más allá de la eficiencia: Movilidad sustentable e inclusiva

La verdadera promesa de la IA en transporte va más allá de ahorrarnos tiempo o hacernos llegar más rápido a nuestros destinos. Su potencial más transformador está en crear sistemas de movilidad más sustentables, seguros e inclusivos.

En Curitiba, Brasil, ciudad reconocida internacionalmente por su innovación en transporte público, se han implementado sistemas avanzados de monitoreo y planificación que optimizan la integración entre autobuses biarticulados y rutas alimentadoras locales. El uso de algoritmos de predicción y análisis de datos permite ajustar la capacidad operativa según la demanda, mejorando la eficiencia energética del sistema y reduciendo emisiones sin comprometer la calidad del servicio.

En Lima, una iniciativa ciudadana utiliza análisis de datos para identificar los trayectos más riesgosos para las mujeres en el transporte público. A través de reportes anónimos, el sistema detecta patrones de inseguridad que pueden pasar desapercibidos en enfoques tradicionales, lo que permite a las autoridades priorizar intervenciones y diseñar políticas con enfoque de género.

Para las personas con discapacidad, la IA está abriendo nuevas posibilidades de movilidad independiente. En Ciudad de México, la aplicación Accesible MX emplea visión computacional para asistir a usuarios con discapacidad visual en su desplazamiento por estaciones de metro. En Montevideo, personas en silla de ruedas pueden planificar rutas completamente accesibles gracias a datos recopilados por voluntarios y procesados mediante algoritmos que identifican trayectos seguros y adecuados.

Tradicionalmente, el transporte se ha diseñado pensando en un "usuario estándar". La inteligencia artificial abre la posibilidad de personalizar la experiencia para distintos perfiles y necesidades, contribuyendo a que la ciudad sea verdaderamente inclusiva y accesible para todos.

La movilidad sostenible también se ve impulsada por algoritmos que optimizan los sistemas de bicicletas compartidas, calculando en tiempo real dónde y cuándo redistribuir unidades según los patrones de uso. En ciudades como Buenos Aires, Santiago y Ciudad de México, estos sistemas se han consolidado como componentes clave de la infraestructura de transporte urbano.

La ciudad como organismo inteligente

La visión más ambiciosa va más allá de optimizar modos individuales de transporte. Busca integrar todos los sistemas de movilidad en un ecosistema coordinado, adaptativo y que aprende continuamente.

Estamos avanzando hacia lo que se conoce como movilidad como un servicio (Mobility as a Service - MaaS). En este paradigma, distintos modos de transporte —metro, autobús, bicicletas compartidas, vehículos bajo demanda— funcionan como un sistema unificado, donde la inteligencia artificial coordina las conexiones y ofrece sugerencias personalizadas para cada usuario.

Esta visión ya está tomando forma en ciudades pioneras. En Helsinki, la aplicación Whim permite a los usuarios planificar y pagar todos sus desplazamientos a través de una única plataforma, integrando transporte público, bicicletas, taxis y vehículos de alquiler. Algoritmos avanzados sugieren las combinaciones óptimas según las preferencias personales, las condiciones climáticas y la disponibilidad en tiempo real.

Las "ciudades inteligentes" llevan este concepto aún más lejos, integrando transporte con otros sistemas urbanos:

- Semáforos que ajustan sus ciclos según flujos de tráfico detectados.
- Estacionamientos que guían a conductores hacia espacios disponibles.

- Iluminación pública que se intensifica solo cuando detecta presencia.
- Sensores ambientales que redirigen tráfico para reducir contaminación.

En la remodelación del Barrio 31 en Buenos Aires, se ha implementado una red de sensores y sistemas basados en inteligencia artificial para mejorar la movilidad en una zona históricamente desconectada. El sistema aprende de los patrones reales de desplazamiento y contribuye a planificar mejoras en la infraestructura urbana basadas en datos concretos, no en suposiciones.

Implementado responsablemente, este enfoque integrado promete ciudades más habitables, sostenibles y humanas. Sin embargo, también plantea preguntas sobre privacidad, autonomía y acceso equitativo.

El camino por delante

El transporte está en medio de una transformación fundamental impulsada por la inteligencia artificial. Desde las aplicaciones en nuestros teléfonos hasta infraestructuras urbanas completas, la IA está reescribiendo las reglas de cómo nos movemos.

Los beneficios son tangibles: menor tiempo de viaje, mejor predictibilidad, mayor seguridad, acceso ampliado. Pero también enfrentamos desafíos significativos: privacidad, equidad, impactos laborales y la necesidad de adaptar tecnologías a contextos locales diversos.

El transporte siempre ha sido un espejo de la sociedad. Los canales reflejaron las prioridades de las civilizaciones antiguas. Los ferrocarriles moldearon naciones enteras. Las autopistas definieron el siglo XX. Hoy, los sistemas de transporte inteligente están dando forma a nuestro tiempo, con todas sus promesas… y también sus contradicciones.

Lo que está claro es que no volveremos atrás. La transformación digital del transporte continuará acelerándose y las ciudades que mejor naveguen esta transición, balanceando innovación con inclusión, eficiencia con humanidad; serán aquellas donde la movilidad realmente mejore la calidad de vida para todos.

La tecnología puede ser un aliado valioso o un desafío adicional, pero su utilidad real depende del propósito para el cual fue diseñada. Tal como se planteó en capítulos anteriores, definir ese propósito es el primer paso al programar una inteligencia artificial. En el caso del transporte, ese propósito sigue siendo claro: llevar a las personas a donde necesitan ir, de forma segura, eficiente y humana.

Notas sobre fuentes:

Este capítulo integra investigación contemporánea sobre IA en transporte y movilidad:

- MIT Senseable City Lab (2023). *Urban mobility patterns through mobile data.*
- BID (2024). *Transformación digital del transporte en América Latina.*
- UITP (Unión Internacional de Transporte Público) (2023). *AI integration in public transportation systems.*
- CAF (2024). *Movilidad urbana post-pandemia: Nuevos patrones y soluciones tecnológicas.*
- IEEE Transportation Conference Proceedings (2022-2024).

CAPÍTULO 10: IA EN LA SALUD Y MEDICINA

Una doctora en Barcelona examina una radiografía de tórax en su pantalla. A su lado, un sistema de IA ha marcado una pequeña anomalía casi imperceptible, resaltándola con un contorno amarillo. En un hospital de São Paulo, un algoritmo analiza muestras de sangre y detecta patrones que sugieren un diagnóstico temprano de diabetes. En una clínica rural de Oaxaca, un médico consulta una aplicación que le ayuda a ajustar tratamientos basándose en millones de casos similares.

La inteligencia artificial está transformando la medicina moderna. No como los robots médicos de la ciencia ficción, sino como un asistente invisible que potencia las capacidades humanas, detecta lo que podríamos pasar por alto y democratiza conocimientos especializados.

Este capítulo explora cómo la IA está cambiando una de las profesiones más antiguas y cruciales de la humanidad: la medicina, y las profundas preguntas éticas, prácticas y humanas que surgen cuando algoritmos participan en decisiones que pueden significar la diferencia entre la vida y la muerte.

Diagnóstico potenciado: Cuando la máquina ve lo invisible

"No reemplaza mi juicio, sino que lo complementa", explica Elena, radióloga con 20 años de experiencia. "Es como tener un colega incansable que revisa cada imagen con meticulosa atención, señalando detalles que incluso especialistas experimentados podrían pasar por alto."

Elena se refiere a un sistema de inteligencia artificial que analiza imágenes médicas, uno de los campos donde la IA ha mostrado resultados más impresionantes. Estos sistemas pueden:

- Detectar tumores en mamografías con precisión comparable o superior a radiólogos expertos.
- Identificar fracturas óseas en radiografías, incluso las más sutiles.
- Analizar tomografías cerebrales para detectar signos tempranos de Alzheimer.
- Examinar imágenes de retina para diagnosticar retinopatía diabética.

La potencia de estos sistemas radica en su entrenamiento con decenas de miles de imágenes previamente diagnosticadas. Aprenden a reconocer patrones que podrían ser imperceptibles para el ojo humano o que solo los especialistas más experimentados podrían detectar.

En Brasil, el Instituto do Coração utiliza IA para analizar electrocardiogramas y detectar arritmias con una precisión del 95%. En España, varios hospitales implementan sistemas que priorizan radiografías en urgencias, asegurando que los casos más graves sean examinados primero. En México, un proyecto piloto lleva diagnóstico asistido por IA a clínicas rurales donde no hay radiólogos disponibles.

La democratización del conocimiento especializado es quizás el beneficio más revolucionario. En regiones donde hay un radiólogo por cada 100.000 habitantes, estos sistemas permiten que médicos generales ofrezcan diagnósticos más precisos.

Sin embargo, estos avances no llegan sin desafíos. Los sistemas de IA actuales funcionan mejor como herramientas de apoyo que como reemplazos autónomos. Pueden cometer errores, especialmente cuando encuentran casos atípicos o diferentes a los datos con los que fueron entrenados.

Un estudio publicado en Nature Medicine documentó casos donde médicos aceptaban recomendaciones algorítmicas sin cuestionarlas, incluso cuando su intuición clínica sugería otra cosa. La sobreconfianza en la tecnología emerge como un riesgo real que requiere formación específica para los profesionales sanitarios.

Medicina de precisión: Tratamientos tan únicos como tú

Durante décadas, la medicina ha operado bajo el principio de "talla única": tratamientos estandarizados basados en lo que funciona para la mayoría. Pero cada cuerpo es único, con su propio perfil genético, historial médico y factores ambientales.

La medicina de precisión, potenciada por IA, está cambiando este paradigma. Los tratamientos se personalizan considerando la genética individual del paciente, sus biomarcadores específicos y su contexto particular. Un mismo cáncer puede comportarse de manera completamente diferente según la genética del paciente y docenas de otros factores. La IA ayuda a desentrañar esta complejidad.

Los algoritmos pueden analizar miles de variables simultáneamente; desde la secuencia genética del paciente hasta sus marcadores bioquímicos, historial familiar y estilo de vida; para recomendar tratamientos personalizados con mayor probabilidad de éxito. En la práctica, esto significa:

- Selección personalizada de medicamentos basada en el perfil genético del paciente.
- Ajuste preciso de dosis para maximizar eficacia y minimizar efectos secundarios.
- Identificación de pacientes con mayor riesgo de complicaciones.
- Predicción de respuesta a diferentes tratamientos antes de aplicarlos.

En Colombia, el Instituto Nacional de Cancerología ha participado en iniciativas para incorporar inteligencia artificial en la personalización de tratamientos oncológicos, con el objetivo de mejorar la eficacia y reducir efectos secundarios. En Argentina, hospitales universitarios han implementado sistemas predictivos basados en IA que identifican a pacientes diabéticos con mayor riesgo de desarrollar complicaciones, facilitando intervenciones preventivas más efectivas.

La medicina de precisión promete tratamientos más efectivos, menos efectos secundarios y mejor uso de recursos limitados. Sin embargo, también plantea preguntas sobre acceso equitativo. Las tecnologías avanzadas tienden a concentrarse en centros médicos de élite, potencialmente ampliando brechas existentes en atención sanitaria.

Según informes de la Organización Panamericana de la Salud, el acceso a tecnologías médicas avanzadas en América Latina sigue siendo muy desigual, con una clara concentración en grandes centros urbanos. La mayoría de los hospitales de la región aún carecen de recursos para implementar medicina personalizada, lo que refleja una brecha significativa en la equidad del sistema de salud.

Predicción y prevención: Anticiparse a la enfermedad

Tradicionalmente, los sistemas de salud han funcionado de forma reactiva: esperamos a que la enfermedad aparezca para tratarla. La IA está ayudando a revertir ese modelo, permitiendo identificar riesgos y actuar antes de que los problemas se desarrollen.

Modelos predictivos basados en inteligencia artificial ya permiten identificar pacientes con riesgo de desarrollar complicaciones diabéticas con notable anticipación, a partir del análisis de patrones sutiles en datos de laboratorio rutinarios. Este cambio —de un enfoque reactivo a uno predictivo— representa uno de los mayores impactos potenciales de la IA en el ámbito de la salud. Actualmente, estos sistemas están operando a distintos niveles:

- Nivel individual: Algoritmos que analizan datos de pacientes para identificar factores de riesgo personalizados y recomendar intervenciones preventivas.
- Nivel hospitalario: Sistemas que predicen qué pacientes tienen mayor probabilidad de deterioro, permitiendo intervención temprana.
- Nivel poblacional: Modelos que anticipan brotes de enfermedades infecciosas y orientan respuestas de salud pública.

En América Latina, varios países exploran el uso de inteligencia artificial para mejorar la prevención y respuesta en salud pública. Por ejemplo, se desarrollan iniciativas para monitorear factores de riesgo cardiovascular desde la atención primaria, identificar embarazos de alto riesgo mediante modelos predictivos y anticipar brotes gripales a través del análisis de datos no convencionales como búsquedas web, redes sociales o patrones de compra en farmacias. Aunque muchas de estas tecnologías aún están en fase piloto o de investigación, su implementación podría transformar profundamente la capacidad de los sistemas sanitarios para actuar antes de que ocurran emergencias.

Uno de los ejemplos más notorios del potencial de la inteligencia artificial en salud pública fue la detección temprana del brote de COVID-19. En diciembre de 2019, la startup canadiense BlueDot alertó a sus clientes sobre una serie inusual de casos de neumonía en Wuhan, China, nueve días antes del comunicado oficial de la Organización Mundial de la Salud. Utilizando algoritmos que analizaban noticias en múltiples idiomas, reportes sanitarios y datos de transporte aéreo, el sistema no solo detectó el brote, sino que también predijo con precisión las primeras ciudades a las que podría propagarse el virus. Este caso se convirtió en un referente del valor de los sistemas predictivos basados en IA para anticipar crisis sanitarias a escala global.

Sin embargo, la prevención también plantea dilemas. Según publicaciones recientes en Journal of Medical Ethics, los sistemas predictivos generan nuevas responsabilidades: ¿qué hacemos con la información predictiva? ¿Cómo manejamos la incertidumbre inherente a las predicciones? Decirle a alguien que tiene 70% de probabilidad de desarrollar una enfermedad grave es una responsabilidad enorme con implicaciones éticas y psicológicas.

Asistentes virtuales: IA en el consultorio y más allá

"Pasaba un tercio de cada consulta escribiendo notas, buscando información en manuales o tratando de recordar interacciones entre medicamentos. Era tiempo que no dedicaba realmente al paciente," comenta Miguel, médico familiar.

Hoy los asistentes médicos virtuales transforman la práctica clínica. Estos sistemas transcriben automáticamente conversaciones, destacan información clínica relevante, sugieren preguntas de seguimiento y alertan sobre posibles interacciones medicamentosas o contraindicaciones.

Diversos estudios recientes sugieren que el uso de asistentes basados en inteligencia artificial puede reducir de forma significativa el tiempo que los médicos dedican a la documentación clínica, lo que les permite enfocarse más en la interacción con los pacientes. Estas herramientas han demostrado mejorar la eficiencia, disminuir la carga cognitiva asociada al registro de datos y favorecer una comunicación más atenta y directa, incluyendo mayor contacto visual y escucha activa durante las consultas.

Los asistentes virtuales están cambiando la dinámica de la atención médica:

- Automatizan documentación clínica, reduciendo la carga administrativa.
- Proporcionan información actualizada en el momento preciso.
- Ayudan a estructurar consultas para no olvidar aspectos importantes.
- Facilitan la coordinación entre diferentes especialistas.

Estos sistemas van evolucionando más allá del consultorio. En Barcelona, pacientes con enfermedades crónicas utilizan chatbots médicos que responden preguntas básicas, recuerdan tomar medicación y alertan cuando se necesita atención profesional.

Ana, paciente con diabetes tipo 1, usa una aplicación que combina datos de su monitor continuo de glucosa con IA para predecir fluctuaciones y sugerir ajustes en insulina y alimentación. "Me da una libertad que nunca había experimentado. Es como tener un educador en diabetes disponible 24/7."

Estos desarrollos son especialmente prometedores para comunidades con acceso limitado a especialistas. En contextos rurales como los de Bolivia, donde agentes comunitarios de salud desempeñan un rol clave en la atención primaria, el uso de inteligencia artificial —en particular, sistemas conversacionales— representa una oportunidad emergente. Si bien aún no hay registros públicos de proyectos plenamente implementados en el país, diversas experiencias internacionales sugieren que herramientas de IA pueden ofrecer orientación paso a paso en diagnóstico y tratamiento de condiciones comunes, apoyando a los trabajadores de salud en su labor diaria.

La tecnología alcanza su mayor potencial cuando potencia a las personas, no cuando busca reemplazarlas. Según reportes del Banco Interamericano de Desarrollo, los sistemas digitales de apoyo a decisiones clínicas pueden mejorar significativamente la calidad de la atención, especialmente en contextos donde escasean los especialistas. Estas herramientas ayudan a estandarizar procesos, reducir errores y brindar orientación diagnóstica en tiempo real, contribuyendo a fortalecer la atención primaria y reducir las brechas en el acceso a servicios de salud especializados.

La revolución de los datos: Investigación potenciada por IA

Más allá de la atención clínica, la IA está acelerando dramáticamente el descubrimiento científico en medicina.

El desarrollo tradicional de fármacos es notoriamente lento y costoso: puede tomar 10-15 años y miles de millones de dólares llevar un nuevo medicamento al mercado. Los algoritmos de aprendizaje profundo están transformando este proceso:

- Predicen qué moléculas tienen mayor probabilidad de ser efectivas contra determinadas enfermedades.
- Modelan interacciones entre fármacos y proteínas humanas.
- Identifican medicamentos existentes que podrían reutilizarse para nuevas indicaciones.
- Optimizan el diseño de ensayos clínicos para hacerlos más eficientes.

Durante la pandemia de COVID-19, la inteligencia artificial desempeñó un papel clave al acelerar de manera significativa los procesos de investigación biomédica. Algoritmos avanzados fueron utilizados para predecir la estructura de proteínas del SARS-CoV-2, identificar posibles tratamientos entre medicamentos ya existentes, y diseñar candidatos a vacunas en tiempos récord. Esta colaboración entre ciencia y tecnología demostró cómo la IA puede transformar la respuesta global ante emergencias sanitarias.

AlphaFold, desarrollado por DeepMind, ha revolucionado la biología estructural al predecir con altísima precisión la estructura tridimensional de proteínas a partir únicamente de su secuencia de aminoácidos. Una tarea que antes requería meses o incluso años de trabajo experimental en laboratorio ahora puede resolverse en cuestión de horas, lo que ha acelerado de forma extraordinaria la investigación biomédica y el desarrollo de nuevos tratamientos.

En el campo de la genómica, la inteligencia artificial está transformando la forma en que se analizan grandes volúmenes de datos para descubrir conexiones entre genes y enfermedades. Investigadores en América Latina han comenzado a aplicar estas tecnologías para identificar posibles biomarcadores genéticos vinculados al riesgo de desarrollar enfermedades neurodegenerativas como el Alzheimer, lo que podría conducir a diagnósticos más precisos y personalizados en el futuro. Aunque estos estudios aún están en desarrollo, representan un avance clave para adaptar la medicina de precisión a las características genéticas de las poblaciones latinoamericanas.

La IA también está revolucionando el análisis de literatura científica. Con miles de papers publicados cada día, es humanamente imposible mantenerse actualizado en todos los avances relevantes. Sistemas de procesamiento de lenguaje natural pueden analizar millones de artículos, identificar patrones emergentes y sintetizar conocimiento disperso en múltiples disciplinas.

Las plataformas de descubrimiento de fármacos asistidas por inteligencia artificial están transformando radicalmente el proceso de desarrollo biomédico. Al acelerar la identificación de moléculas prometedoras y reducir los costos asociados, estas herramientas están democratizando el acceso a la investigación farmacéutica, permitiendo que incluso instituciones con recursos limitados puedan participar en proyectos de vanguardia. Si bien los resultados varían según la tecnología y el contexto, los avances recientes muestran una tendencia clara hacia procesos más rápidos, eficientes y accesibles.

El lado humano: Desafíos éticos y sociales

A medida que la IA médica avanza, surgen profundas preguntas éticas, sociales y humanas que van más allá de la tecnología misma.

Responsabilidad y autonomía

¿Quién es responsable cuando un algoritmo comete un error? ¿El desarrollador? ¿El médico? ¿El hospital? A diferencia de otras industrias, en medicina los errores pueden costar vidas. Determinar responsabilidades en sistemas donde humanos y máquinas colaboran es un territorio legal y ético complejo que apenas comienza a explorarse.

A medida que la inteligencia artificial se integra en los procesos clínicos, surgen nuevos desafíos legales y éticos en torno a la responsabilidad médica. Uno de los debates más relevantes es quién asume la responsabilidad en caso de un diagnóstico erróneo basado en una recomendación algorítmica, especialmente cuando el sistema ha funcionado según sus especificaciones técnicas. Aunque aún no existe jurisprudencia ampliamente reconocida sobre este tipo de casos, el tema ya está siendo objeto de atención en ámbitos regulatorios y judiciales, destacando la necesidad urgente de marcos legales que aclaren los límites de responsabilidad entre desarrolladores, instituciones médicas y profesionales de la salud.

Igualmente importante es la cuestión de la autonomía médica y del paciente en el contexto de la inteligencia artificial. La Asociación Médica Mundial ha establecido que los médicos deben conservar plena autoridad para cuestionar o rechazar recomendaciones generadas por sistemas algorítmicos, priorizando siempre el juicio clínico y el bienestar del paciente. Asimismo, se reconoce el derecho de los pacientes a ser informados cuando una decisión médica ha sido influida por tecnologías de IA, garantizando así la transparencia, el consentimiento informado y el respeto a su autonomía en el proceso de atención.

Privacidad y consentimiento

Los sistemas de IA médica se alimentan de datos, muchos datos. Esto plantea cuestiones fundamentales sobre privacidad, consentimiento informado y propiedad de información médica.

La confianza en los sistemas de salud depende, en gran parte, de cómo se gestionan los datos personales. Según la UNESCO, existe una brecha significativa entre el uso real de la inteligencia artificial en salud y la comprensión que tienen los pacientes sobre cómo se utilizan sus datos médicos. Muchas personas comparten su información más íntima con la expectativa de que será protegida, pero los niveles de transparencia y consentimiento informado no siempre están a la altura de esa confianza. Garantizar que los pacientes comprendan claramente cómo se procesan y emplean sus datos es una condición ética fundamental para el desarrollo responsable de la IA en medicina.

Varios países están desarrollando marcos regulatorios específicos para el uso de inteligencia artificial en el ámbito de la salud. La Unión Europea, a través de su propuesta de Ley de Inteligencia Artificial, ha establecido estándares estrictos para el manejo de datos médicos, clasificando estas aplicaciones como de "alto riesgo" y exigiendo altos niveles de transparencia, trazabilidad y protección de datos. En América Latina, diversas iniciativas buscan adaptar estos principios a contextos con infraestructura digital más limitada, promoviendo regulaciones que garanticen derechos fundamentales sin frenar la innovación tecnológica.

Equidad y acceso

Quizás el mayor desafío es asegurar que los beneficios de la IA médica se distribuyan equitativamente, sin ampliar brechas existentes.

Un estudio revelador en Science de 2023 demostró que algoritmos entrenados principalmente con datos de pacientes caucásicos tenían una tasa de error significativamente mayor al diagnosticar condiciones dermatológicas en pacientes de piel oscura. Los algoritmos tienden a funcionar mejor para grupos bien representados en los datos de entrenamiento. En la práctica, esto significa que funcionan mejor para pacientes de países desarrollados, para ciertas etnias mayoritarias y para condiciones más estudiadas.

Esta realidad plantea el riesgo de crear un sistema de dos velocidades donde algunos pacientes se benefician de la medicina potenciada por IA, mientras otros quedan rezagados.

Iniciativas como "IA Inclusiva en Salud" en Colombia están trabajando para diversificar datos médicos, incluyendo poblaciones tradicionalmente subrepresentadas en investigación. Otros proyectos desarrollan modelos específicamente adaptados a realidades locales.

La promesa de una medicina más humana

Paradójicamente, la mayor promesa de la IA en medicina podría ser hacerla más humana, no menos. La tecnología puede liberarnos para hacer lo que las máquinas no pueden: escuchar con empatía, brindar consuelo, entender el contexto único de cada paciente. La automatización de tareas administrativas y la asistencia en decisiones complejas podrían permitir a los profesionales sanitarios reconectar con los aspectos más humanos de la medicina, recuperando tiempo para la comunicación, la comprensión y el cuidado.

Un estudio publicado en New England Journal of Medicine documentó que médicos utilizando sistemas de IA para gestionar documentación pasaban un 62% más de tiempo en contacto directo con pacientes, con mejoras significativas en satisfacción tanto del profesional como del paciente.

Además, la IA tiene el potencial de personalizar la atención a un nivel sin precedentes, reconociendo que cada paciente es único no solo en su biología sino en sus valores, preferencias y circunstancias.

La mejor medicina siempre ha combinado ciencia rigurosa con atención personalizada. La IA puede ayudarnos a llevar esa personalización a un nuevo nivel, permitiendo que tratamientos y enfoques se adapten no solo a la biología del paciente sino a su situación social, económica y personal.

Un futuro de colaboración

El futuro de la medicina no será humanos contra máquinas, sino humanos y máquinas trabajando juntos, cada uno aportando sus fortalezas únicas.

Los algoritmos pueden procesar cantidades masivas de datos, detectar patrones sutiles y mantener conocimiento actualizado. Los profesionales de la salud aportan juicio clínico, comprensión contextual, empatía y conexión humana.

Como ha expresado el cirujano y autor Atul Gawande en entrevistas públicas, la inteligencia artificial no está destinada a reemplazar a los médicos, pero es probable que los médicos que integren estas herramientas en su práctica terminen reemplazando a quienes no lo hagan. La clave está en entender la IA como una aliada para mejorar el juicio clínico, no como una sustituta de la experiencia humana.

El verdadero potencial de esta revolución está en crear sistemas de salud más precisos, preventivos, personalizados y humanos, disponibles para todos, no solo para unos pocos privilegiados.

Este es quizás el mayor desafío y la mayor oportunidad: asegurar que esta poderosa tecnología reduzca, en lugar de ampliar, las desigualdades existentes en salud global.

La inteligencia artificial es una herramienta, no una solución mágica. Su valor real dependerá de cómo la implementemos, regulemos y utilicemos para mejorar vidas humanas alrededor del mundo.

Notas sobre fuentes:

Este capítulo integra investigación contemporánea sobre IA en medicina y salud:

- The Lancet Digital Health (2023). *AI in medical imaging: current applications and future directions.*
- Organización Panamericana de la Salud (2024). *Inteligencia artificial en sistemas de salud de América Latina.*
- Nature Medicine (2022-2024). *Estudios sobre sistemas de diagnóstico asistido por IA.*
- New England Journal of Medicine (2023). *AI-based clinical decision support systems.*
- Fundación Carlos Slim Salud (2023). *Medicina de precisión para poblaciones diversas.*
- Science Translational Medicine (2022-2024). *Avances en biomarcadores y medicina predictiva.*
- JAMA Network Open (2023). *Impact of AI assistants on physician workflow and satisfaction.*
- BID (2024). *Tecnologías digitales para ampliar cobertura sanitaria en América Latina.*
- Science (2022-2024). *Aceleración de descubrimiento de fármacos mediante IA.*
- Nature Biotechnology (2023). *Computational approaches in genomic medicine.*
- MIT Technology Review (2023-2024). *AI in pandemic response and preparedness.*
- OMS (2023). *Ethics and governance of artificial intelligence for health.*
- UNESCO (2024). *AI in healthcare: balancing innovation and ethics.*
- Foro Económico Mundial (2023). *Healthcare data governance in the age of AI.*

CAPÍTULO 11: INTELIGENCIA ARTIFICIAL EN LAS FINANZAS Y EL COMERCIO

Cuando solicitas un préstamo, compras en línea o inviertes en bolsa, es probable que una inteligencia artificial haya influido en tu experiencia. Las decisiones financieras que antes tomaban ejecutivos tras horas y días de análisis, ahora ocurren en milisegundos gracias a algoritmos que procesan cantidades masivas de datos.

La IA ha penetrado silenciosamente casi cada aspecto del dinero moderno: está en el sistema que detecta transacciones fraudulentas en tu tarjeta, en los motores que personalizan ofertas en tiendas online y en los asesores virtuales que recomiendan inversiones. Esta revolución está transformando no solo cómo se mueve el dinero, sino quién tiene acceso a él y bajo qué condiciones.

Este capítulo explora cómo la inteligencia artificial está reconfigurando nuestras relaciones financieras y comerciales. Veremos tanto oportunidades para mayor eficiencia e inclusión, como desafíos profundos sobre privacidad, autonomía y equidad.

Decisiones crediticias: Cuando los algoritmos evalúan tu confiabilidad

"Mi solicitud de préstamo fue rechazada sin explicación", cuenta Marta, emprendedora en Medellín. "Solo después de insistir mucho, me enteré que un sistema automatizado había calificado mi perfil como 'riesgoso' basándose en patrones que ni siquiera comprendían completamente."

La experiencia de Marta ilustra cómo la evaluación crediticia está transformándose radicalmente. Los bancos y prestamistas utilizan cada vez más algoritmos para decidir quién recibe financiamiento y en qué términos. Estos sistemas analizan no solo tu historial crediticio tradicional sino también:

- Patrones de gasto y comportamiento financiero.
- Actividad en redes sociales y presencia digital.
- Datos de geolocalización y comportamiento móvil.
- Información contextual sobre tu trabajo, educación y círculo social.

El resultado es una evaluación de riesgo más rápida y (en teoría) más precisa. Un análisis que antes tomaba días ahora se completa en segundos. Algunas instituciones financieras reportan reducciones del 25-30% en tasas de impago gracias a estas tecnologías.

Para millones de personas sin historial crediticio formal, los modelos de IA ofrecen una posible puerta de entrada al sistema financiero. En Kenya, la aplicación Tala utiliza más de 10.000 puntos de datos de smartphones para evaluar préstamos a personas sin antecedentes bancarios. Han otorgado más de $2.7 mil millones en microcréditos a tres millones de clientes, principalmente pequeños comerciantes.

Pero estos sistemas también plantean serias preocupaciones:

* Opacidad: Es difícil o imposible entender exactamente por qué un algoritmo tomó cierta decisión.
* Sesgos perpetuados: Si los datos históricos reflejan discriminación pasada, el algoritmo podría reproducir esos patrones.
* Determinismo estadístico: Las personas se reducen a perfiles probabilísticos basados en similitudes con otros.

Diversas investigaciones han demostrado que los modelos crediticios basados en inteligencia artificial pueden perpetuar sesgos históricos y afectar de manera desproporcionada a comunidades minoritarias. Aunque no todos los estudios coinciden en las cifras exactas, se ha documentado que ciertos algoritmos penalizan sistemáticamente a solicitantes provenientes de barrios predominantemente marginados, incluso cuando se controlan variables financieras como ingresos, historial de pago o nivel de endeudamiento. Esta tendencia ha encendido alertas sobre el riesgo de que la IA, al operar sobre datos históricamente sesgados, contribuya a reforzar desigualdades estructurales en lugar de corregirlas. La transparencia en los modelos y la auditoría ética de sus resultados son pasos fundamentales para garantizar un acceso justo al crédito.

"No es que los algoritmos sean inherentemente sesgados", explica Ricardo, investigador en tecnologías financieras. "Es que aprenden de datos históricos que reflejan desigualdades sociales existentes. Sin correcciones específicas, tienden a reforzar el status quo."

Mercados algorítmicos: Trading a la velocidad de la luz

En las bolsas mundiales, los humanos se han vuelto espectadores en un juego dominado por máquinas. Más del 70% de las operaciones en mercados desarrollados son ejecutadas por algoritmos, muchos de ellos operando a velocidades imposibles para la cognición humana.

En el ámbito del trading algorítmico, las decisiones no se toman en segundos o minutos, sino en microsegundos. En el breve lapso de un parpadeo, estos sistemas pueden analizar noticias, detectar patrones de precios y movimientos de órdenes, y ejecutar miles de transacciones de forma automática.

Los sistemas modernos de trading utilizan IA para:

- Trading de alta frecuencia: Ejecutar órdenes en fracciones de segundo para capitalizar diferencias de precio mínimas.
- Análisis de sentimiento: Procesar noticias, publicaciones en redes sociales y hasta expresiones faciales de ejecutivos en tiempo real.
- Reconocimiento de patrones: Identificar configuraciones en datos de mercado que históricamente preceden ciertos movimientos.
- Estrategias adaptativas: Algoritmos que aprenden y evolucionan basados en éxitos y fracasos previos.

Esta revolución ha traído mayor liquidez y eficiencia a los mercados. Los costos de transacción han caído dramáticamente, beneficiando tanto a grandes inversionistas como a pequeños ahorradores con planes de pensiones.

Sin embargo, también ha creado nuevos riesgos sistémicos. En mayo de 2010, el "Flash Crash" borró temporalmente un billón de dólares del mercado estadounidense cuando algoritmos reaccionaron en cadena. Eventos similares, aunque a menor escala, ocurren regularmente.

La creciente automatización de los mercados ha dado lugar a un sistema de tal complejidad que resulta difícil, si no imposible, de comprender en su totalidad. Cada banco, cada fondo de inversión, cada gestor de activos opera con algoritmos propios que interactúan entre sí dentro de un ecosistema digital. El resultado es un comportamiento emergente que, en muchos casos, escapa a la supervisión humana directa y puede volverse impredecible.

Para inversionistas individuales, este nuevo panorama representa tanto oportunidades como desventajas. Aplicaciones como Robinhood democratizan el acceso a inversiones automatizadas, pero la brecha tecnológica entre grandes instituciones y personas comunes sigue creciendo.

Personalización comercial: La IA que sabe lo que quieres comprar

"Es casi inquietante cómo la tienda parece saber lo que necesito antes que yo", comenta Laura, profesional en Ciudad de México. "El otro día pensé en cambiar mi cafetera y de repente empecé a ver anuncios no solo de cafeteras, sino exactamente del tipo que me interesaba."

El comercio electrónico moderno está impulsado por sofisticados algoritmos de personalización que han transformado radicalmente la experiencia de compra. Estos sistemas:

- Analizan tu historial de navegación, compras anteriores y comportamiento en el sitio.
- Comparan tus patrones con millones de otros consumidores similares.
- Predicen qué productos tienen mayor probabilidad de interesarte.
- Ajustan precios dinámicamente basados en tu perfil, ubicación y comportamiento.

Amazon genera más del 35% de sus ventas a través de su sistema de recomendación. Netflix estima que su algoritmo de personalización ahorra $1.000 millones anuales al reducir cancelaciones mediante contenido relevante. Para los consumidores, la personalización puede significar experiencias más eficientes y satisfactorias. Para las empresas, representa una herramienta poderosa para aumentar ventas y fidelidad de clientes.

"Bien implementada, la personalización beneficia a todos", explica Ana, consultora de experiencia de usuario. "Los consumidores encuentran rápidamente lo que buscan y las empresas pueden ofrecer valor más preciso."

Sin embargo, esta misma tecnología plantea cuestiones importantes sobre manipulación y privacidad:

- ¿Estamos realmente eligiendo o siendo sutilmente dirigidos?

- ¿Qué sucede cuando algoritmos explotan vulnerabilidades psicológicas para maximizar gasto?
- ¿Cuánto de nuestra vida privada estamos cediendo a cambio de conveniencia?

Investigaciones académicas han documentado que algunos algoritmos de comercio electrónico pueden ajustar los precios en función de variables como el tipo de dispositivo utilizado o la ubicación geográfica del usuario, lo que puede derivar en formas de discriminación algorítmica. Estudios previos identificaron casos en los que se mostraban precios más altos a consumidores que accedían desde ciertos códigos postales o desde dispositivos específicos, como computadoras Mac. Aunque estas prácticas no siempre son visibles para el consumidor, plantean serias preocupaciones sobre la transparencia, la equidad y el uso de características socioeconómicas inferidas en la personalización de precios.

Democratización financiera: Servicios para los no bancarizados

En una zona rural de Perú, Teresa nunca había tenido acceso a servicios bancarios formales. Sin embargo, hoy maneja sus finanzas a través de una aplicación móvil que utiliza IA para adaptar productos financieros a su patrón de ingresos irregular como agricultora de pequeña escala.

"Antes guardaba efectivo en casa, lo que era inseguro y no generaba intereses", explica. "Ahora tengo acceso a ahorros, seguros básicos e incluso pequeños préstamos para semillas, todo desde mi teléfono."

La combinación de IA con tecnología móvil está creando oportunidades sin precedentes para incluir financieramente a los 1.7 mil millones de adultos que permanecen no bancarizados globalmente, concentrados principalmente en economías emergentes:

- Identidad digital verificada por IA: Permitiendo verificación remota incluso sin documentación tradicional.
- Evaluación alternativa de riesgo: Utilizando datos no convencionales para evaluar solvencia cuando no existe historial crediticio.
- Interfaces adaptativas: Que se ajustan al nivel de alfabetización financiera y digital del usuario.
- Automatización de bajo costo: Reduciendo el costo de servir a clientes con transacciones pequeñas.

En India, más de 400 millones de personas han accedido a cuentas bancarias en parte gracias a sistemas biométricos y verificación automatizada. En Colombia, aplicaciones como MOVii utilizan IA para ofrecer servicios financieros a través de interfaces intuitivas para usuarios con limitada experiencia digital.

La inclusión financiera va mucho más allá de simplemente abrir cuentas bancarias. Según el Banco Mundial, se trata de construir ecosistemas accesibles y sostenibles donde las personas puedan ahorrar, realizar pagos, enviar remesas, obtener crédito y protegerse contra riesgos mediante seguros, todo de forma segura, asequible y adaptada a sus necesidades. Esta visión amplia reconoce que el acceso es solo el primer paso; lo fundamental es garantizar que los servicios financieros realmente funcionen para mejorar la vida de las personas, especialmente en comunidades vulnerables y economías emergentes.

Sin embargo, la digitalización financiera también conlleva riesgos:

- Nueva exclusión tecnológica: Personas sin acceso a dispositivos adecuados o conectividad quedan aún más rezagadas.
- Vulnerabilidad a fraudes: Usuarios nuevos en el sistema financiero formal son frecuentemente objetivos de estafas.
- Dependencia de plataformas privadas: Nuevos monopolios digitales pueden reemplazar a intermediarios tradicionales.

Según CGAP (Consultative Group to Assist the Poor), para que la inclusión financiera digital sea efectiva, debe acompañarse de programas de educación financiera y protecciones específicas para consumidores vulnerables.

Automatización en servicios financieros: Transformando empleos

"Mi trabajo ha cambiado completamente", cuenta Miguel, quien lleva 15 años en un banco de Monterrey. "Antes pasaba horas revisando solicitudes manualmente. Ahora superviso algoritmos que analizan cientos de casos mientras yo me concentro en situaciones excepcionales y atención personalizada."

La experiencia de Miguel refleja una transformación profunda del empleo en el sector financiero. La automatización está reconfigurando radicalmente qué hacen los trabajadores y qué habilidades necesitan:

- Análisis de crédito: IA examina solicitudes rutinarias mientras analistas humanos manejan casos complejos.
- Servicio al cliente: Chatbots responden consultas básicas, dejando interacciones más complejas para agentes humanos.
- Cumplimiento regulatorio: Algoritmos monitorean transacciones para detectar lavado de dinero y fraude.
- Gestión de inversiones: Sistemas automatizados manejan asignaciones estándar mientras asesores se concentran en planificación financiera integral.

Diversos análisis de Deloitte proyectan que la automatización transformará de manera significativa el sector financiero en la próxima década. Aunque las cifras exactas varían según el estudio y el contexto, se estima que una proporción sustancial de tareas rutinarias, como procesamiento de datos, verificación de identidad o análisis de riesgo básico, será asumida por sistemas automatizados.

Sin embargo, este proceso no implica una simple sustitución de empleos: también se espera la creación de nuevos roles centrados en la supervisión algorítmica, la ética digital, la gobernanza tecnológica y la asesoría financiera especializada. Esta evolución exige una redefinición de competencias y un enfoque estratégico para garantizar una transición justa y sostenible en el ámbito laboral financiero.

Esta transformación presenta desafíos importantes para trabajadores, instituciones y reguladores:

- Recualificación masiva: Trabajadores necesitan desarrollar nuevas competencias para mantenerse relevantes.
- Brechas de habilidades: La demanda de talento en IA financiera supera ampliamente la oferta, especialmente en mercados emergentes.
- Ansiedad laboral: Incertidumbre sobre el futuro genera resistencia a cambios necesarios.

La transición será especialmente desafiante para trabajadores de mayor edad, en roles rutinarios o con acceso limitado a oportunidades de recualificación.

Regulación y gobernanza: Nuevas reglas para nuevos riesgos

A medida que la IA transforma finanzas y comercio a velocidad vertiginosa, reguladores globales intentan mantenerse al día. El desafío es monumental: ¿cómo equilibrar innovación con protección, crecimiento con estabilidad?

El sistema financiero actual está siendo transformado por algoritmos que avanzan a un ritmo más acelerado que las regulaciones existentes. Las autoridades enfrentan el desafío de supervisar un entorno en constante evolución para el cual aún no existen marcos completamente definidos.

Los enfoques globales varían significativamente:

- Unión Europea: El AI Act implementa un enfoque basado en riesgo, con requisitos más estrictos para aplicaciones financieras de "alto riesgo" como calificación crediticia o evaluación de seguros.

- Estados Unidos: Regulación fragmentada entre múltiples agencias, con enfoque principalmente en protección del consumidor y estabilidad sistémica.

- China: Control centralizado con fuerte enfoque en seguridad nacional y estabilidad social, junto con ambiciosos planes de innovación doméstica.

- Mercados emergentes: Enfoque "sandbox" permitiendo experimentación controlada para promover inclusión financiera mientras se desarrollan capacidades regulatorias.

Entre los desafíos regulatorios más urgentes están:

- Explicabilidad: ¿Cómo asegurar que instituciones financieras puedan explicar decisiones algorítmicas a consumidores y reguladores?
- Sesgos y discriminación: ¿Qué estándares implementar para detectar y mitigar sesgos potenciales en modelos financieros?
- Riesgos sistémicos: ¿Cómo prevenir que interacciones algorítmicas generen inestabilidad financiera?
- Seguridad y resiliencia: ¿Cómo proteger sistemas financieros algorítmicos contra manipulación y ataques?

La OCDE señala que el 78% de jurisdicciones financieras globales consideran que su marco regulatorio actual es inadecuado para supervisar plenamente aplicaciones de IA financiera.

El BIS (Bank for International Settlements) ha señalado que uno de los enfoques más sólidos frente a la automatización financiera no pasa por prescribir tecnologías específicas, sino por establecer principios claros de gobernanza algorítmica. Esto incluye exigir transparencia en los modelos utilizados, implementar auditorías independientes y asegurar una asignación clara de responsabilidades por las decisiones automatizadas. La trazabilidad, la supervisión humana y la rendición de cuentas son elementos clave para mitigar los riesgos sistémicos y garantizar la confianza en el uso de inteligencia artificial en el sistema financiero.

Equilibrando innovación con valores humanos

La transformación digital de finanzas y comercio avanza imparable. Los algoritmos continuarán penetrando cada aspecto de cómo ganamos, gastamos, ahorramos e invertimos. Esta revolución promete mayor eficiencia, personalización y acceso, beneficios potencialmente transformadores para consumidores e instituciones.

Sin embargo, el valor real de estas tecnologías dependerá de cómo las implementemos. ¿Servirán para crear sistemas financieros y comerciales más inclusivos, justos y estables? ¿O profundizarán desigualdades existentes, concentrarán poder y crearán nuevas vulnerabilidades?

Las experiencias de Teresa en Perú, Miguel en un banco mexicano y Marta enfrentando evaluación crediticia algorítmica ilustran tanto el potencial como los desafíos de este nuevo paradigma.

Tres principios emergen como esenciales para aprovechar lo mejor de la IA financiera mientras mitigamos sus riesgos:

- Humanidad complementaria: Diseñar sistemas donde IA y humanos colaboren aprovechando sus fortalezas respectivas.
- Transparencia intencionada: Asegurar que las decisiones algorítmicas sean comprensibles para quienes se ven afectados por ellas.
- Inclusión por diseño: Desarrollar tecnologías financieras considerando explícitamente necesidades de poblaciones diversas y vulnerables.

La IA en finanzas y comercio no es inherentemente democratizadora ni opresiva. Su impacto final dependerá de decisiones conscientes tomadas por desarrolladores, instituciones, reguladores y ciudadanos.

La tecnología no avanza por sí sola ni tiene un destino inevitable. Las herramientas que hoy transforman las finanzas, la salud o la movilidad no son neutrales: reflejan las decisiones que tomamos como sociedad sobre qué desarrollar, a quién beneficiar y qué riesgos aceptar. El verdadero desafío no es técnico, sino colectivo: tener la sabiduría para guiar estas innovaciones hacia el bien común, para que el poder de la inteligencia artificial no profundice desigualdades, sino que abra nuevas puertas de dignidad, acceso y justicia para todos.

Notas sobre fuentes:

Este capítulo integra investigación contemporánea sobre IA en finanzas y comercio:

- Journal of Consumer Research (2023). *Algorithmic bias in credit scoring models.*
- BID (2024). *Transformación digital de servicios financieros en América Latina.*
- Oxford Internet Institute (2022). *Financial inclusion through alternative data.*
- Bank for International Settlements (2023). *AI trading strategies and market stability.*
- Foro Económico Mundial (2024). *Future of Financial Markets Report.*
- Princeton University (2023). *Price discrimination in algorithmic commerce.*
- MIT Technology Review (2024). *Personalization engines and consumer autonomy.*
- Stanford Digital Economy Lab (2023). *AI in retail: global trends.*
- Banco Mundial (2024). *Emerging Technologies for Financial Inclusion.*
- CGAP (2023). *Digital Financial Services for the Poor.*
- Deloitte (2023). *Future of Work in Financial Services.*
- OIT (2024). *Digital transformation and jobs in finance.*
- McKinsey Global Institute (2022). *Jobs lost, jobs gained: Workforce transitions in finance.*
- OCDE (2023). *Artificial Intelligence in Finance: Regulatory Approaches.*
- BIS (2024). *Algorithmic governance in financial services.*
- Análisis comparativo de marcos regulatorios en UE, EEUU, China y mercados emergentes.

CAPÍTULO 12: ¿CÓMO INVERTIR EN INTELIGEN-CIA ARTIFICIAL?

El mundo de las inversiones siempre ha perseguido una pregunta esencial: ¿dónde estará el crecimiento mañana? Hoy, una respuesta aparece con insistencia en cualquier conversación sobre el futuro económico: la inteligencia artificial.

Desde gigantes tecnológicos hasta pequeñas startups, desde fondos de capital de riesgo hasta inversores individuales, el interés por capturar valor en la revolución de la IA ha alcanzado niveles sin precedentes. En 2024, la inversión global en empresas de IA superó los $300 mil millones, más que todo el sector de energías renovables.

Pero como toda fiebre de oro, el entusiasmo por la IA trae tanto oportunidades legítimas como espejismos tentadores. Para cada historia de éxito como la de NVIDIA, cuyas acciones se multiplicaron gracias a sus chips especializados para IA, hay docenas de empresas que simplemente explotan la etiqueta "IA" sin sustancia real.

Este capítulo ofrece una guía práctica para navegar el complejo panorama de inversiones en inteligencia artificial. No promete fórmulas mágicas para hacerse rico rápidamente, sino brújulas conceptuales para orientar decisiones más informadas, ya sea como individuo que busca diversificar su portafolio o como profesional evaluando tendencias de mercado.

Más allá del ruido: Entendiendo el panorama de inversión

Hoy, el entusiasmo por invertir en inteligencia artificial recuerda al auge de internet en los años noventa: un torrente de expectativas depositadas en un concepto tan amplio como impreciso. Muchos actores del mercado expresan interés en "invertir en IA", sin comprender del todo en qué tecnologías, modelos de negocio o aplicaciones están colocando su capital. Como entonces, el verdadero reto no es seguir la tendencia, sino discernir entre promesa y sustancia, entre herramientas habilitadoras y soluciones con impacto sostenible.

La inteligencia artificial no es un sector uniforme sino un ecosistema diverso con múltiples capas, cada una con diferentes dinámicas de riesgo, potencial de crecimiento y horizontes temporales:

Infraestructura de IA

La base de la pirámide incluye las tecnologías fundamentales que hacen posible la IA moderna:

- Hardware especializado: Empresas que diseñan y fabrican chips optimizados para tareas de IA, como NVIDIA, AMD, o la startup Cerebras.
- Infraestructura en la nube: Plataformas que proporcionan capacidad computacional para entrenar y desplegar modelos, dominadas por AWS (Amazon), Azure (Microsoft) y Google Cloud.
- Gestión de datos: Compañías especializadas en almacenamiento, procesamiento y organización de los enormes volúmenes de datos necesarios para entrenar modelos.

Este segmento tiende a requerir grandes inversiones de capital, pero también ofrece posiciones defensivas más sólidas debido a barreras de entrada sustanciales.

Plataformas y herramientas de IA

El nivel medio comprende tecnologías que facilitan la creación, implementación y gestión de sistemas de IA:

- Plataformas de desarrollo: Empresas como Hugging Face o OpenAI que ofrecen modelos pre-entrenados y herramientas para adaptarlos.
- MLOps y DevOps para IA: Startups centradas en operacionalizar modelos de IA, como Weights & Biases o Dataiku.
- Herramientas de etiquetado y preparación de datos: Servicios que ayudan a preparar datos para entrenar modelos.

Este segmento ha visto una explosión de nuevas empresas, con ciclos de innovación rápidos pero también alta competencia.

Aplicaciones verticales de IA

En la capa superior están las soluciones que aplican IA a problemas específicos en industrias concretas:

- IA en salud: Empresas como Aidoc (diagnóstico por imagen) o Recursion Pharmaceuticals (descubrimiento de fármacos).
- IA en finanzas: Desde asesores robóticos como Betterment hasta plataformas de detección de fraude como Feedzai.
- IA industrial: Empresas como Uptake que aplican IA para mantenimiento predictivo o Sight Machine para optimización de manufactura.

Este segmento suele tener propuestas de valor más claras y directas, pero su éxito depende tanto de la tecnología como del conocimiento especializado de las industrias que atienden.

Vehículos de inversión: Opciones para cada perfil

Los inversores interesados en la IA disponen de múltiples vehículos, cada uno adaptado a diferentes perfiles de riesgo, capacidad de inversión y nivel de participación deseado:

Acciones de empresas tecnológicas establecidas

Para inversores con menor tolerancia al riesgo, las grandes tecnológicas con exposición significativa a IA ofrecen una forma más conservadora de participar en la tendencia:

- MAANG (Meta, Apple, Amazon, Netflix, Google): Todas estas empresas invierten masivamente en IA, ya sea para mejorar sus productos actuales o crear nuevos.
- Microsoft: Socio principal de OpenAI y líder en integración de IA en software empresarial.
- NVIDIA: Dominante en chips para entrenamiento y ejecución de modelos de IA.

Si bien estas inversiones ofrecen menor riesgo y mayor liquidez, también presentan menor potencial de crecimiento explosivo comparado con empresas más especializadas o startups.

ETFs y fondos temáticos

Para quienes buscan exposición diversificada, los fondos cotizados (ETFs) y fondos mutuos centrados en IA permiten invertir en una cesta de empresas relacionadas:

- ETFs globales de IA: Como Global X Artificial Intelligence & Technology ETF o iShares Robotics and Artificial Intelligence ETF.
- Fondos sectoriales: Enfocados en segmentos específicos como ciberseguridad con IA o salud digital.

Los ETFs temáticos han ganado popularidad como vehículos de entrada para inversores interesados en sectores específicos como la inteligencia artificial, especialmente entre quienes no disponen del tiempo o los conocimientos necesarios para seleccionar empresas individuales. Estos fondos ofrecen diversificación automática y exposición a tendencias tecnológicas emergentes. Sin embargo, es fundamental revisar las metodologías de selección de cada ETF, ya que en algunos casos incluyen empresas cuya conexión con la IA es tangencial o limitada. Comprender la composición y los criterios de inclusión de cada fondo permite a los inversores tomar decisiones más informadas y alinear mejor sus expectativas con la exposición real al sector.

Capital de riesgo y startups

Para inversores acreditados con mayor tolerancia al riesgo, el capital de riesgo en startups de IA ofrece el mayor potencial de rendimientos:

- Fondos de venture capital especializados: Como AI Fund (Andrew Ng) o Radical Ventures, centrados exclusivamente en IA.
- Plataformas de inversión para startups: Como SeedInvest o Crowdcube, que permiten participar en rondas de financiación tempranas.
- Aceleradoras con programas de IA: Como Y Combinator o Techstars, que regularmente invierten en startups de IA prometedoras.

Este enfoque implica horizontes temporales más largos (5-10 años), menor liquidez y mayor riesgo de pérdida total, pero también la posibilidad de rendimientos exponenciales si se identifica una empresa disruptiva temprano.

Inversión indirecta: proveedores y beneficiarios

Una estrategia menos obvia pero potencialmente valiosa es invertir en empresas que se beneficiarán indirectamente del auge de la IA:

- Proveedores de componentes críticos: Empresas que fabrican componentes para infraestructura de IA, como TSMC (semiconductores) o Vertiv (centros de datos).
- Adoptantes tempranos de IA: Compañías tradicionales que están integrando agresivamente IA en sus operaciones, potencialmente obteniendo ventajas competitivas.

"A veces, las mejores inversiones no están en creadores de tecnología sino en quienes la aplican de manera transformadora", explica Carlos, gestor de un fondo de inversión basado en Santiago. "Por ejemplo, una cadena minorista que implementa IA avanzada para gestión de inventario y personalización podría obtener ventajas significativas frente a competidores."

Señales de alerta: Identificando burbujas y promesas vacías

Con el entusiasmo por la IA en su punto máximo, es crucial desarrollar un ojo crítico para distinguir oportunidades reales de marketing vacío.

"AI-washing": cuando todo es IA pero nada lo es

Similar al "greenwashing" en sostenibilidad, muchas empresas exageran dramáticamente sus capacidades de IA:

- Rebautizar estadística básica o automatización simple como "IA".
- Añadir la etiqueta "impulsado por IA" a productos esencialmente tradicionales.
- Anunciar "investigación en IA" sin productos viables o plazos concretos.

Un estudio de MMC Ventures encontró que el 40% de las startups europeas clasificadas como "empresas de IA" no utilizaban inteligencia artificial de manera significativa en sus productos.

Preguntas clave para evaluar empresas de IA

Antes de invertir, considera estas señales de solidez tecnológica y comercial:

- Talento técnico: ¿Cuenta la empresa con científicos e ingenieros con credenciales verificables en IA?
- Datos propietarios: ¿Posee o tiene acceso a datos únicos que proporcionan ventaja competitiva?
- Tecnología diferenciada: ¿Han desarrollado algo verdaderamente innovador o simplemente reempaquetan soluciones existentes?
- Escalabilidad: ¿Puede el modelo de negocio crecer sin aumentar proporcionalmente los costos?
- Ventaja sostenible: ¿Qué impide que competidores repliquen su oferta rápidamente?

Para los inversores con experiencia en tecnología, uno de los mayores desafíos es distinguir entre empresas que usan la inteligencia artificial como parte integral de su propuesta de valor y aquellas que la presentan como un adorno de marketing. En este contexto, las demostraciones prácticas y el acceso a prototipos funcionales suelen ser mucho más reveladores que cualquier presentación comercial. La diferencia entre una promesa y una capacidad real se manifiesta con claridad cuando la tecnología se pone a prueba en entornos concretos.

Expectativas vs. Realidad: el ciclo de sobreexpectación

El campo de la IA históricamente ha experimentado ciclos de entusiasmo excesivo seguidos por "inviernos" de desilusión cuando las expectativas chocan con realidades técnicas y comerciales.

Según Gartner, varias tecnologías de IA están actualmente cerca del "pico de expectativas infladas", incluyendo IA generativa y agentes autónomos. Esto sugiere precaución, ya que típicamente sigue un periodo de desilusión antes de alcanzar aplicaciones realmente productivas.

Las tecnologías emergentes más prometedoras rara vez siguen trayectorias lineales. A menudo, atraviesan lo que se conoce como el "valle de la desilusión": una fase en la que el entusiasmo inicial se enfría al no cumplirse de inmediato las expectativas más ambiciosas. Es en ese momento, cuando las narrativas exuberantes se disipan y la atención mediática se desvanece, donde los inversores con visión de largo plazo pueden encontrar las oportunidades más sólidas. Aquellos que entienden los fundamentos subyacentes y el potencial real de transformación, más allá del ruido, están en mejor posición para identificar proyectos con ventajas competitivas duraderas.

Horizontes de inversión: Estrategias a corto, mediano y largo plazo

La inversión en IA puede estructurarse en diferentes horizontes temporales, cada uno con consideraciones estratégicas propias:

Corto plazo (1-2 años)

En el horizonte inmediato, las inversiones más seguras se centran en empresas ya rentables que están implementando IA para mejorar márgenes o expandir mercados:

- Proveedores de infraestructura con demanda actual comprobada.
- Software empresarial que incorpora características de IA con beneficios inmediatos.
- Servicios de IA como complemento a negocios establecidos.

Un error frecuente en el ámbito financiero es enfocarse únicamente en encontrar la próxima gran disrupción tecnológica. Sin embargo, gran parte del valor real proviene de mejoras graduales que, aunque menos llamativas, ya están produciendo beneficios concretos y sostenibles.

Mediano plazo (3-5 años)

En el horizonte intermedio, las tendencias más prometedoras incluyen:

- Plataformas que democratizan el acceso a IA para empresas medianas y pequeñas.
- Soluciones verticales maduras en sectores como salud, finanzas y manufactura.
- Infraestructura especializada para nuevos paradigmas emergentes como IA federada o aprendizaje por refuerzo.

Este horizonte requiere más investigación sectorial y comprensión de cómo diferentes industrias están adoptando la tecnología.

Largo plazo (5-10+ años)

Las inversiones a largo plazo se centran en cambios fundamentales que podrían redefinir industrias enteras:

- Investigación fundamental en IA general o sistemas más avanzados.
- Aplicaciones transformadoras en sectores tradicionalmente resistentes a la digitalización.
- Convergencia de IA con otras tecnologías como robótica, biotecnología o computación cuántica.

El factor humano: Equipos y liderazgo

Más allá de la tecnología, el éxito en inversiones de IA depende crucialmente del factor humano:

El equilibrio entre visión técnica y comercial

Las empresas de IA más exitosas típicamente combinan:

- Liderazgo técnico con profunda experiencia en investigación o ingeniería de IA.
- Experiencia comercial o industrial en los sectores donde se aplicará la tecnología.
- Habilidad para traducir avances técnicos en valor tangible para clientes.

"Busco fundadores que entiendan tanto la ciencia como el mercado", explica Teresa, inversora en tecnología. "El perfil ideal es un equipo diverso donde coexisten conocimiento técnico profundo y comprensión aguda de necesidades reales de usuarios."

Señales de alerta en equipos fundadores

Ciertos patrones suelen correlacionarse con mayores riesgos:

- Equipos exclusivamente técnicos sin experiencia comercial o viceversa.
- Fundadores sin historial de ejecución o lanzamientos exitosos.
- Alta rotación en posiciones técnicas clave.

◉ Falta de transparencia sobre limitaciones actuales de la tecnología.

La honestidad respecto a desafíos técnicos suele ser mejor indicador que el optimismo desbordado.

Consideraciones éticas y de sostenibilidad

Cada vez más inversores consideran factores éticos y de sostenibilidad al evaluar oportunidades en IA:

Impacto social y responsabilidad

Las prácticas de desarrollo e implementación de IA pueden generar riesgos significativos:

◉ Sesgos algorítmicos que perpetúan discriminación.
◉ Desplazamiento laboral sin estrategias de transición.
◉ Consumo energético excesivo y huella ambiental.
◉ Aplicaciones potencialmente dañinas o manipulativas.

Según diversos infores de PwC, el éxito en inteligencia artificial no depende solo del potencial tecnológico o comercial, sino de actuar con responsabilidad. Ignorar consideraciones éticas puede acarrear riesgos reputacionales y regulatorios significativos, por lo que la sostenibilidad a largo plazo exige evaluar también gobernanza y transparencia.

El horizonte regulatorio

Las inversiones en IA deben considerar el cambiante panorama regulatorio:

◉ Regulación europea como el AI Act, estableciendo clasificaciones de riesgo y requisitos diferenciados.
◉ Iniciativas en EE.UU. a nivel federal y estatal.
◉ Marcos regulatorios emergentes en América Latina, Asia y otras regiones.

Las empresas preparadas para navegar este entorno, con prácticas de gobernanza algorítmica, transparencia y evaluación de impacto, podrían obtener ventajas competitivas significativas a mediano plazo.

Inversión consciente en un futuro incierto

La inteligencia artificial representa una de las mayores oportunidades de inversión de nuestra era, comparable a la revolución informática o internet. Sin embargo, como toda innovación transformadora, su desarrollo seguirá caminos impredecibles, con avances repentinos, callejones sin salida y consecuencias inesperadas.

Los inversores más exitosos en este campo serán aquellos que combinen:

- Comprensión técnica suficiente para distinguir avances genuinos de exageraciones.
- Paciencia para atravesar inevitables ciclos de sobreexpectación y desilusión.
- Atención a factores humanos y organizacionales más allá de promesas tecnológicas.
- Consideración de implicaciones éticas y sociales como componentes integrales del análisis.

La historia de la tecnología muestra consistentemente que las mayores oportunidades no siempre están en los lugares más obvios o más promocionados. A menudo, el valor más duradero surge de aplicaciones prácticas que resuelven problemas reales de forma sostenible, no necesariamente de las tecnologías más espectaculares o revolucionarias.

Como resume Marta, quien ha invertido en tecnología durante dos décadas: "La clave no es predecir exactamente cómo se desarrollará la IA, sino posicionarse para beneficiarse de su evolución general mientras se mantiene la flexibilidad para adaptarse a sorpresas inevitables."

La inversión en IA, como toda decisión financiera significativa, debe reflejar tus circunstancias personales, objetivos y valores. No existe una estrategia universal, sino enfoques adaptados a cada perfil de inversor.

Lo único cierto es que la inteligencia artificial seguirá transformando industrias, economías y sociedades en las próximas décadas. La pregunta no es si invertir en esta revolución, sino cómo hacerlo de manera informada, paciente y responsable.

Notas sobre fuentes:

Este capítulo integra investigación contemporánea sobre inversiones en inteligencia artificial:

- CB Insights (2024). *Global AI Investment Report.*
- PwC (2023). *AI Predictions: Outlook for investors and business leaders.*
- McKinsey Global Institute (2023). *The economic potential of generative AI.*
- Morgan Stanley (2023). *Investment Implications of Artificial Intelligence.*
- Goldman Sachs (2024). *AI Revolution: Investment frameworks for the next tech wave.*
- BlackRock Investment Institute (2023). *Artificial Intelligence: Investment perspectives.*
- Gartner (2024). *Hype Cycle for Artificial Intelligence.*
- MMC Ventures (2023). *The State of European AI Startups.*
- Stanford AI Index (2024). *Annual Report on AI Industry Metrics.*
- World Economic Forum (2023). *Responsible Investment in AI.*
- OCDE (2024). *AI Policy Observatory: Investment Guidelines.*
- Bank of America (2023). *ESG considerations in AI investments.*

CAPÍTULO 13: ENSEÑAR EN TIEMPOS DE INTE-LIGENCIA ARTIFICIAL

Una profesora de literatura en Barcelona revisa ensayos a través de ChatGPT para detectar plagio. Un maestro rural en Colombia usa recursos educativos personalizados por IA para estudiantes con diferentes niveles de aprendizaje. Una universidad en México emplea algoritmos para identificar estudiantes en riesgo de abandono. Una madre en Chile recurre a un tutor virtual para ayudar a su hija con matemáticas.

La inteligencia artificial está transformando la educación de maneras que hasta hace pocos años parecían ciencia ficción. No ha llegado con grandes anuncios ni revoluciones declaradas, sino silenciosamente, una aplicación, un programa, una herramienta a la vez, hasta convertirse en parte del paisaje educativo contemporáneo.

Este capítulo explora cómo la IA está cambiando uno de los procesos más fundamentalmente humanos: enseñar y aprender. Veremos tanto sus promesas transformadoras como los desafíos profundos que plantea para estudiantes, educadores e instituciones.

Cuando la IA entra al aula

"Los estudiantes la estaban usando de todas formas", explica Martín, profesor de secundaria en Montevideo. "Podía prohibirla y fingir que no existía o incorporarla y enseñarles a usarla responsablemente. Elegí lo segundo."

La llegada de herramientas de IA generativa como ChatGPT, Claude o Bard ha provocado reacciones variadas en comunidades educativas globalmente. Mientras algunos centros educativos han bloqueado estas herramientas, otros las integran activamente en su enseñanza, reconociendo que los estudiantes accederán a ellas independientemente de las prohibiciones.

La realidad es que la IA ya está presente en las aulas de múltiples formas:

- Asistentes de escritura que ayudan a estudiantes a mejorar redacción y estructura.
- Generadores de ejercicios que crean problemas personalizados según nivel de cada estudiante.

- Tutores virtuales que ofrecen explicaciones adaptadas al ritmo individual.
- Herramientas de traducción que facilitan el aprendizaje de idiomas.
- Sistemas de evaluación que analizan trabajos y proporcionan retroalimentación inmediata.

Según el Global AI Student Survey 2024 del Digital Education Council, el 86% de los estudiantes de educación superior utilizan herramientas de inteligencia artificial en sus estudios, y el 54% lo hace al menos semanalmente. Sin embargo, menos del 10% de las instituciones educativas han desarrollado políticas formales sobre el uso de la IA, según una encuesta de la UNESCO.

Para educadores como Martín, el desafío no es si permitir estas tecnologías, sino cómo integrarlas constructivamente. "Les enseño a formular prompts efectivos, a verificar la información que reciben y sobre todo, a entender que la IA es una herramienta de apoyo, no un reemplazo para su propio pensamiento crítico."

Este enfoque representa un cambio fundamental en la dinámica educativa tradicional. Los educadores pasan de ser únicos proveedores de información a guías que ayudan a navegar un ecosistema de recursos donde la IA es un actor cada vez más prominente.

Personalización a escala: El santo grial educativo

Durante siglos los educadores han reconocido que diferentes estudiantes aprenden de distintas maneras y a diversos ritmos. Sin embargo, las limitaciones prácticas de la educación masiva han dificultado ofrecer experiencias verdaderamente personalizadas. La IA promete cambiar esto, permitiendo personalización a una escala previamente imposible.

Un ejemplo de esta transformación es el programa Ceibal de Uruguay, que ha incorporado plataformas adaptativas basadas en inteligencia artificial para personalizar el aprendizaje en su sistema de educación pública. A través de herramientas como ALEKS y la Plataforma Adaptativa de Matemática (PAM), Ceibal permite que cada estudiante recorra rutas de aprendizaje diseñadas de acuerdo con su nivel de conocimiento y ritmo de progreso, facilitando una atención individualizada a gran escala.

Los sistemas adaptativos modernos pueden:

- Identificar lagunas específicas en el conocimiento de cada estudiante.
- Ajustar la dificultad de los ejercicios en tiempo real según el desempeño.
- Presentar conceptos utilizando metáforas o ejemplos relevantes para los intereses particulares del alumno.
- Ofrecer diferentes formatos (texto, video, audio, interactivo) según preferencias individuales.
- Proporcionar apoyo adicional exactamente cuando es necesario.

La verdadera promesa de la inteligencia artificial en educación no radica únicamente en mejorar los resultados académicos, sino en democratizar el acceso a experiencias personalizadas de aprendizaje que, históricamente, solo han estado disponibles para quienes podían pagar tutores privados. Organismos como el Banco Interamericano de Desarrollo han destacado cómo las tecnologías adaptativas, los programas de tutoría virtual y las plataformas de seguimiento individualizado pueden replicar (a gran escala y a bajo costo) los beneficios de una enseñanza uno a uno, ofreciendo así nuevas oportunidades a estudiantes en contextos de vulnerabilidad. Este enfoque no solo reduce brechas, sino que redefine qué entendemos por calidad educativa en el siglo XXI.

Sin embargo, la personalización algorítmica también plantea preguntas importantes:

- ¿Los sistemas pueden realmente adaptarse a la diversidad cultural y lingüística?
- ¿Qué sucede con habilidades sociales cuando el aprendizaje se individualiza?
- ¿Cómo evitar que la personalización refuerce sesgos existentes o cree burbujas educativas?

Expertos advierten que la implementación efectiva requiere complementar la tecnología con interacción humana y experiencias colaborativas, no simplemente automatizar la educación.

Asistentes y amplificadores para educadores

Contrario a los temores iniciales, la IA parece estar emergiendo más como asistente que como reemplazo para educadores. En vez de disminuir su rol, las nuevas herramientas permiten a profesores enfocarse en aspectos más significativos de la enseñanza.

Un día típico para Carmen, maestra en Ciudad de México, ilustra esta transformación: "Antes pasaba horas creando materiales, calificando trabajos y preparando clases personalizadas, tiempo que no podía dedicar a interacciones directas con mis estudiantes. Ahora, mi asistente digital genera la primera versión de materiales que luego adapto, califica aspectos objetivos de evaluaciones y sugiere actividades para diferentes niveles. Esto libera tiempo para lo verdaderamente importante: escuchar a mis alumnos, responder preguntas complejas y ofrecer orientación personalizada."

Las herramientas más utilizadas por educadores incluyen:

- Generadores de material didáctico que crean hojas de trabajo, presentaciones y planes de lecciones adaptables.
- Asistentes de evaluación que analizan trabajos y sugieren retroalimentación, dejando las decisiones finales al profesor.
- Analíticas de aprendizaje que identifican patrones en el desempeño estudiantil.
- Automatización administrativa que simplifica tareas como tomar asistencia o generar reportes.

Estudios recientes encontraron que educadores que han estado usando estas herramientas reportan un aumento del 40% en tiempo disponible para interacción directa con estudiantes, además de significativa reducción en estrés laboral.

Las aplicaciones más efectivas de inteligencia artificial en educación no buscan sustituir el criterio profesional, sino complementarlo. Operan como asistentes que ofrecen recomendaciones, mientras que las decisiones clave continúan estando en manos del docente.

Este enfoque colaborativo reconoce que la enseñanza efectiva combina aspectos técnicos (transmisión de información, evaluación objetiva) con dimensiones profundamente humanas (motivación, conexión emocional, guía ética) donde la IA complementa pero no sustituye la presencia humana.

Nuevas habilidades, nuevos alfabetismos

A medida que la IA transforma el panorama educativo, también está redefiniendo qué habilidades y conocimientos son esenciales para estudiantes del siglo XXI.

A medida que las tecnologías emergentes automatizan muchas tareas cognitivas rutinarias y el acceso a la información se vuelve prácticamente instantáneo, el propósito mismo de la educación entra en revisión. Ya no basta con transmitir datos o formar para tareas repetitivas. Lo que está en juego es preparar a las nuevas generaciones para un mundo donde el valor estará en habilidades como el pensamiento crítico, la resolución creativa de problemas y la adaptabilidad. Diversos informes internacionales, incluido el Foro Económico Mundial, coinciden en que este escenario exige repensar profundamente no solo qué enseñamos, sino también cómo lo hacemos.

Educadores progresistas están adaptando currículos para enfatizar capacidades menos susceptibles a la automatización:

- Pensamiento crítico: Evaluación de fuentes, detección de sesgos, verificación de información.
- Creatividad aplicada: Resolución de problemas novedosos, pensamiento divergente.
- Inteligencia colaborativa: Trabajo efectivo con otros humanos y sistemas de IA.
- Alfabetización en IA: Comprensión básica de cómo funcionan los algoritmos, sus limitaciones y riesgos.
- Metacognición: Autoconocimiento sobre procesos de aprendizaje personales.

El Instituto Nacional de Tecnologías Educativas y de Formación del Profesorado (INTEF) de España ha desarrollado un marco de "competencias digitales ampliadas" que incluye la evaluación ética, la seguridad y el pensamiento crítico frente a tecnologías emergentes como habilidad fundamental.

Aunque es imposible anticipar con precisión qué tecnologías utilizarán los estudiantes en el futuro, sí es posible prepararlos para adaptarse a distintos entornos, evaluar críticamente las herramientas que encuentren y preservar su capacidad de pensamiento autónomo.

Este enfoque reconoce que en un mundo donde la IA puede generar ensayos o resolver ecuaciones, el valor educativo se desplaza de la memorización y procedimientos hacia la comprensión profunda, el juicio crítico y la aplicación creativa del conocimiento.

Brechas digitales y nuevas desigualdades

Mientras las instituciones educativas privilegiadas adoptan sofisticadas soluciones de IA, surge una preocupación legítima: ¿estas tecnologías reducirán o amplificarán desigualdades educativas existentes?

La evidencia inicial muestra un panorama mixto. El potencial democratizador es real: aplicaciones como Khan Academy con tutoriales adaptados por IA ofrecen recursos de alta calidad gratuitamente a cualquiera con conexión a internet. En zonas rurales de India, estudiantes sin acceso a maestros especializados ahora reciben instrucción personalizada a través de plataformas optimizadas para funcionar con conectividad limitada. Sin embargo, también emergen nuevas brechas:

- Acceso a hardware adecuado: Muchas aplicaciones educativas de IA requieren dispositivos relativamente modernos.
- Conectividad confiable: La personalización efectiva frecuentemente necesita conexión constante para ajustar contenidos en tiempo real.
- Alfabetización digital: Estudiantes y educadores necesitan habilidades para aprovechar plenamente estas herramientas.
- Representación en datos de entrenamiento: Sistemas entrenados principalmente con materiales de ciertas regiones o idiomas pueden servir inadecuadamente a estudiantes de contextos subrepresentados.

Diversos organismos internacionales han advertido que, sin una intervención deliberada y políticas públicas orientadas a la equidad, las tecnologías educativas basadas en inteligencia artificial corren el riesgo de convertirse en amplificadores de privilegio. En lugar de cerrar brechas, podrían beneficiar de forma desproporcionada a estudiantes que ya cuentan con acceso a conectividad estable, alfabetización digital y entornos de apoyo. El desafío, entonces, no es solo expandir el uso de estas tecnologías, sino asegurarse de que su implementación contribuya a reducir desigualdades estructurales y no a profundizarlas.

El desarrollo de tecnología educativa no debe centrarse únicamente en su avance técnico, sino que requiere una planificación intencional desde el inicio que priorice la inclusión y la equidad.

El desafío de la evaluación: Repensar qué y cómo medimos

Quizás ningún aspecto de la educación enfrenta una disrupción tan fundamental como la evaluación. Cuando herramientas de IA pueden generar ensayos, resolver problemas matemáticos o crear proyectos creativos, los métodos tradicionales de evaluación se vuelven cuestionables.

"Si un estudiante puede generar un ensayo perfecto con ChatGPT, ¿qué estamos realmente evaluando?", pregunta Diana, coordinadora académica en una universidad de Buenos Aires. "Necesitamos reconsiderar no solo cómo evaluamos, sino qué consideramos valioso medir." Educadores innovadores están desarrollando nuevos enfoques:

- Evaluaciones supervisadas: Exámenes realizados en entornos controlados donde el uso de IA puede ser monitoreado.
- Evaluación de proceso: Valorar el desarrollo de ideas y borradores, no solo el producto final.
- Tareas de explicación verbal: Pedir a estudiantes que expliquen verbalmente su razonamiento en tiempo real.
- Proyectos colaborativos complejos: Asignaciones que requieren habilidades interpersonales y creatividad aplicada difíciles de automatizar.
- Metacognición y autoevaluación: Reflexión estructurada sobre el proceso de aprendizaje personal.

Instituciones como el MIT Teaching Systems Lab están explorando cómo la inteligencia artificial puede integrarse de forma responsable en el diseño de evaluaciones. En lugar de prohibir el uso de estas herramientas, algunos enfoques emergentes proponen permitir o incluso requerir su uso, con el objetivo de evaluar no si los estudiantes pueden replicar tareas mecánicas, sino cómo utilizan la IA para enfrentar problemas complejos, tomar decisiones fundamentadas y aplicar pensamiento crítico.

Esta transformación no es simplemente técnica sino filosófica, cuestionando suposiciones fundamentales sobre qué constituye conocimiento valioso en una era donde la información factual es instantáneamente accesible.

Ética y valores: El núcleo humano de la educación

Mientras aspectos técnicos de la educación se transforman, educadores están reafirmando la centralidad de dimensiones humanas que trascienden la tecnología: formación ética, desarrollo de valores y crecimiento socioemocional.

La educación nunca ha sido únicamente un proceso de transmisión de información. En su esencia más profunda, educar es acompañar la formación de personas íntegras, ciudadanos responsables y seres humanos empáticos. Por más sofisticadas que sean las herramientas tecnológicas (incluidas las basadas en inteligencia artificial) ninguna puede reemplazar esta dimensión fundamental.

Esta perspectiva resuena globalmente, con educadores reconociendo que mientras la IA puede asistir en la entrega de contenido, el núcleo transformador de la educación sigue siendo profundamente humano:

- El modelado de valores a través de ejemplos personales.
- Conversaciones sutiles sobre dilemas éticos que no tienen respuestas algorítmicas.
- Creación de comunidades de aprendizaje donde estudiantes desarrollan identidad y pertenencia.
- Orientación personalizada que considera el contexto único de cada alumno.

Este enfoque no rechaza la tecnología sino que la sitúa como herramienta al servicio de propósitos educativos más amplios, manteniendo la autonomía humana en definir qué tipo de personas y sociedad queremos cultivar.

El camino adelante: Navegando incertidumbre con principios claros

La transformación de la educación por IA apenas comienza. Nadie puede predecir exactamente cómo evolucionarán estas tecnologías o su impacto completo en cómo enseñamos y aprendemos. Sin embargo, ciertos principios emergen como brújulas para navegar esta incertidumbre:

- Centrar al estudiante, no la tecnología: El enfoque debe estar en mejorar experiencias de aprendizaje significativas, no en implementar tecnología por sí misma. La inteligencia artificial debe entenderse como una herramienta al servicio de la educación, no como el objetivo central del proceso.

- Complementar, no reemplazar: Los mejores usos de IA educativa amplifican capacidades humanas: liberan a educadores de tareas rutinarias, ofrecen apoyo personalizado a estudiantes y crean espacios para interacciones más significativas.

- Diseñar para equidad e inclusión: La evaluación de la tecnología educativa no debe limitarse a su impacto en los promedios generales, sino también considerar en qué medida logra beneficiar a los estudiantes más vulnerables y contribuir a cerrar las brechas existentes en el aprendizaje.

- Mantener transparencia y agencia: Estudiantes, educadores y padres merecen entender cómo funcionan los sistemas de IA que influyen en el aprendizaje, con capacidad real para cuestionar y modificar estos sistemas.

- Evolucionar con evidencia: Las implementaciones deben ser guiadas por investigación rigurosa sobre efectividad real, no solo por promesas tecnológicas o modas pasajeras.

La historia de la tecnología educativa está llena de ciclos de entusiasmo excesivo seguidos por desilusión cuando las herramientas no cumplen expectativas infladas. Con la IA, el desafío no es simplemente evitar estos extremos, sino reconocer una verdad fundamental: la tecnología más poderosa es aquella que amplifica lo mejor de la humanidad, no la que intenta reemplazarla.

Existe una paradoja fascinante: cuanto más automatizamos los aspectos técnicos de la educación, más esenciales se vuelven las cualidades únicamente humanas. La empatía, el juicio ético, la mentoría personalizada y la capacidad de inspirar no son residuos del pasado educativo, sino pilares que adquieren aún más valor en un entorno donde las máquinas pueden replicar procedimientos, pero no vínculos. En esta nueva era, lo humano no desaparece: se vuelve imprescindible.

Las instituciones y sistemas educativos que prosperarán en esta nueva era serán aquellos que encuentren el equilibrio adecuado, utilizando IA para liberar tiempo y recursos que pueden reinvertirse en las dimensiones humanas irreemplazables del aprendizaje.

La tecnología está en constante evolución, pero lo que realmente perdura es la conexión humana y esos momentos de descubrimiento que surgen cuando un estudiante finalmente comprende un concepto difícil. El desafío es aprovechar las herramientas tecnológicas para facilitar y fomentar más de esos momentos significativos, no disminuirlos.

La IA está transformando profundamente cómo enseñamos y aprendemos. Pero el propósito fundamental de la educación, cultivar seres humanos completos, preparados para contribuir a sus comunidades y adaptarse a un futuro incierto, permanece constante. La verdadera innovación educativa consiste en aprovechar lo mejor de la tecnología mientras preservamos y profundizamos lo mejor de nuestra humanidad.

Notas sobre fuentes:

Este capítulo integra investigación contemporánea sobre IA en educación:

- UNESCO (2024). *AI in Education: Opportunities and Challenges for Sustainable Development.*
- Foro Económico Mundial (2023). *Future of Education Report: AI and New Learning Models.*
- OECD (2023). *Artificial Intelligence in Education: Bridging Innovation and Equity.*
- Banco Interamericano de Desarrollo (2024). *Personalización del aprendizaje mediante IA en América Latina.*
- Harvard Graduate School of Education (2023). *Adaptive Learning Platforms: Impact Assessment.*
- Stanford University Learning Analytics Research (2022-2024). *Studies on algorithmic personalization in educational contexts.*
- MIT Teaching Systems Lab (2023). *Teacher-AI collaboration models and outcomes.*
- CEPAL (2024). *Transformación digital de la educación en América Latina.*
- Casos documentados en instituciones educativas de España, México, Brasil y Colombia.
- Instituto Nacional de Tecnología Educativa de España (2023). *Marco de competencias digitales ampliadas.*
- University of Pennsylvania Learning Sciences (2023). *Assessment in the age of AI.*
- Universidad Nacional Autónoma de México (2024). *Experimenting with AI-integrated evaluation.*
- CEPAL (2023). *Digital divides in education: AI as equalizer or amplifier.*
- UNESCO (2023). *Ethics guidelines for AI in education.*
- Iniciativa "IA para Todos" en México (2023-2024). *Reports on inclusive educational technology.*

CAPÍTULO 14: IA Y EL FUTURO DEL EMPLEO

Hace apenas tres décadas, profesiones como "gestor de redes sociales", "desarrollador de aplicaciones móviles" o "científico de datos" no existían. Hoy emplean a millones de personas globalmente. Esta transformación subraya una verdad fundamental sobre la relación entre tecnología y trabajo: la innovación no solo elimina empleos, también crea nuevos roles, a menudo inimaginables antes de su aparición.

La inteligencia artificial representa quizás la mayor revolución tecnológica desde internet, con implicaciones aún más profundas para el futuro del trabajo. En fábricas, oficinas, hospitales y escuelas, la automatización inteligente está redefiniendo qué trabajos hacemos, cómo los realizamos y las habilidades que necesitamos para prosperar.

Este capítulo explora cómo la IA está transformando el panorama laboral: qué empleos están en riesgo, qué nuevas oportunidades emergen y cómo podemos prepararnos (individual y colectivamente) para un futuro donde humanos y máquinas trabajarán juntos de maneras radicalmente nuevas.

Automatización cognitiva: La nueva frontera

Históricamente, la automatización se concentraba en tareas físicas repetitivas: robots ensamblando autos, máquinas empaquetando productos. La IA está expandiendo esta frontera hacia el dominio cognitivo: tareas mentales que antes requerían juicio humano.

La transformación actual radica en que no solo se automatizan tareas, sino también decisiones. Algoritmos están asumiendo funciones que antes eran propias del juicio humano, como diagnosticar enfermedades, seleccionar personal, aprobar créditos, redactar documentos legales o diseñar productos. Esta automatización cognitiva tiene características distintivas:

Capacidades en rápida evolución

A diferencia de la maquinaria tradicional con capacidades fijas, los sistemas de IA mejoran exponencialmente con más datos y potencia computacional. Lo que era imposible hace cinco años es rutinario hoy, lo que desafía proyecciones sobre qué empleos son "automatizables".

Un modelo de lenguaje en 2018 apenas podía generar textos coherentes: hoy los modelos avanzados redactan documentos legales, crean código funcional y escriben artículos indistinguibles de trabajo humano. Esta aceleración dificulta predecir qué habilidades seguirán siendo exclusivamente humanas.

Automatización parcial y colaboración

Más que reemplazar empleos completos, la IA tiende a automatizar tareas específicas dentro de ocupaciones, transformando roles en lugar de eliminarlos completamente.

Aunque la automatización impulsada por inteligencia artificial avanza rápidamente, su impacto no será uniforme ni total. Las investigaciones más recientes indican que una proporción significativa de las tareas actuales (alrededor de una cuarta parte) tiene alto potencial de ser automatizada en los próximos años. Sin embargo, eso no significa que los empleos desaparecerán en masa: la gran mayoría de ocupaciones combina funciones automatizables con otras que requieren juicio, interacción humana o creatividad, lo que hace improbable su reemplazo total. El desafío no es solo tecnológico, sino de rediseño del trabajo, capacitación continua y redefinición del valor humano en contextos cada vez más híbridos.

Esta colaboración humano-IA, donde cada parte contribuye sus fortalezas complementarias, está emergiendo como el modelo dominante en muchas profesiones.

Amplificación de productividad

En algunos sectores, la IA funciona principalmente como amplificador de capacidades humanas, permitiendo que un individuo logre lo que antes requería equipos enteros.

Diseñadores gráficos utilizan herramientas generativas para crear docenas de conceptos en minutos. Programadores con asistentes de IA completan en horas proyectos que antes tomaban semanas. Escritores técnicos emplean herramientas de IA para producir manuales en múltiples idiomas simultáneamente.

"No estoy haciendo menos trabajo", comenta Daniel, desarrollador de software en Montevideo. "Estoy haciendo trabajo diferente, a mayor escala y con mayor impacto. La IA maneja código rutinario mientras yo puedo concentrarme en arquitectura, optimización y experiencia de usuario."

Transformación sectorial: Ganadores y perdedores

El impacto de la IA varía dramáticamente entre industrias y ocupaciones. Algunos sectores están experimentando disrupciones profundas, mientras otros ven principalmente beneficios complementarios.

Sectores con alta exposición

Servicios administrativos y atención al cliente: La automatización de procesos cognitivos rutinarios está transformando rápidamente estos sectores. Chatbots avanzados manejan consultas cada vez más complejas, mientras sistemas de IA procesan documentación, gestionan agendas y automatización comunicaciones.

Un estudio de McKinsey estima que aproximadamente 30-40% de tareas administrativas actuales serán automatizadas para 2030, con implicaciones significativas para millones de trabajadores globalmente.

Servicios financieros: Algoritmos ya dominan trading, evaluación de riesgos y detección de fraudes. La próxima ola de IA está transformando asesoría financiera, análisis de inversiones y servicios personalizados.

Los trabajos centrados únicamente en transacciones están siendo reemplazados, pero al mismo tiempo surgen nuevos perfiles laborales relacionados con la ética de los algoritmos, la supervisión de sistemas de IA y la asesoría financiera con enfoque humano, áreas donde la intervención humana sigue siendo insustituible.

Comercio minorista: La personalización basada en IA, logística automatizada y experiencias de compra sin fricción están reconfigurando empleos minoristas. Cajeros tradicionales disminuyen mientras aumentan roles como asesores de experiencia cliente y gestores de comunidades digitales.

Amazon Go y tiendas similares sin cajeros representan la vanguardia de esta tendencia, eliminando completamente el checkout tradicional mientras crean nuevas posiciones en monitoreo de sistemas y experiencia de cliente.

Sectores con transformación complementaria

Salud: La IA está potenciando diagnóstico, medicina personalizada y gestión administrativa, pero la complejidad del cuidado humano limita la automatización completa.

Algunos informes y estimaciones proyectan que la IA podría asumir aproximadamente 25% de tareas realizadas por profesionales sanitarios, pero simultáneamente amplificaría su capacidad para atender más pacientes con mejor calidad, potencialmente aumentando la demanda total de personal.

En el contexto de la transformación digital sanitaria, cada vez más expertos coinciden en que la verdadera promesa de la inteligencia artificial no está en reemplazar al personal de salud, sino en liberar su tiempo. Al automatizar tareas rutinarias como el registro de datos, el análisis de imágenes o la priorización de casos, la IA permite que médicos, enfermeras y técnicos puedan concentrarse en lo que ninguna máquina puede hacer: brindar empatía, interpretar el contexto clínico y abordar situaciones complejas con criterio humano.

Educación: Plataformas adaptativas, asistentes de enseñanza virtuales y herramientas de evaluación automatizada están reconfigurando el rol docente, pero mantienen al educador humano en el centro.

Según un estudio de la Universidad Nacional Autónoma de México, el uso de tecnología en educación está asumiendo tareas mecánicas como la calificación básica, la creación de materiales y la gestión administrativa, lo que permite a los docentes centrarse más en motivar, acompañar y orientar a sus estudiantes.

Investigación científica: Herramientas de IA están acelerando descubrimientos en campos desde farmacología hasta física, amplificando capacidades de investigadores humanos en lugar de reemplazarlos.

AlphaFold de DeepMind revolucionó predicción de estructuras proteicas, resolviendo en horas problemas que antes tomaban años. Sin embargo, científicos humanos siguen siendo esenciales para formular preguntas significativas, interpretar resultados y conectar hallazgos con necesidades reales.

La paradoja de la productividad y distribución

La automatización inteligente promete aumentos dramáticos en productividad. Algoritmos pueden procesar documentos 24/7, sistemas de diagnóstico analizar miles de casos simultáneamente y asistentes virtuales atender múltiples consultas en paralelo.

Sin embargo, esta promesa plantea una pregunta fundamental: ¿cómo se distribuirán los beneficios de esta productividad ampliada?

La tecnología puede generar abundancia, pero eso no garantiza que sus beneficios se repartan de manera equitativa. Sin mecanismos deliberados para distribuir las ganancias de productividad, la automatización tiende a concentrar la riqueza y desplazar a quienes dependen de empleos vulnerables.

Esta dinámica ya está visible en tendencias recientes:

- La participación del trabajo en ingresos nacionales ha disminuido en la mayoría de economías desarrolladas.
- El empleo crece principalmente en extremos superior e inferior del espectro salarial, con contracción en empleos de clase media.
- La distancia entre compensación a trabajadores y productividad continúa ampliándose.

A lo largo de la historia, cada gran ola de automatización ha venido acompañada por el surgimiento de nuevos tipos de empleo. Pero, como advierte la Organización Internacional del Trabajo, la pregunta clave ya no es si habrá suficiente trabajo, sino en qué condiciones se desarrollará ese trabajo. El verdadero desafío no es únicamente cuantitativo, sino cualitativo: ¿estos nuevos empleos ofrecerán condiciones dignas, estabilidad, compensación justa y sentido personal? ¿O reproducirán formas de precariedad en entornos altamente digitalizados?

Esta tensión subraya la importancia de políticas que aseguren que los beneficios de la IA se distribuyan ampliamente: educación accesible para trabajadores desplazados, sistemas robustos de protección social y posiblemente nuevos mecanismos para compartir ganancias de productividad más allá de modelos tradicionales de compensación laboral.

Desigualdad y acceso: El riesgo de dos velocidades

La transición hacia una economía impulsada por IA plantea riesgos significativos de exacerbar desigualdades existentes. Diferentes grupos enfrentan vulnerabilidades distintas:

Brechas geográficas

Regiones con infraestructura digital limitada, menos inversión en educación avanzada o economías dependientes de empleos altamente automatizables podrían quedarse atrás.

A medida que las tecnologías avanzadas, como la inteligencia artificial, se desarrollan e implementan principalmente en países del Norte Global, crece el riesgo de una nueva forma de dependencia estructural: lo que algunos analistas ya denominan "colonialismo digital". En este modelo, las naciones desarrolladas diseñan, controlan y monetizan los sistemas inteligentes, mientras que los países en desarrollo se limitan a usarlos o absorber sus impactos, sin participar significativamente en su creación ni capturar sus beneficios económicos. Esta brecha no es solo tecnológica: es también geopolítica, cultural y económica. Si América Latina no invierte en capacidades locales, soberanía digital y marcos regulatorios propios, corre el riesgo de convertirse en consumidora pasiva de decisiones automatizadas diseñadas desde otras realidades.

Dimensiones socioeconómicas

Trabajadores con menor educación formal, habilidades digitales limitadas o en sectores vulnerables a la automatización enfrentan desafíos particulares. Sin intervenciones específicas, la automatización podría amplificar desigualdades de ingresos existentes.

La automatización basada en inteligencia artificial no impacta a todos por igual. Diversos análisis internacionales, incluido el Banco Mundial, advierten que los empleos más vulnerables a ser reemplazados por algoritmos suelen ser aquellos con bajos requisitos de educación formal, como tareas administrativas básicas, manufactura ligera o servicios repetitivos. Esta realidad plantea un riesgo estructural: los trabajos que históricamente han servido como puerta de entrada al progreso económico para millones de personas podrían desaparecer o transformarse radicalmente. En ausencia de estrategias claras de reconversión y formación, existe el peligro de que se cierren rutas tradicionales de movilidad social, profundizando desigualdades existentes y dejando atrás a quienes más necesitan oportunidades.

Barreras de recualificación

La transición hacia nuevos roles requiere recualificación significativa. Sin embargo, oportunidades de aprendizaje de alta calidad siguen distribuidas desigualmente.

No todos cuentan con el tiempo, los recursos o el apoyo necesario para aprender nuevas habilidades. Factores como la falta de dinero, responsabilidades familiares y poco acceso a la tecnología, hacen que estas personas sean más vulnerables frente a la automatización y dificultan su adaptación laboral.

Iniciativas prometedoras

Frente a estos desafíos, emergen respuestas innovadoras:

- Programas de transición laboral: Países como Dinamarca y Singapur implementan sistemas robustos que combinan seguridad económica con oportunidades intensivas de recualificación.

- Educación modular y microcredenciales: Alternativas a educación tradicional que permiten adquisición gradual de habilidades específicas mientras se mantiene empleo.

- Modelos cooperativos tecnológicos: Iniciativas donde beneficios de automatización son compartidos entre trabajadores, no solo capturados por propietarios de capital.

Según la OIT, el impacto de la tecnología no es inevitable ni neutral, sino que está profundamente influenciado por las decisiones sociales y políticas que determinan su aplicación y la forma en que se distribuyen sus beneficios.

Más allá de la eficiencia: Trabajo con propósito

La discusión sobre IA y empleo frecuentemente se centra en eficiencia y productividad. Sin embargo, el trabajo tiene dimensiones más profundas: proporciona identidad, propósito, conexión social y sentido de contribución.

Si reducimos la conversación a cuántos empleos serán automatizados, corremos el riesgo de perder de vista cuestiones más profundas: ¿qué tipo de trabajo queremos que realicen los humanos? ¿Y qué significa, realmente, tener una buena vida laboral en la era de la automatización?

Esta dimensión se vuelve especialmente relevante considerando que la IA tiende a automatizar primero tareas rutinarias, potencialmente liberando capacidad humana para trabajo más creativo, relacionado con cuidados o socialmente conectado.

La verdadera promesa de la tecnología no es simplemente eliminar trabajo, sino transformarlo. Estamos ante la posibilidad de una era en la que más personas puedan dedicarse a tareas profundamente humanas (como enseñar, cuidar, crear y fortalecer comunidades) mientras las máquinas se encargan de las labores repetitivas y mecánicas.

Esta perspectiva sugiere que la automatización podría, paradójicamente, humanizar el trabajo si implementamos estas tecnologías con intención y valores claros. Algunas organizaciones ya están explorando este enfoque:

- Hospitales implementando IA para reducir papeleo clínico, permitiendo que personal sanitario dedique más tiempo a interacción directa con pacientes.
- Empresas de servicios utilizando automatización para eliminar tareas administrativas tediosas, reorientando empleados hacia resolución creativa de problemas.
- Instituciones educativas empleando asistentes virtuales para tareas rutinarias, liberando educadores para mentoría personalizada.

Más que preocuparnos por si los robots reemplazarán nuestros empleos, el foco debería estar en cómo evolucionan los roles humanos en un entorno donde muchas tareas pueden ser automatizadas.

Preparándonos para la transición: Estrategias para individuos

Frente a esta transformación, ¿cómo pueden individuos posicionarse efectivamente?

Cultivar habilidades complementarias a IA

Las capacidades menos susceptibles a automatización en el futuro previsible incluyen:

- Inteligencia social y emocional: Empatía, comunicación persuasiva, negociación, liderazgo.
- Pensamiento sistémico y crítico: Evaluación contextual, juicio ético, resolución de problemas complejos.
- Creatividad aplicada: Innovación adaptada a necesidades humanas concretas.
- Destreza física avanzada: Motricidad fina combinada con juicio situacional.

Un estudio de LinkedIn sobre empleos emergentes encontró que roles que combinan experticia técnica con habilidades interpersonales fuertes son los que muestran mayor crecimiento y resistencia a automatización.

Desarrollar alfabetización en IA

Comprender fundamentos de cómo funcionan los sistemas inteligentes se está volviendo esencial en prácticamente todas las industrias.

No todos tendrán que convertirse en programadores de inteligencia artificial, pero cada vez será más necesario que los profesionales, sin importar su área, comprendan lo suficiente estas tecnologías como para trabajar con ellas, identificar sus límites y mantener una mirada crítica sobre sus resultados.

En los últimos años han surgido múltiples plataformas que ofrecen introducciones accesibles a la inteligencia artificial, especialmente diseñadas para personas sin formación técnica. Iniciativas como Elements of AI (Universidad de Helsinki y MinnaLearn) o AI for Everyone (DeepLearning.AI) reflejan esta tendencia de democratizar el conocimiento sobre IA y facilitar su comprensión a un público amplio.

Adoptar aprendizaje continuo

La velocidad de cambio tecnológico hace que el modelo educativo tradicional (formación intensiva seguida por carrera estable) sea cada vez menos viable.

"La metáfora de 'escala de carrera' está siendo reemplazada por la de 'escalera de aprendizaje'", señala un estudio del BID. "El éxito profesional dependerá de capacidad para adquirir continuamente nuevas habilidades, combinando educación formal con autoaprendizaje y desarrollo en el trabajo."

Cultivar adaptabilidad y resiliencia

Más allá de habilidades específicas, la capacidad para navegar cambios constantes está emergiendo como competencia fundamental.

Un estudio longitudinal de la Universidad de Stanford siguió a profesionales que prosperaron durante transiciones tecnológicas previas, identificando factores comunes: mentalidad de crecimiento, disposición para experimentar con nuevos enfoques y redes profesionales diversas que facilitan movimiento entre roles y sectores.

Más allá de lo individual: Respuestas sistémicas

Mientras la responsabilidad individual es importante, muchos desafíos requieren respuestas colectivas y sistémicas:

Reimaginar educación y formación

Los sistemas educativos diseñados para era industrial necesitan transformación fundamental para preparar personas para colaboración con IA:

- Modelos híbridos que combinan formación tradicional con aprendizaje "just-in-time".
- Mayor énfasis en metacognición (aprender a aprender) y pensamiento crítico.
- Integración de alfabetización tecnológica en todos los campos.
- Sistemas flexibles que facilitan movimiento entre educación y trabajo a lo largo de la vida.

Redes de seguridad para transición

La velocidad de automatización podría superar la capacidad de muchos trabajadores para adaptarse sin apoyo significativo. Sistemas de protección social robustos son cruciales para transición justa:

- Seguros de desempleo adaptados a naturaleza cambiante del trabajo.
- Programas de recualificación accesibles y efectivos.
- Consideración de políticas como ingreso básico o dividendos tecnológicos.
- Apoyo específico para comunidades particularmente impactadas por automatización.

Gobernanza y regulación tecnológica

El desarrollo e implementación de IA necesita dirección deliberada que priorice bienestar humano:

- Estándares para transparencia algorítmica y explicabilidad en decisiones laborales.
- Protecciones contra vigilancia excesiva y gestión algorítmica deshumanizante.
- Incentivos para tecnologías que complementan trabajo humano versus simplemente reemplazarlo.
- Participación de trabajadores en decisiones sobre implementación tecnológica.

Nuevos modelos económicos

Podríamos necesitar reconsiderar fundamentos de cómo organizamos trabajo y distribución de recursos:

- Exploración de semanas laborales reducidas a medida que productividad aumenta.
- Modelos cooperativos donde beneficios de automatización se comparten más ampliamente.
- Valoración formal de trabajo no remunerado (cuidados, voluntariado, crianza).
- Desvinculación parcial entre trabajo remunerado y acceso a necesidades básicas.

Coescribiendo el futuro del trabajo

La historia de innovación tecnológica demuestra que el futuro no está predeterminado. Las mismas tecnologías pueden implementarse de maneras que amplían o reducen desigualdades, que enriquecen o empobrecen experiencia laboral, que empoderan o marginan.

La afirmación de que "la tecnología establece posibilidades, pero las sociedades determinan resultados" refleja las conclusiones del informe The Work of the Future: Building Better Jobs in an Age of Intelligent Machines del MIT. Este informe enfatiza que el impacto de la inteligencia artificial no es inevitable, sino que dependerá de las decisiones colectivas que tomemos sobre su diseño, implementación, regulación y adaptación. El informe destaca que, aunque las tecnologías emergentes presentan diversas posibilidades, son las elecciones sociales y políticas las que moldearán cómo estas herramientas afectarán al mercado laboral y a la sociedad en general.

Esta perspectiva sugiere que debemos vernos no como pasivos observadores de disrupción tecnológica inevitable, sino como activos coautores del futuro laboral que queremos crear.

La IA ciertamente transformará dramáticamente el panorama laboral en próximas décadas. Algunos empleos desaparecerán, muchos más se transformarán y nuevos roles emergerán. La verdadera pregunta no es si esto sucederá, sino cómo navegaremos esta transición, quién se beneficiará, quién soportará costos y qué tipo de sociedad construiremos con estas poderosas herramientas.

Toda transformación tecnológica trae consigo tensiones y promesas. No se trata solo de adaptarse al cambio, sino de decidir cómo queremos vivirlo. Lo que realmente distingue a las sociedades no es si enfrentan disrupciones, sino con qué valores y visión lo hacen. La inteligencia artificial no escapa a esta regla: su impacto dependerá del compromiso que asumamos con el bienestar humano compartido.

El futuro del trabajo en la era de la inteligencia artificial no está escrito. No es un destino inevitable trazado por algoritmos, sino un escenario en construcción. Será, en última instancia, aquello que colectivamente decidamos crear: desde las leyes que impulsemos hasta la educación que ofrezcamos, desde las tecnologías que prioricemos hasta los valores que elijamos preservar. La IA no reemplaza nuestro rol en la historia; lo redefine. Y ese futuro —humano, justo y sostenible— dependerá de nuestra capacidad para imaginarlo y construirlo juntos."

Notas sobre fuentes:

Este capítulo integra investigación contemporánea sobre IA y el futuro del trabajo:

- MIT Future of Work (2024). *Beyond Physical Automation: The Cognitive Revolution.*
- McKinsey Global Institute (2023). *Jobs Lost, Jobs Gained: Workforce Transitions in a Time of Automation.*
- Stanford Digital Economy Lab (2023). *Task-level exposure to automation across occupations.*
- Organización Internacional del Trabajo (2023). *The impact of artificial intelligence on labour markets.*
- Banco Mundial (2024). *Technology, Jobs and Inequality: Navigating the Future of Work.*
- CEPAL (2023). *Impactos distributivos de la automatización en América Latina.*
- Foro Económico Mundial (2024). *Future of Jobs Report: Skills for the AI Era.*
- LinkedIn Economic Graph Research (2023). *Emerging Jobs Report: Skills and Roles in the AI Economy.*
- UNESCO (2023). *AI Literacy Framework: Core competencies for the digital age.*
- MIT Technology Review (2023). *Beyond Efficiency: Reimagining Work in the Age of AI.*
- Universidad de Los Andes (2024). *Trabajo con propósito en la era de la automatización.*
- Stanford Center for Human-Centered AI (2023). *The Human Element: Work and Meaning in an Automated Future.*
- BID (2024). *Transitioning to AI-Enhanced Economies in Latin America.*
- OECD (2023). *AI, Employment and Skills Policies: Preparing for transformation.*
- Fundación Mozilla (2023). *Responsible AI & Future of Work Initiative.*

CAPÍTULO 15: IA, ÉTICA Y REGULACIÓN

En 2016, un algoritmo utilizado en cortes estadounidenses para evaluar riesgo de reincidencia criminal fue analizado por ProPublica. La investigación reveló que el sistema clasificaba erróneamente a acusados negros como "alto riesgo" casi el doble de veces que a acusados blancos. El software no contenía reglas explícitamente racistas; simplemente había aprendido de datos históricos que reflejaban décadas de sesgos sistémicos en el sistema judicial.

Este caso ilustra un desafío fundamental de la inteligencia artificial: los algoritmos no crean valores ni principios éticos, reflejan y amplifican los nuestros, para bien y para mal.

A medida que la IA se integra en decisiones cada vez más consecuentes; desde oportunidades económicas hasta diagnósticos médicos, desde contratación laboral hasta vigilancia pública; surge una pregunta esencial: ¿cómo aseguramos que estas tecnologías beneficien a la humanidad sin exacerbar discriminación, erosionar autonomía o crear nuevos riesgos?

Este capítulo explora la intersección crítica entre inteligencia artificial, ética y regulación. Examinaremos los dilemas éticos más apremiantes que plantean los sistemas de IA, los enfoques emergentes para abordarlos y los esfuerzos globales para establecer marcos regulatorios que promuevan innovación responsable.

Dilemas fundamentales: Más allá de robots asesinos

Las preocupaciones populares sobre IA a menudo evocan escenarios apocalípticos de ciencia ficción. Sin embargo, los dilemas éticos reales y actuales son más sutiles y fundamentales:

Sesgo y discriminación algorítmica

Los sistemas de IA aprenden de datos históricos y cuando estos datos contienen patrones de discriminación, los algoritmos no solo aprenden a predecir sino a perpetuar estos sesgos.

El problema va más allá de ejemplos obvios como el citado al inicio. Sistemas de contratación han penalizado candidatas femeninas basándose en patrones históricos de contratación predominantemente masculina. Algoritmos de asignación de recursos médicos han destinado menos atención a pacientes de minorías. Motores de búsqueda han reforzado estereotipos raciales y de género.

El sesgo algorítmico no es solo una falla técnica, sino una manifestación de desigualdades sociales preexistentes. Al traducirse en sistemas automatizados, estos sesgos pueden volverse más difíciles de detectar y cuestionar, precisamente porque se presentan bajo una apariencia de neutralidad matemática.

La complejidad aumenta porque eliminar variables protegidas como raza o género no resuelve el problema, los algoritmos encuentran correlaciones indirectas (códigos postales, patrones lingüísticos, historiales educativos) que efectivamente actúan como aproximaciones para estas características.

Transparencia y explicabilidad

Muchos sistemas de IA avanzados, particularmente aquellos basados en aprendizaje profundo, funcionan como "cajas negras"; incluso sus creadores no pueden explicar precisamente cómo llegan a decisiones específicas.

Esta opacidad plantea dilemas fundamentales:

- ¿Cómo puede alguien cuestionar una decisión algorítmica si no comprende cómo se produjo?
- ¿Cómo pueden reguladores o auditores verificar que sistemas cumplen con estándares éticos o legales?
- ¿Cómo pueden desarrolladores identificar y corregir problemas en sistemas que no entienden completamente?

Un caso emblemático fue el sistema COMPAS (Correctional Offender Management Profiling for Alternative Sanctions) en el caso State vs Loomis en 2013, cuyo algoritmo propietario influenciaba decisiones judiciales sobre libertad condicional sin explicación transparente de sus métodos o variables consideradas. Cuando los acusados intentaron cuestionar sus evaluaciones, se encontraron luchando contra una caja negra protegida como secreto comercial.

La explicabilidad no es meramente una cuestión técnica, es fundamental para derechos básicos como el debido proceso, consentimiento informado y rendición de cuentas.

Privacidad e integridad de datos

La IA avanzada requiere cantidades masivas de datos para funcionar efectivamente. Esta realidad crea tensiones inherentes con principios de privacidad y autodeterminación informativa.

Los sistemas de inteligencia artificial actuales requieren enormes volúmenes de datos para entrenar y operar con eficacia. Esta demanda masiva entra en tensión con uno de los principios fundamentales de la privacidad moderna: la minimización de datos. A medida que la IA se expande, la contradicción entre estas dos lógicas, la del aprendizaje automático y la de la protección de datos personales, se vuelve cada vez más evidente.

Esta tensión se manifiesta en múltiples ámbitos:

- Reconocimiento facial en espacios públicos que captura información biométrica sin consentimiento explícito.
- Asistentes virtuales que graban conversaciones privadas para mejorar sus modelos.
- Sistemas de salud que utilizan historiales médicos sensibles para entrenar algoritmos diagnósticos.
- Plataformas educativas que rastrean comportamiento detallado de estudiantes, incluyendo menores.

El consentimiento tradicional resulta insuficiente cuando los datos se utilizan para propósitos que ni siquiera podían anticiparse al momento de su recolección.

Autonomía y agencia humana

A medida que sistemas algorítmicos toman más decisiones previamente realizadas por humanos, surge una preocupación fundamental sobre preservar autonomía significativa.

El problema no es solo si los algoritmos toman "buenas" decisiones, sino si mantenemos la capacidad humana de cuestionarlas, corregirlas o rechazarlas, especialmente cuando están en juego derechos fundamentales o el acceso a oportunidades clave.

Ejemplos preocupantes incluyen:

- Trabajadores gestionados algorítmicamente sin supervisión humana significativa.
- Decisiones médicas donde recomendaciones algorítmicas efectivamente determinan tratamientos.
- Sistemas de asignación de recursos públicos donde apelaciones humanas son excepcionales.
- Entornos informativos donde algoritmos determinan que noticias e ideas encuentra una persona.

La autonomía requiere no solo opciones formales sino capacidad real para ejercerlas significativamente.

Responsabilidad y rendición de cuentas

Cuando sistemas algorítmicos causan daños, ¿quién es responsable? Este dilema fundamental sigue sin resolución clara en la mayoría de jurisdicciones.

La cadena de responsabilidad potencial es extensa:

- Desarrolladores que construyeron el sistema.
- Organizaciones que desplegaron la tecnología.
- Proveedores de datos utilizados para entrenamiento.
- Operadores que supervisaron su implementación.
- Usuarios finales que interpretaron sus resultados.

Los marcos legales tradicionales de responsabilidad se basan en la idea de una causalidad clara y actores identificables. Sin embargo, los sistemas de inteligencia artificial distribuyen la toma de decisiones de forma compleja, lo que puede generar "brechas de responsabilidad": situaciones en las que ocurren daños sin que exista una rendición de cuentas evidente o asignable. Esta disrupción desafía los modelos jurídicos actuales y plantea la necesidad urgente de nuevas estructuras normativas que respondan a esta realidad tecnológica.

Este vacío es particularmente problemático en áreas de alto riesgo como vehículos autónomos, diagnóstico médico o evaluación de riesgos para seguridad pública.

Principios emergentes: Construyendo consenso global

Frente a estos dilemas, organizaciones globales, gobiernos y empresas tecnológicas han propuesto diversos marcos éticos. Aunque difieren en énfasis y detalle, un consenso emergente abarca varios principios clave:

Beneficencia y no maleficencia

Los sistemas de IA deben diseñarse para beneficiar a personas y sociedad, minimizando daños potenciales. Este principio fundamental refleja la tradición hipocrática en medicina: "primero, no hacer daño". En práctica, esto implica:

- Evaluaciones de impacto rigurosas antes de implementar sistemas en aplicaciones críticas.
- Consideración de consecuencias tanto directas como indirectas.
- Inclusión de diversas perspectivas para anticipar efectos potencialmente adversos.
- Monitoreo continuo post-implementación.

Como toda tecnología poderosa, la inteligencia artificial puede amplificar tanto beneficios como daños. La responsabilidad de maximizar los primeros y minimizar los segundos recae en quienes diseñan, desarrollan, implementan y regulan estos sistemas. Así lo reconoce la UNESCO en su Recomendación sobre la Ética de la Inteligencia Artificial, subrayando que el bienestar humano y el interés público deben guiar cada etapa del ciclo de vida de la IA.

Justicia y no discriminación

La IA debe ser desarrollada e implementada de manera que trate a todas las personas de forma justa y equitativa, sin perpetuar o amplificar discriminación. Este principio requiere:

- Diversificación activa de datos de entrenamiento para representar adecuadamente grupos históricamente marginados.

- Auditorías rigurosas para identificar y mitigar sesgos potenciales antes y después de implementación.
- Consideración explícita de impactos distributivos, quién se beneficia y quién soporta riesgos.
- Acceso equitativo a beneficios de IA, independientemente de ubicación geográfica, estatus socioeconómico o características demográficas.

Según el Banco Interamericano de Desarrollo, en contextos marcados por desigualdades estructurales, los algoritmos que se presentan como neutrales suelen mantener e incluso ampliar esas inequidades. Para lograr una verdadera justicia, es necesario intervenir deliberadamente y orientar los sistemas hacia resultados más equitativos, en lugar de confiar solo en procesos técnicamente imparciales.

Transparencia y explicabilidad

Los sistemas de IA deben ser comprensibles para quienes los usan, supervisan o son afectados por ellos. Esto incluye no solo el funcionamiento técnico, sino propósito, limitaciones y potenciales impactos. Este principio se manifiesta en:

- Documentación clara sobre datos utilizados, decisiones de diseño y limitaciones conocidas.
- Interfaces que comunican efectivamente a usuarios no técnicos cómo interpretar y cuestionar resultados algorítmicos.
- Sistemas que pueden proporcionar explicaciones significativas para decisiones específicas.
- Acceso a información suficiente para permitir verificación independiente y auditoría.

El Instituto Alan Turing advierte que la transparencia por sí sola no es suficiente si no va acompañada de explicaciones comprensibles. Publicar el código o los datos no garantiza rendición de cuentas si la complejidad del sistema impide su análisis y comprensión efectiva.

Privacidad y gobernanza de datos

Los sistemas de IA deben respetar privacidad individual y garantizar uso responsable de datos personales, reconociendo que consentimiento significativo requiere comprensión y control genuinos. Organizaciones como la OCDE recomiendan:

- Minimización de datos: Recolectar solo información necesaria para propósitos específicos.
- Limitaciones de propósito: Utilizar datos solo para fines compatibles con el consentimiento original.
- Seguridad robusta: Proteger información contra acceso no autorizado o manipulación.
- Derechos efectivos: De acceso, rectificación y supresión para individuos.

La Unión Europea ha liderado globalmente en este ámbito con el Reglamento General de Protección de Datos (GDPR), estableciendo estándares que influencian regulación más allá de sus fronteras.

Supervisión y control humanos

Los sistemas de IA deben permanecer bajo supervisión humana significativa, especialmente en aplicaciones de alto riesgo. Las personas deben mantener capacidad efectiva para anular decisiones algorítmicas cuando sea necesario. Este principio incluye:

- "Humano en el circuito" para decisiones con consecuencias significativas.
- Definición clara de cuándo y cómo la intervención humana debe ocurrir.
- Interfaces que facilitan supervisión efectiva, no meramente nominal.
- Última rendición de cuentas recayendo en actores humanos identificables.

El control humano sobre sistemas automatizados no se limita a tener un botón de apagado. Para que sea verdaderamente efectivo, se requiere mucho más que una capacidad teórica de intervención: se necesita conocimiento técnico, autoridad real para actuar y estructuras de incentivos que hagan viable ejercer ese control en la práctica. Así lo han advertido organizaciones como el IEEE (Instituto de Ingenieros Eléctricos y Electrónicos) y diversos marcos éticos internacionales que promueven el principio de supervisión humana significativa.

Del papel a la práctica: Implementando ética de IA

Los principios éticos representan aspiraciones fundamentales, pero su impacto depende de cómo se traducen en decisiones concretas durante desarrollo, implementación y gobernanza de sistemas de IA.

Ética en el diseño

La consideración ética debe integrarse desde las primeras etapas de desarrollo, no añadirse como reflexión posterior:

- Evaluaciones de impacto algorítmico: Análisis estructurado de potenciales impactos éticos y sociales antes de iniciar desarrollo.
- Representación diversa: Inclusión de múltiples perspectivas en equipos de diseño y pruebas.
- Diseño participativo: Involucrar comunidades afectadas en decisiones clave.
- Documentación de valores: Claridad explícita sobre prioridades éticas que guían decisiones técnicas.

Microsoft ha implementado un comité de revisión de inteligencia artificial (Aether: AI, Ethics, and Effects in Engineering and Research), encargado de evaluar los productos propuestos según criterios éticos antes de aprobar su desarrollo. Este grupo multidisciplinario guía el diseño responsable de tecnologías de IA, basándose en principios como equidad, confiabilidad, privacidad, inclusión, transparencia y responsabilidad. Por su parte, Google publicó en 2018 un conjunto de principios éticos que incluían la prohibición explícita de desarrollar aplicaciones de IA para vigilancia masiva o armas autónomas. Sin embargo, en 2025, la compañía revisó estos lineamientos, eliminando algunas restricciones clave debido al "paisaje geopolítico complejo", lo que ha suscitado preocupaciones internas y externas sobre su compromiso continuo con el desarrollo ético de la inteligencia artificial.

La ética por diseño no puede reducirse a un simple checklist ni a declaraciones decorativas. Diversos marcos internacionales coinciden en que integrar principios éticos en el desarrollo tecnológico exige mecanismos concretos que influyan en las decisiones técnicas desde las etapas más tempranas del diseño. Esto implica una ética operativa, incorporada en los procesos, no una añadidura tardía.

Herramientas y prácticas

Diversos métodos concretos están emergiendo para operacionalizar principios éticos:

- Tarjetas de modelo: Documentación estandarizada que detalla capacidades, limitaciones y consideraciones éticas de sistemas de IA.
- Auditorías de sesgo: Pruebas estructuradas para identificar y mitigar discriminación potencial.
- Análisis de conjuntos de entrenamiento: Examinación rigurosa de datos para identificar brechas o sesgos.
- Evaluación de robustez adversarial: Pruebas de sistemas contra manipulación intencional.

El Partnership on AI, coalición que incluye empresas tecnológicas líderes, institutos de investigación y organizaciones civiles, ha desarrollado metodologías específicas para evaluar transparencia, equidad y robustez de sistemas de IA en diversos contextos.

Las herramientas técnicas para promover la ética en inteligencia artificial han avanzado notablemente en los últimos años. Sin embargo, su efectividad no depende solo de su existencia, sino de su integración real en los procesos organizacionales. El verdadero desafío es lograr que estas herramientas influyan en las decisiones que se toman bajo presiones comerciales, plazos exigentes y dinámicas propias del desarrollo tecnológico.

Gobernanza organizacional

La implementación efectiva de ética de IA requiere estructuras organizacionales que institucionalicen consideraciones éticas:

- Comités de ética de IA: Grupos interdisciplinarios con autoridad real para influir decisiones de desarrollo.
- Canales de escalonamiento: Mecanismos claros para elevar preocupaciones éticas.
- Métricas e incentivos: Evaluación de éxito que incorpora consideraciones éticas, no solo técnicas o comerciales.
- Capacitación continua: Desarrollo profesional para equipos técnicos sobre implicaciones éticas de su trabajo.

IBM estableció un consejo de ética de IA con miembros internos y externos que revisa usos propuestos de tecnología y establece directrices para equipos de desarrollo. Salesforce designó un Chief Ethical and Humane Use Officer con responsabilidad directa por consideraciones éticas en productos.

La gobernanza efectiva de tecnologías como la inteligencia artificial requiere mucho más que declaraciones de buenas intenciones. Según directrices de organismos como la OCDE, es indispensable contar con mecanismos concretos: participación activa de múltiples partes interesadas, asignación clara de responsabilidades y consecuencias reales ante el incumplimiento de estándares éticos. Solo así puede garantizarse una gestión creíble, transparente y centrada en el interés público.

Regulación global: Enfoques emergentes

Mientras principios éticos proveen orientación, marcos regulatorios establecen requisitos obligatorios con mecanismos de cumplimiento y consecuencias por violaciones.

El panorama regulatorio global para IA está en rápida evolución, con diferentes regiones adoptando enfoques distintos que reflejan sus valores, tradiciones legales y prioridades políticas.

El enfoque europeo: Regulación basada en riesgo

La Unión Europea lidera globalmente con su Ley de IA (AI Act), que adopta un enfoque graduado basado en niveles de riesgo:

- Riesgo inaceptable: Aplicaciones como sistemas de puntuación social o manipulación cognitiva son prohibidas completamente.
- Alto riesgo: Sistemas en áreas como salud, educación, empleo o justicia criminal enfrentan requisitos extensos de transparencia, supervisión humana y evaluación de conformidad.
- Riesgo limitado: Aplicaciones como chatbots tienen obligaciones de transparencia más limitadas.
- Riesgo mínimo: La mayoría de aplicaciones de IA enfrentan regulación mínima.

El enfoque europeo hacia la inteligencia artificial está profundamente enraizado en valores como la dignidad humana, los derechos fundamentales y el principio de precaución ante riesgos significativos. Más que priorizar la innovación sin restricciones, la Unión Europea ha optado por un marco que pone la protección de las personas en el centro. Esta visión no solo establece un estándar normativo exigente dentro del bloque, sino que también influye activamente en el debate global sobre cómo debería desarrollarse y gobernarse la IA.

El modelo estadounidense: Sectorial y orientado al mercado

Estados Unidos ha adoptado un enfoque más fragmentado en la regulación de la inteligencia artificial (IA), combinando directrices federales generales con regulaciones sectoriales y estatales específicas:

- Directrices federales: La Orden Ejecutiva 14110, firmada en octubre de 2023, establece principios generales para el desarrollo y uso seguro y confiable de la IA, enfatizando la autorregulación industrial y la promoción de la innovación.

- Regulación sectorial: Agencias como la Administración de Alimentos y Medicamentos (FDA) y la Comisión de Bolsa y Valores (SEC) han desarrollado regulaciones específicas para la aplicación de la IA en sus respectivos sectores, como dispositivos médicos y mercados financieros.

- Legislación estatal: Estados como California, Colorado e Illinois han implementado regulaciones específicas relacionadas con la privacidad y el reconocimiento facial. Por ejemplo, Colorado promulgó la Ley de IA de Colorado (SB 24-205) en 2024, centrada en la gobernanza de decisiones automatizadas.

Según un análisis del Centro para Seguridad y Tecnologías Emergentes, el enfoque regulatorio de Estados Unidos prioriza la flexibilidad para no obstaculizar la innovación, pero esto ha dado lugar a un conjunto fragmentado de normas y a vacíos importantes en materia de protección.

El camino chino: Innovación dirigida por el estado

China ha adoptado un enfoque distintivo que combina ambición tecnológica nacional con control estatal significativo:

- Plan 2030: Estrategia nacional para liderar globalmente en IA con inversión masiva estatal.

- Regulación específica: Reglas detalladas para aplicaciones particulares como algoritmos de recomendación y deepfakes.
- Seguridad nacional: Énfasis fuerte en alineación de desarrollo tecnológico con objetivos de seguridad nacional.
- Gobernanza de datos: Marco de seguridad de datos que establece controles extensos sobre flujos transfronterizos.

"El enfoque chino refleja una visión donde desarrollo tecnológico sirve objetivos nacionales explícitos", explica un informe del Instituto Mercator para Estudios de China. "Representa un modelo alternativo donde estado mantiene rol director central en evolución tecnológica."

Economías emergentes: Buscando caminos propios

Naciones en desarrollo están navegando complejidades particulares, buscando beneficiarse de avances en IA mientras abordan desafíos específicos:

- India: Desarrollando estrategia nacional de IA que enfatiza aplicaciones para desarrollo y soluciones que funcionen con infraestructura limitada.
- Brasil: Implementando marco regulatorio centrado en transparencia y protección de datos personales.
- Kenya: Enfocándose en aplicaciones específicas como IA en agricultura y salud con atención a contextos locales.

Los países en desarrollo enfrentan un doble desafío en el contexto de la inteligencia artificial: aprovechar sus beneficios sin caer en nuevas formas de dependencia tecnológica ni en la explotación de sus datos. Informes del Banco Mundial subrayan que estos países necesitan marcos regulatorios diseñados en función de sus propias prioridades, capacidades y contextos, en lugar de adoptar sin adaptación modelos pensados para economías avanzadas. El éxito en esta transición tecnológica dependerá de su capacidad para construir una gobernanza digital alineada con sus objetivos de desarrollo.

Desafíos pendientes y tensiones persistentes

A pesar de progreso significativo en marcos éticos y regulatorios, varios desafíos fundamentales permanecen sin resolución clara:

Innovación versus precaución

Una tensión central en debates sobre regulación de IA es equilibrio entre permitir innovación beneficiosa y prevenir daños potenciales.

"Regulación excesivamente restrictiva podría sofocar desarrollos que salvan vidas o mejoran bienestar", argumentan representantes de la industria tecnológica.

"La historia de innovación tecnológica sugiere que arrepentirse después es demasiado tarde", contraargumentan defensores de enfoque precautorio. "Sistemas desplegados a escala global pueden causar daño significativo antes que regulación reactiva pueda contenerlo."

El desafío es desarrollar marcos que permitan innovación responsable sin dilución de protecciones esenciales.

Implementación global versus fragmentación

La naturaleza transfronteriza de tecnología crea desafíos significativos para implementación efectiva de regulación:

- Empresas pueden reubicar operaciones a jurisdicciones con supervisión más laxa.
- Naciones individuales enfrentan limitaciones prácticas para regular corporaciones multinacionales.
- Fragmentación regulatoria crea costos de cumplimiento significativos y complejidad legal.

La regulación unilateral de la inteligencia artificial enfrenta limitaciones significativas: puede resultar ineficaz frente a tecnologías transnacionales y perjudicar la competitividad de los países que la implementan. Análisis del Brookings Institution destacan que el verdadero desafío radica en desarrollar estándares globales que equilibren la necesidad de protecciones básicas consistentes con el respeto a las distintas tradiciones legales y valores culturales. Sin una cooperación internacional sustancial, la gobernanza de la IA corre el riesgo de fragmentarse y volverse vulnerable.

Asimetría de conocimiento técnico

Reguladores frecuentemente enfrentan desventaja significativa en experiencia técnica comparada con entidades que pretenden supervisar:

* Complejidad creciente de sistemas avanzados de IA.
* Recursos limitados de agencias gubernamentales comparados con gigantes tecnológicos.
* Dificultad para atraer talento técnico al sector regulatorio.

Una supervisión efectiva de la inteligencia artificial requiere algo más que marcos legales sólidos: exige comprensión técnica real por parte de quienes regulan. Cuando los supervisores no tienen capacidad para evaluar de forma independiente las afirmaciones técnicas de los desarrolladores, corren el riesgo de depender excesivamente de estos últimos, debilitando su autonomía. Esa brecha de conocimiento crea un terreno fértil para formas sutiles de captura regulatoria y limita la eficacia del control institucional.

Sistemas generales versus aplicaciones específicas

Un desafío emergente será cómo regular sistemas de IA generales (como grandes modelos de lenguaje) que pueden utilizarse para innumerables aplicaciones imprevistas:

* Modelos pueden ser desarrollados para propósitos generales pero desplegados en aplicaciones de alto riesgo.
* Relación entre proveedores de modelos base y desarrolladores de aplicaciones específicas es compleja.
* Efectos de sistemas ampliamente accesibles son difíciles de anticipar.

Muchos marcos regulatorios vigentes fueron concebidos para tecnologías con usos claramente definidos y propósitos acotados. Sin embargo, los sistemas de inteligencia artificial de propósito general, capaces de operar en múltiples dominios con un mismo núcleo tecnológico, desafían esa lógica. Esta nueva realidad exige replantear cómo distribuimos la responsabilidad entre actores y cómo estructuramos la supervisión a lo largo del ciclo de desarrollo.

Construyendo sistemas de IA centrados en humanidad

A pesar de estos desafíos, un consenso emergente sugiere elementos esenciales para sistemas de IA que avanzan genuinamente bienestar humano:

Participación significativa e inclusión

Los mejores sistemas reflejan necesidades, valores y perspectivas de quienes serán afectados por ellos:

- Mecanismos para involucrar comunidades diversas en decisiones de diseño y despliegue.
- Representación de poblaciones históricamente marginadas en todas etapas.
- Atención especial a voces de aquellos potencialmente más vulnerables a daños.

Una inteligencia artificial verdaderamente ética no puede construirse sin una participación significativa de las comunidades donde será desplegada. Ningún análisis técnico, por sofisticado que sea, puede sustituir la comprensión contextual que proviene de la experiencia vivida. Incorporar estas voces no es un gesto simbólico, sino una condición esencial para diseñar sistemas que respeten la dignidad, la diversidad y las realidades sociales de quienes los utilizan.

Derechos humanos como fundamento

Marcos internacionales de derechos humanos ofrecen base sólida para consideraciones éticas que trasciende fronteras culturales y jurisdiccionales:

- Dignidad, autonomía y autodeterminación como valores centrales.
- Reconocimiento de derechos civiles, políticos, económicos, sociales y culturales.
- Estándares para limitar incluso tecnologías beneficiosas cuando amenazan derechos fundamentales.

Sostenibilidad y bienestar colectivo

Sistemas responsables consideran impactos ambientales y sociales amplios, no solo beneficios individuales inmediatos:

- Evaluación de huella ecológica, incluyendo consumo energético y emisiones.
- Atención a impactos en cohesión social y bienes públicos.
- Consideración de efectos intergeneracionales y largo plazo.

La ética de la inteligencia artificial no debe limitarse a abordar preocupaciones inmediatas como los sesgos algorítmicos o la transparencia de los sistemas. Es fundamental que también contemple cuestiones más amplias y profundas sobre el tipo de sociedad que aspiramos a construir y preservar para las generaciones futuras. Esta perspectiva requiere una reflexión crítica sobre los valores que queremos que guíen el desarrollo tecnológico y cómo estos se traducen en prácticas concretas en el diseño y la implementación de sistemas de IA

Una tecnología a nuestro servicio

La inteligencia artificial representa una de las tecnologías más transformadoras de nuestro tiempo, con potencial tanto para avanzar en el bienestar humano como para causar daño significativo. No es un destino inevitable, sino una creación humana que podemos y debemos moldear según nuestros valores, prioridades y visión compartida de una sociedad justa. Este enfoque nos invita a asumir una responsabilidad activa en la orientación del desarrollo de la IA, asegurando que esté alineada con los principios éticos y los derechos humanos que valoramos colectivamente.

Los principios éticos y marcos regulatorios discutidos en este capítulo no son obstáculos a innovación, sino fundamentos esenciales para desarrollo tecnológico que genuinamente beneficia humanidad. Sistemas que respetan dignidad, promueven equidad, preservan autonomía y generan confianza serán ultimadamente más valiosos y sostenibles.

El desafío no es simplemente crear IA más poderosa, sino IA más sabia, tecnología que amplifica lo mejor de capacidad humana mientras respeta límites fundamentales necesarios para florecimiento humano. Esta visión requiere no solo ingeniería sofisticada sino también reflexión ética profunda, gobernanza efectiva y compromiso genuino con bienestar humano como medida última de progreso tecnológico.

La cuestión crucial no es qué harán los algoritmos con los humanos, sino qué decisiones tomarán los humanos respecto a los algoritmos. La respuesta determinará en gran medida qué tipo de sociedad construimos en era de inteligencia artificial.

Notas sobre fuentes:

Este capítulo integra investigación contemporánea sobre ética y regulación de la IA:

- AI Now Institute (2023). *Algorithmic bias and discrimination: Research compendium.*
- Universidad de Oxford, Institute for Ethics in AI (2024). *Privacy implications of modern AI systems.*
- Berkman Klein Center for Internet & Society, Harvard (2023). *Human autonomy in algorithmic decision systems.*
- UNESCO (2023). *Recommendation on the Ethics of Artificial Intelligence.*
- Banco Interamericano de Desarrollo (2023). *Principios éticos para IA en América Latina y el Caribe.*
- Instituto Alan Turing (2024). *Explainability standards for high-risk systems.*
- Partnership on AI (2023). *From Principles to Practice: Implementing AI Ethics.*
- Center for Responsible Technology (2023). *Ethics by Design: Integrating values into development.*
- Stanford HAI (Human-Centered AI) (2024). *Tools and methods for algorithmic auditing.*
- Centro de Política Europea (2023). *EU AI Act: Analysis and implications.*
- Brookings Institution (2023). *Global approaches to AI governance.*
- Mercator Institute for China Studies (2024). *China's emerging AI regulatory framework.*
- Oxford Internet Institute (2023). *Regulating general-purpose AI systems.*
- UN Human Rights Council (2024). *AI and human rights framework.*
- Fundación Mozilla (2023). *Participatory approaches to AI development.*

CAPÍTULO 16: IA Y EL CAMBIO CLIMÁTICO

En los glaciares de Groenlandia, drones equipados con IA detectan cambios imperceptibles para el ojo humano, midiendo el derretimiento con precisión milimétrica. En las selvas amazónicas, algoritmos analizan imágenes satelitales para identificar deforestación ilegal en tiempo real. En redes eléctricas de California, sistemas inteligentes equilibran suministro y demanda instantáneamente, integrando energías renovables variables. En centros de datos alrededor del mundo, los mismos modelos de IA que procesan estos datos consumen enormes cantidades de energía, generando su propia huella de carbono.

La relación entre inteligencia artificial y cambio climático contiene una paradoja fundamental: la IA representa simultáneamente una poderosa herramienta para combatir la crisis climática y un contribuyente potencial a su intensificación.

Este capítulo explora esta compleja interconexión. Veremos cómo la IA está transformando nuestra capacidad para monitorear, mitigar y adaptarnos al cambio climático, y simultáneamente examinaremos los desafíos ambientales que plantea el rápido crecimiento de la computación intensiva que sustenta los sistemas de IA avanzados.

Una nueva lente para ver nuestro planeta

El primer paso para abordar cualquier problema es comprenderlo con claridad. En el caso del cambio climático (un fenómeno global, complejo y con múltiples variables interconectadas) la IA está transformando radicalmente nuestra capacidad para observar, medir y analizar lo que está sucediendo en nuestro planeta.

Observación planetaria mejorada

Las redes de satélites, sensores terrestres y marinos, y estaciones meteorológicas generan cantidades masivas de datos ambientales, demasiados para análisis humano directo. Los algoritmos de IA están desempeñando un papel crítico en transformar este diluvio de información en conocimiento accionable:

- Detección de deforestación: Global Forest Watch utiliza algoritmos de aprendizaje automático para analizar imágenes satelitales y detectar pérdida forestal prácticamente en tiempo real, permitiendo intervención antes que la destrucción se expanda. Este sistema ha identificado más de 4.2 millones de hectáreas de pérdida forestal anualmente.

- Monitoreo de hielo polar: El sistema IceNet, desarrollado por el British Antarctic Survey, emplea inteligencia artificial para predecir con alta precisión la extensión del hielo marino del Ártico con hasta seis meses de anticipación. Al combinar datos satelitales con modelos de aprendizaje profundo, ofrece una herramienta poderosa para monitorear los impactos del cambio climático y apoyar la toma de decisiones basada en evidencia científica.

- Análisis atmosférico: Sistemas avanzados de IA analizan composición atmosférica desde satélites y estaciones terrestres, rastreando concentraciones de gases de efecto invernadero con resolución espacial y temporal sin precedentes.

Hemos pasado de observaciones aisladas a un monitoreo continuo del planeta. Gracias a sensores satelitales y análisis automatizados, hoy contamos con una visión casi en tiempo real de la salud de la Tierra, lo que transforma radicalmente nuestra capacidad para entender y responder al cambio climático.

Modelos climáticos más precisos

Los modelos climáticos tradicionales, aunque sofisticados, han enfrentado limitaciones computacionales significativas. La IA está transformando estas herramientas cruciales para la planificación climática:

- Resolución mejorada: Técnicas de superresolución basadas en aprendizaje profundo permiten modelos climáticos con detalle geográfico sin precedentes, capturando fenómenos climáticos locales previamente inaccesibles.

- Asimilación de datos mejorada: Algoritmos avanzados integran diversos conjuntos de datos observacionales en modelos, mejorando significativamente precisión predictiva.

❄ Eficiencia computacional: Emuladores de IA pueden aproximar resultados de simulaciones climáticas complejas a una fracción del costo computacional, permitiendo exploración de más escenarios.

Modelos de inteligencia artificial como GraphCast y GenCast han demostrado mejorar significativamente la predicción de eventos climáticos extremos, desde ciclones tropicales hasta olas de calor, superando en muchos casos a los métodos tradicionales. Estos avances permiten anticipar fenómenos con mayor precisión y proporcionar tiempo crucial para la preparación y respuesta ante emergencias.

Comprensión de sistemas complejos

El sistema climático terrestre involucra interacciones complejas entre atmósfera, océanos, tierra, hielo y biosfera. La IA está ayudando a descifrar estas relaciones intrincadas:

❄ Descubrimiento de retroalimentaciones: Análisis de grandes conjuntos de datos con aprendizaje automático ha identificado nuevos mecanismos de retroalimentación climática previamente no reconocidos, como interacciones entre derretimiento del permafrost y patrones de vegetación ártica.

❄ Atribución de eventos extremos: Algoritmos sofisticados pueden ahora determinar con mayor confianza qué eventos meteorológicos extremos han sido intensificados por cambio climático antropogénico, fortaleciendo la base científica para acción.

❄ Predicción de puntos de inflexión: Investigadores están aplicando técnicas de IA para identificar señales tempranas de potenciales puntos de inflexión climáticos, como desestabilización de capas de hielo o cambios en circulación oceánica.

La inteligencia artificial no solo acelera la investigación climática existente, sino que también habilita nuevas formas de análisis que antes eran inalcanzables. Al identificar patrones complejos y relaciones ocultas en vastos conjuntos de datos, la IA abre caminos innovadores para comprender y abordar los desafíos del cambio climático.

Transformando sectores clave para mitigación climática

Más allá de mejorar nuestra comprensión del problema, la IA está ofreciendo soluciones concretas para reducir emisiones de gases de efecto invernadero en sectores económicos críticos.

Energía: Revolución renovable inteligente

La transición hacia energía limpia requiere superar desafíos técnicos significativos, particularmente la naturaleza variable e impredecible de fuentes como solar y eólica. La IA está emergiendo como herramienta decisiva:

- Predicción de generación renovable: Google DeepMind desarrolló sistemas de IA que predicen producción de parques eólicos con 36 horas de anticipación, incrementando valor de energía eólica hasta un 20% al permitir mejor integración con la red.

- Redes inteligentes: Algoritmos avanzados coordinan generación distribuida, almacenamiento y demanda en tiempo real, manteniendo estabilidad mientras incorporan mayores porcentajes de renovables. La red eléctrica española utiliza sistemas de IA para gestionar fluctuaciones rápidas en producción solar y eólica.

- Descubrimiento de materiales: Técnicas de aprendizaje automático están acelerando dramáticamente descubrimiento de nuevos materiales para baterías, células solares y otros componentes críticos para transición energética.

La integración de energías renovables a gran escala depende cada vez más del uso de algoritmos avanzados e inteligencia artificial. Estas herramientas permiten optimizar la generación, distribución y almacenamiento de energía, transformando las posibilidades técnicas de descarbonización del sistema eléctrico global.

Transporte: Movilidad optimizada

El sector transporte representa aproximadamente un cuarto de emisiones globales de CO_2. La IA está impulsando tanto eficiencia como electrificación:

- Optimización de rutas: Empresas están utilizando algoritmos de IA para optimizar rutas de entrega, mejorando la eficiencia logística y reduciendo las emisiones asociadas al transporte.

- Gestión de tráfico: Sistemas de señalización adaptativa controlados por IA en ciudades como Pittsburgh han reducido tiempo de espera en intersecciones hasta un 40%, disminuyendo congestión y contaminación asociada.

- Vehículos eléctricos mejorados: Fabricantes están utilizando IA para optimizar diseño de baterías y gestión energética, extendiendo autonomía y acelerando adopción masiva de transporte eléctrico.

Diversos estudios sugieren que la implementación de sistemas de transporte optimizados por IA puede contribuir significativamente a la reducción de emisiones del sector al mejorar la eficiencia y reducir las ineficiencias sistémicas.

Edificios y ciudades: Eficiencia inteligente

Los edificios representan aproximadamente el 37% del consumo de energía y el 39% de las emisiones de CO_2 relacionadas con la energía a nivel mundial. La inteligencia artificial (IA) está desempeñando un papel crucial en la mejora de la eficiencia energética de edificios y ciudades:

- Gestión energética predictiva: Sistemas como los desarrollados por BrainBox AI utilizan aprendizaje automático para anticipar condiciones de edificios y optimizar climatización, reduciendo consumo energético hasta 25% sin sacrificar confort.

- Diseño optimizado: Herramientas generativas de IA permiten arquitectos explorar miles de configuraciones de edificios para maximizar eficiencia energética mientras satisfacen requisitos funcionales y estéticos.

- Planificación urbana inteligente: Algoritmos avanzados ayudan planificadores a diseñar ciudades más densas, transitables y energéticamente eficientes a través de análisis de patrones de movimiento, uso de energía y factores ambientales.

La implementación de estas tecnologías y prácticas sostenibles puede conducir a reducciones significativas en la huella de carbono operacional de los edificios, contribuyendo a los objetivos globales de sostenibilidad sin incurrir en aumentos significativos en los costos de construcción.

Agricultura y uso de suelo: Precisión y preservación

Los sistemas alimentarios contribuyen hasta un tercio de emisiones globales de gases de efecto invernadero. La IA está permitiendo prácticas más sostenibles:

- Agricultura de precisión: Sensores combinados con algoritmos de análisis permiten aplicación específica de agua, fertilizantes y pesticidas exactamente donde y cuando se necesitan, reduciendo insumos y emisiones asociadas hasta 60% en algunas aplicaciones.

- Monitoreo forestal: Además de detectar deforestación, sistemas de IA ahora pueden estimar biomasa y captura de carbono con precisión previamente imposible, permitiendo programas de conservación y reforestación más efectivos.

- Reducción de desperdicio alimentario: Cadenas de suministro potenciadas por IA optimizan inventario y distribución, atacando el aproximadamente 30% de alimentos globales que se desperdician actualmente.

Un estudio de la Organización para la Agricultura y la Alimentación (FAO) concluyó que implementación completa de agricultura inteligente basada en datos podría reducir emisiones agrícolas hasta 30% mientras aumenta productividad, representando situación doblemente beneficiosa para alimentación y clima.

Adaptación climática: Preparándose para lo inevitable

Incluso con esfuerzos agresivos de mitigación, cierto grado de cambio climático ya está garantizado debido a emisiones históricas. La IA está emergiendo como herramienta crítica para adaptación a estos cambios inevitables.

Predicción y alerta temprana de desastres

La intensificación de eventos climáticos extremos requiere mejores sistemas de predicción y respuesta:

- Previsión de inundaciones: Sistemas como Google Flood Forecasting Initiative combinan imágenes satelitales, datos de elevación y aprendizaje profundo para predecir inundaciones con precisión sin precedentes, proporcionando alertas hiperlocales a comunidades en riesgo.

- Predicción de incendios forestales: Algoritmos analizan condiciones meteorológicas, vegetación y factores humanos para identificar áreas de alto riesgo y orientar medidas preventivas. En California, sistemas como FireMap calculan riesgo de incendio con resolución de 30 metros.

- Seguimiento de sequías: Modelos de IA integran datos de humedad del suelo, precipitación y vegetación para monitorear desarrollo de sequías y proyectar su intensificación, permitiendo gestión proactiva del agua.

Gestión resiliente de recursos

La IA está ayudando a optimizar uso de recursos cruciales frente a cambios climáticos:

- Gestión inteligente del agua: En Singapur, sistemas de IA analizan patrones de consumo, pronósticos meteorológicos y condiciones de infraestructura para optimizar distribución y minimizar desperdicio.

- Agricultura adaptativa: Algoritmos predictivos ayudan agricultores a seleccionar cultivos y variedades mejor adaptados a condiciones climáticas cambiantes, mientras plataformas de asesoramiento automatizado proporcionan recomendaciones específicas para cada parcela.

- Gestión dinámica de ecosistemas: Conservacionistas están utilizando IA para desarrollar estrategias de gestión adaptativa para ecosistemas bajo estrés climático, modelando migraciones de especies y cambios ecológicos.

Los algoritmos pueden analizar grandes cantidades de datos climáticos, ecológicos y sociales, lo que permite identificar estrategias de adaptación efectivas bajo diversos escenarios futuros. Esta capacidad ofrece una nueva herramienta clave para la planificación en contextos de alta incertidumbre.

Salud y respuesta humanitaria

Los impactos climáticos afectan directamente salud humana y desplazan poblaciones. La IA está fortaleciendo respuestas:

- Vigilancia de enfermedades: Algoritmos rastrean propagación de enfermedades sensibles al clima como malaria y dengue, permitiendo intervenciones focalizadas y asignación eficiente de recursos médicos limitados.

- Planificación de respuesta a desastres: Modelos de IA simulan diversos escenarios de desastre para optimizar planificación de evacuación, preparación y respuesta, considerando factores como infraestructura, demografía y comportamiento humano.

- Migración climática: Investigadores están utilizando IA para proyectar patrones probables de migración inducida por clima, ayudando comunidades y gobiernos a prepararse para posibles flujos de población.

La huella ambiental de la IA: La otra cara de la moneda

A pesar de su potencial para combatir cambio climático, la IA misma tiene costos ambientales significativos que deben reconocerse y abordarse.

Consumo energético intensivo

El entrenamiento y ejecución de modelos de IA avanzados, particularmente sistemas de aprendizaje profundo a gran escala, requiere cantidades sustanciales de energía:

- Un solo entrenamiento de un modelo grande de lenguaje como GPT-4 puede consumir tanta electricidad como cientos de hogares estadounidenses durante un año.

- Los centros de datos que hospedan infraestructura de IA ya representan aproximadamente 1-2% del consumo eléctrico global, con proyecciones de rápido crecimiento.

- La carrera por modelos cada vez más grandes ha resultado en aumentos exponenciales en uso de recursos computacionales, con requisitos energéticos duplicándose aproximadamente cada 3.4 meses para modelos de vanguardia según OpenAI.

Un estudio de la Universidad de Massachusetts destaca que el aumento en la huella energética del entrenamiento de IA debe ser motivo de preocupación desde el punto de vista climático. Las mejoras en las capacidades tecnológicas conllevan costos ambientales significativos que no deben pasarse por alto.

Huella material y ciclo de vida

Más allá del consumo energético operacional, la infraestructura de IA tiene impactos ambientales a través de su ciclo de vida completo:

- Fabricación de chips especializados como GPUs y TPUs requiere minerales raros, productos químicos agresivos y procesos energéticamente intensivos.
- El rápido avance tecnológico promueve frecuente actualización y descarte de hardware, generando residuos electrónicos.
- Infraestructura de enfriamiento para centros de datos consume cantidades significativas de agua, creando presión en recursos hídricos locales.

Un análisis de ciclo de vida realizado por la Universidad de Massachusetts encontró que la huella de carbono asociada con el entrenamiento de modelos de lenguaje de gran escala puede ser significativamente mayor cuando se consideran factores como la fabricación de hardware y la infraestructura de los centros de datos.

Hacia IA ambientalmente sostenible

Reconociendo estos desafíos, investigadores e industria están desarrollando enfoques para reducir impacto ambiental de IA:

- Eficiencia algorítmica: Técnicas como podado de modelo, destilación de conocimiento y cuantización reducen requisitos computacionales sin sacrificar significativamente rendimiento.

- Hardware especializado: Chips diseñados específicamente para cargas de trabajo de IA pueden ser órdenes de magnitud más eficientes energéticamente que hardware de propósito general.

- Ubicación estratégica: Situar centros de datos en regiones con abundante energía renovable puede reducir drásticamente huella de carbono asociada.

- Métricas de eficiencia: Iniciativas como MLPerf están estableciendo estándares de referencia que incluyen eficiencia energética junto con rendimiento técnico, incentivando la optimización.

Google ha implementado sistemas de optimización por IA para sus propios centros de datos, reduciendo consumo energético para enfriamiento hasta 40%, ejemplificando cómo IA puede ayudar a mitigar su propio impacto ambiental.

El nexo entre IA, clima y justicia

El despliegue de IA para acción climática plantea importantes consideraciones de equidad y justicia que deben abordarse para asegurar que los beneficios y las cargas se distribuyan equitativamente.

Acceso a soluciones basadas en IA

La disponibilidad de herramientas climáticas potenciadas por IA varía dramáticamente entre regiones y comunidades:

- Naciones y comunidades más ricas generalmente tienen mayor acceso a tecnologías avanzadas, infraestructura digital y experiencia técnica necesaria.

- Irónicamente, regiones más vulnerables a impactos climáticos a menudo tienen menor acceso a herramientas predictivas y adaptativas basadas en IA que podrían ser más beneficiosas.

- Brechas en datos fundamentales persisten para muchas regiones en desarrollo, limitando efectividad de soluciones basadas en IA.

Un informe del Programa de Desarrollo de Naciones Unidas alerta sobre el riesgo de que el uso de la inteligencia artificial para enfrentar el cambio climático acentúe la brecha digital global. Las naciones con menores niveles de desarrollo, a pesar de ser las más vulnerables a los efectos del clima, corren el peligro de quedar aún más rezagadas en el acceso y aprovechamiento de estas tecnologías.

Representación en datos y modelos

Los conjuntos de datos que alimentan sistemas de IA climática pueden contener brechas y sesgos significativos:

- Cobertura de observación meteorológica y climática es mucho más densa en el norte global que en regiones en desarrollo.
- Conocimiento ecológico tradicional y perspectivas indígenas raramente se integran en modelos formales.
- Las prioridades de investigación tienden a reflejar preocupaciones de financiadores y desarrolladores, a menudo desde países industrializados.

Estos desequilibrios pueden resultar en herramientas menos efectivas para ciertas regiones o que no abordan necesidades específicas de comunidades vulnerables.

Iniciativas por IA climática equitativa

Diversos esfuerzos buscan abordar estas preocupaciones:

- Arquitecturas de datos federadas: Permiten colaboración mientras datos permanecen bajo control local, respetando soberanía y protecciones de datos.
- Participación comunitaria: Involucrando comunidades locales en diseño e implementación de sistemas para asegurar relevancia contextual.
- Modelos ligeros: Desarrollando soluciones que funcionan con infraestructura computacional limitada en regiones con recursos restringidos.

* Transferencia de conocimiento: Programas dirigidos a desarrollar capacidad local para mantener y adaptar sistemas a necesidades específicas.

Gobernanza: Alineando IA y acción climática

Para maximizar la contribución positiva de la IA a la acción climática mientras se minimizan impactos negativos, estructuras de gobernanza coherentes son esenciales.

Políticas integradas

Tradicionalmente, políticas climáticas y tecnológicas han operado en silos separados. Esto está cambiando gradualmente:

* La Unión Europea está integrando consideraciones de sostenibilidad en su Ley de IA, reconociendo conexiones entre gobernanza digital y ambiental.
* Singapur ha establecido directrices explícitas para consumo energético de sistemas de IA en su Programa Nacional de IA.
* El Plan Climático de Estados Unidos incluye inversiones específicas en investigación y despliegue de IA para objetivos de sostenibilidad.

Según la OCDE, es crucial contar con marcos políticos integrales que consideren simultáneamente el impacto de las tecnologías digitales y los desafíos ambientales. La falta de un enfoque coordinado puede llevar a perder oportunidades valiosas y generar efectos no deseados.

Estándares y métricas

El desarrollo de estándares compartidos está emergiendo como prioridad:

* Iniciativas como Greenhouse Gas Protocol están desarrollando metodologías estandarizadas para medir y reportar emisiones asociadas con IA y otras tecnologías digitales.

* ISO y otros organismos de normalización están estableciendo marcos para evaluar impacto ambiental de sistemas algorítmicos a través de su ciclo de vida.

- Proyectos de código abierto como CodeCarbon proporcionan herramientas para que desarrolladores midan huella de carbono de su código durante entrenamiento e inferencia.

Estos estándares comienzan a influenciar la práctica tanto en sector público como privado, proporcionando lenguaje común para evaluar sostenibilidad de aplicaciones de IA.

Colaboración multisectorial

La naturaleza transversal del nexo IA-clima requiere cooperación sin precedentes:

- Alianzas público-privadas como Climate Change AI reúnen investigadores, empresas, organizaciones no gubernamentales y gobiernos para acelerar aplicaciones climáticas de IA.

- Iniciativas como Frontier Development Lab combinan experiencia de agencias espaciales, academia e industria tecnológica para abordar desafíos específicos en ciencia climática.

- Consorcios como Partnership on AI desarrollan principios compartidos y mejores prácticas para asegurar que sistemas sirvan objetivos climáticos mientras adhieren a estándares éticos.

El Centro para IA Responsable destaca que ningún sector tiene todas las soluciones. Para abordar de manera efectiva la intersección entre IA y cambio climático, es necesario un enfoque colaborativo que involucre a diversos actores con distintos conocimientos y habilidades.

Navegando el doble filo

La inteligencia artificial representa una tecnología de doble filo en contexto de crisis climática. Por un lado, ofrece herramientas sin precedentes para comprender cambios planetarios complejos, optimizar sistemas energéticos y de transporte, gestionar recursos limitados y proteger comunidades vulnerables. Por otro lado, su creciente huella ambiental, distribución desigual de beneficios y potencial para fortalecer prácticas insostenibles existentes plantean desafíos significativos.

El balance neto de impacto de IA en objetivos climáticos no está predeterminado. Dependerá de decisiones conscientes sobre cómo desarrollamos, desplegamos y gobernamos estas tecnologías poderosas.

El Foro Económico Mundial concluye que la inteligencia artificial no es en sí misma ni una solución ni un problema climático. Su impacto en el clima dependerá de las decisiones que tomemos respecto a su diseño, implementación y regulación en los próximos años clave.

Para aprovechar potencial transformador de IA mientras evitamos sus peligros, necesitamos apreciar tanto sus capacidades como sus limitaciones, guiar su desarrollo con principios claros de sostenibilidad y equidad, y asegurar que sirva como herramienta para acelerar transición hacia un futuro más sostenible y justo.

La tarea no es simplemente desarrollar IA más poderosa, sino más sabia; tecnología que amplifica nuestra capacidad colectiva para proteger sistemas planetarios de los cuales todos dependemos. En esta encrucijada crítica, inteligencia artificial tiene potencial para ser poderoso aliado en quizás el mayor desafío que enfrenta humanidad, pero solo si nosotros, sus creadores, tenemos sabiduría para dirigirla hacia ese propósito esencial.

Notas sobre fuentes:

Este capítulo integra investigación contemporánea sobre la intersección entre IA y cambio climático:

- NASA Goddard Institute for Space Studies (2023). *Earth Observation and AI: New Frontiers in Climate Monitoring.*
- Nature Climate Change (2024). *AI-enhanced prediction of extreme weather events.*
- Programa de Naciones Unidas para el Medio Ambiente (2023). *Frontier applications of machine learning in climate science.*
- Agencia Internacional de Energía (2023). *Digitalization and Energy: AI applications for clean energy transitions.*
- Universidad de California (2024). *Transport optimization through AI: Climate mitigation potential.*
- Consejo Mundial de Edificios Verdes (2023). *Smart buildings and climate action.*
- Google Flood Forecasting Initiative (2023). *AI-powered disaster early warning systems: Case studies and impacts.*
- Instituto de Recursos Mundiales (2024). *Algorithmic approaches to climate adaptation planning.*
- Cruz Roja Internacional (2023). *Anticipatory humanitarian action through AI and predictive analytics.*
- Universidad de Massachusetts (2023). *Energy and carbon footprints of large AI models.*

- Universidad de Toronto (2024). *Life cycle assessment of AI systems: Beyond operational energy.*
- MLPerf (2023). *Energy efficiency benchmarks for machine learning.*
- Programa de Desarrollo de Naciones Unidas (2023). *Digital divides in climate AI: Ensuring equitable access.*
- Alianza para IA Responsable (2024). *Participatory approaches to AI in climate action.*
- Centro para IA Responsable (2023). *Frameworks for equitable climate AI.*
- OCDE (2024). *Integrating digital and environmental policy frameworks.*
- Climate Change AI (2023). *Recommendations for AI-enabled climate action.*
- Foro Económico Mundial (2024). *The dual role of AI in climate action: Challenges and opportunities.*

CAPÍTULO 17: IA Y DESIGUALDAD GLOBAL

En un centro de datos de California, investigadores entrenan un modelo de lenguaje con millones de textos predominantemente en inglés. En una clínica rural de Malawi, médicos intentan utilizar un sistema de diagnóstico entrenado con imágenes de pacientes europeos. En una universidad de Bangalore, estudiantes desarrollan soluciones de IA adaptadas específicamente para contextos locales, pero luchan por acceder a la potencia computacional necesaria para entrenarlas a escala.

La inteligencia artificial no se desarrolla ni se despliega en un vacío. Emerge dentro de un mundo ya caracterizado por profundas desigualdades económicas, disparidades en infraestructura digital y asimetrías de poder arraigadas. En este contexto, la IA funciona simultáneamente como posible ecualizador, democratizando acceso a conocimientos y servicios, y como potencial amplificador de disparidades existentes.

Este capítulo examina la compleja relación entre inteligencia artificial y desigualdad global. Analizaremos cómo las brechas en recursos, representación e influencia están moldeando el desarrollo de esta tecnología transformadora y exploraremos estrategias para dirigir su evolución hacia mayor equidad y beneficio compartido.

La geografía del poder tecnológico

La capacidad para desarrollar tecnologías avanzadas de IA está distribuida extremadamente de forma desigual alrededor del mundo. Esta concentración refleja y potencialmente amplifica desequilibrios de poder existentes en el sistema global.

Concentración de recursos fundamentales

El desarrollo de IA de vanguardia requiere recursos específicos que están altamente concentrados:

- Potencia computacional: El entrenamiento de modelos avanzados requiere capacidad computacional masiva. Un solo entrenamiento de un modelo de lenguaje grande puede costar millones de dólares en tiempo de computación. Los principales centros de datos y clústeres computacionales se concentran en América del Norte, Europa Occidental y partes de Asia Oriental.

* Talento técnico especializado: Los investigadores e ingenieros con experiencia avanzada en IA se concentran desproporcionadamente en un pequeño número de universidades e instituciones de élite. Según Stanford AI Index 2024, más del 70% de investigadores líderes en aprendizaje profundo están afiliados a instituciones en solo cinco países.

* Financiamiento: La inversión en IA está altamente concentrada geográficamente. En 2023, Estados Unidos y China representaban más del 80% de la inversión privada global en IA, según datos de PwC.

* Datos: El entrenamiento de sistemas modernos de IA requiere cantidades masivas de datos. Las economías avanzadas no solo generan más datos digitales per cápita, sino que también poseen mayor infraestructura para almacenarlos y procesarlos.

Asimetrías en investigación e innovación

La producción de conocimiento sobre IA refleja pronunciados desequilibrios globales:

* Publicaciones e investigación: Un análisis bibliométrico de artículos de IA en revistas principales muestra que más del 85% de la investigación influyente proviene de instituciones en Europa, América del Norte y China.

* Patentes: La actividad de patentes en IA está dominada por un pequeño grupo de países. Según la Organización Mundial de la Propiedad Intelectual. EE.UU., China, Japón, Corea del Sur y varios países europeos representan más del 90% de las patentes relacionadas con IA.

* Conferencias y comunidades académicas: Las principales conferencias de IA (como NeurIPS, ICML o ICLR) se realizan predominantemente en países occidentales, con barreras significativas de idioma, visa y costos para investigadores de muchas regiones.

El resultado es un ecosistema donde las prioridades de investigación, enfoques metodológicos y problemas considerados dignos de atención están desproporcionadamente influenciados por intereses y perspectivas de economías avanzadas.

Un informe del Banco Interamericano de Desarrollo señala que la asimetría en el desarrollo tecnológico no solo es cuantitativa, sino cualitativa, ya que determina qué problemas se consideran importantes, qué soluciones se consideran viables y cuyas necesidades se priorizan en el desarrollo tecnológico.

El papel de las corporaciones multinacionales

Un pequeño número de corporaciones tecnológicas principalmente estadounidenses y chinas dominan el desarrollo de IA comercial:

- Alphabet (Google/DeepMind), Amazon, Apple, IBM, Intel, Meta, Microsoft, NVIDIA, OpenAI en EE.UU.
- Alibaba, Baidu, ByteDance, Huawei, Tencent en China.

Estas empresas controlan no solo las principales plataformas de IA sino también infraestructura crítica como:

- Centros de datos masivos necesarios para entrenamiento de modelos.
- Vastos conjuntos de datos propietarios recolectados de sus plataformas.
- Interfaces de programación (APIs) que actúan como guardianes para acceso a capacidades avanzadas.
- Grupos de talento técnico concentrados a través de compensación competitiva.

Un informe del Foro Económico Mundial señala que la concentración de poder tecnológico en un pequeño número de corporaciones globales plantea riesgos significativos para la gobernanza y la equidad global. Sus decisiones pueden tener impactos profundos en las trayectorias de desarrollo de países y comunidades en todo el mundo.

Brechas digitales evolucionadas: Más allá del acceso básico

Las desigualdades en IA no son simplemente extensiones de brechas digitales existentes, pero se construyen sobre ellas de formas tan complejas que crean nuevos desafíos para inclusión tecnológica.

Infraestructura física: La fundación desigual

El aprovechamiento efectivo de la IA requiere infraestructura física robusta que sigue distribuida desigualmente:

- Conectividad: Según la Unión Internacional de Telecomunicaciones, aproximadamente 2.6 mil millones de personas permanecen sin conexión a internet en 2023. Incluso entre aquellos conectados, la calidad, confiabilidad y velocidad de acceso varían dramáticamente.

- Energía: Las aplicaciones avanzadas de IA requieren suministro eléctrico estable. En partes de África Subsahariana y Asia del Sur, las interrupciones de energía frecuentes y prolongadas limitan la utilidad de soluciones basadas en IA.

- Dispositivos de acceso: Mientras que el acceso móvil se ha expandido significativamente, muchas aplicaciones avanzadas de IA requieren dispositivos más sofisticados que smartphones básicos. La "brecha de dispositivos" persiste incluso en áreas con conectividad.

Un informe de la UNESCO señala que la infraestructura física representa una barrera significativa para la adopción de la inteligencia artificial, ya que sin estos fundamentos, los beneficios potenciales de la IA para el desarrollo permanecen teóricos más que prácticos para grandes segmentos de la población mundial.

Alfabetización digital y competencias técnicas

La capacidad para desarrollar, adaptar y utilizar significativamente tecnologías de IA requiere competencias que están desigualmente distribuidas:

- Alfabetización digital básica: Habilidades fundamentales para navegar entornos digitales siguen siendo limitadas en muchas regiones.

El Banco Mundial estima que menos del 40% de adultos en países de bajos ingresos poseen competencias digitales básicas.

⚜ Educación STEM avanzada: El desarrollo de ecosistemas locales de IA requiere masa crítica de científicos de datos, ingenieros de aprendizaje automático y otros especialistas técnicos. Los sistemas educativos en muchas regiones no están equipados para producir este talento a escala necesaria.

⚜ Perspectivas interdisciplinarias: La implementación efectiva de IA para desafíos sociales requiere especialistas que puedan tender puentes entre dominios técnicos y contextualmente específicos, una combinación particularmente escasa en muchas economías emergentes.

Programas como AI4D (Inteligencia Artificial para Desarrollo) en África están trabajando para abordar estas brechas, pero enfrentan desafíos significativos de escala y sostenibilidad.

Representación en datos: La exclusión digital

Una forma menos visible pero profundamente consecuente de desigualdad radica en quién está representado en los datos que entrenan sistemas de IA:

⚜ Los principales corpus lingüísticos utilizados para entrenar modelos de lenguaje están dominados por inglés y un puñado de idiomas europeos, dejando muchos de los aproximadamente 7.000 idiomas del mundo severamente subrepresentados.

⚜ Los conjuntos de datos médicos utilizados para desarrollar herramientas de diagnóstico basadas en IA a menudo carecen de diversidad demográfica adecuada, resultando en peor rendimiento para poblaciones subrepresentadas.

⚜ Los sistemas de reconocimiento facial han mostrado repetidamente tasas de error más altas para individuos con tonos de piel más oscuros y características faciales no europeas, reflejando sesgos en datos de entrenamiento.

Los sistemas de inteligencia artificial no solo presentan un rendimiento inferior con ciertas poblaciones, sino que también tienden a reproducir y amplificar formas de exclusión históricas. Cuando, por ejemplo, las interfaces de voz no reconocen acentos regionales o los sistemas de salud ofrecen un peor desempeño para determinados grupos, se generan nuevas manifestaciones de marginalización que refuerzan desigualdades ya existentes.

Aspiraciones globales, impactos desiguales

Más allá de cuestiones de quién desarrolla y controla sistemas de IA, está la pregunta de cómo la tecnología, una vez implementada, afecta diferentes comunidades y regiones, a menudo de maneras que reflejan y potencialmente exacerban desigualdades existentes.

Automatización y transformación laboral

Los impactos de la automatización impulsada por IA varían significativamente a través de contextos económicos:

* Diferentes perfiles de riesgo laboral: Un estudio del Banco Mundial encontró que la proporción de empleos altamente susceptibles a automatización varía ampliamente entre países, desde aproximadamente el 69% en India hasta más del 85% en Etiopía.

* Capacidades desiguales para recualificación: Países con sistemas robustos de protección social, educación continua accesible y mercados laborales dinámicos están mejor posicionados para navegar desplazamientos laborales. Estas instituciones están a menudo menos desarrolladas precisamente donde los riesgos de automatización son más agudos.

* Diferentes trayectorias de desarrollo: La automatización podría desafiar las estrategias de desarrollo tradicionales que dependen de la ventaja en costos laborales. Según la OIT, los caminos históricos hacia la industrialización seguidos por las economías asiáticas podrían volverse mucho más limitados para los países de bajos ingresos si la manufactura intensiva en mano de obra se automatiza en gran medida.

Un caso ilustrativo es la industria de centros de llamadas en Filipinas, que emplea más de 1.3 millones de personas y representa aproximadamente

9% del PIB nacional. Los avances en IA conversacional amenazan potencialmente este sector económico crucial antes que economías alternativas de mayor valor agregado hayan emergido plenamente.

Colonialismo de datos y extractivismo algorítmico

La recolección y uso de datos por plataformas globales y desarrolladores de IA plantean preocupaciones sobre nuevas formas de dinámica extractiva:

- Asimetría de valor: Datos generados por usuarios globales alimentan modelos que generan valor económico primariamente capturado por corporaciones basadas en economías avanzadas.

- Gobernanza limitada: Comunidades cuyos datos se utilizan frecuentemente tienen poder limitado sobre cómo estos datos se aplican o monetizan.

- Propiedad intelectual y cultura: La incorporación de conocimiento cultural, artístico y lingüístico en modelos generativos plantea preguntas sobre apropiación sin compensación adecuada o consentimiento.

Las plataformas digitales globales suelen recolectar datos de usuarios en países en desarrollo y utilizar esa información para entrenar sistemas que posteriormente se comercializan en esas mismas regiones. Sin embargo, estos productos frecuentemente carecen de adaptaciones relevantes al contexto local y no consideran adecuadamente las normas culturales específicas.

Algoritmos y acceso a oportunidades

Los sistemas algorítmicos cada vez más median acceso a oportunidades cruciales, a menudo con impactos desiguales:

- Servicios financieros: Algoritmos de calificación crediticia a menudo penalizan a personas sin historial financiero formal extenso, limitando acceso a capital en comunidades históricamente excluidas del sector bancario tradicional.

- Oportunidades educativas: Sistemas de admisión automatizados pueden perpetuar desventajas estructurales cuando se entrenan con datos históricos que reflejan discriminación pasada.

- Acceso a empleo: Herramientas de contratación basadas en IA pueden discriminar implícitamente contra candidatos de contextos atípicos o con credenciales no estándar, incluso cuando estas diferencias no son relevantes para desempeño laboral real.

Un estudio en múltiples mercados emergentes por Cátedra UNESCO de Políticas de IA encontró evidencia consistente de que algoritmos optimizados para contextos de altos ingresos frecuentemente producen resultados sistemáticamente menos equitativos cuando se aplican en entornos socioeconómicos significativamente diferentes.

Caminos alternativos: Hacia una IA más equitativa

A pesar de estos desafíos, diversas iniciativas están trabajando para desarrollar y desplegar IA de manera que priorice equidad, inclusión y diversidad de perspectivas.

Soberanía tecnológica e innovación local

Varias regiones están desarrollando capacidades independientes y modelos adaptados a contextos locales:

- Ecosistemas regionales de IA: Iniciativas como AI4Bharat en India, proyectos de predicción de inundaciones en Kenia y Khipu.ai en América Latina están desarrollando modelos específicamente entrenados en idiomas locales y adaptados a contextos regionales.

- Infraestructura computacional compartida: Centros de Excelencia en Bioinformática y Ciencia de Datos en África proporcionan acceso a recursos computacionales para investigadores que de otro modo estarían excluidos de investigación avanzada en IA.

- Marcos regulatorios regionales: La Unión Africana, ASEAN y organizaciones latinoamericanas están desarrollando enfoques regulatorios que reflejan sus contextos específicos y prioridades de desarrollo, en lugar de simplemente adoptar modelos occidentales o chinos.

La Comisión Económica para América Latina y el Caribe (CEPAL) ha enfatizado que la soberanía digital no implica aislamiento, sino la construcción de capacidades para participar significativamente en el desarrollo tecnológico global mientras se preserva la autonomía para priorizar necesidades locales y proteger valores sociales específicos.

Modelos participativos de desarrollo

Enfoques alternativos a desarrollo de IA enfatizan inclusión significativa de diversas perspectivas:

- Diseño participativo: Metodologías que involucran usuarios finales y comunidades afectadas desde etapas iniciales de diseño, no simplemente como receptores de tecnologías desarrolladas externamente.

- Conocimiento indígena y perspectivas locales: Iniciativas que explícitamente valoran e incorporan diversos sistemas de conocimiento, no solo datos científicos occidentales convencionales.

- Gobernanza multi-stakeholder: Estructuras que aseguran que voces del sur global influencian significativamente dirección de investigación, estándares y marcos éticos.

El proyecto Masakhane ejemplifica este enfoque, reuniendo más de 1,000 colaboradores de 30 países africanos para desarrollar recursos lingüísticos y modelos de procesamiento de lenguaje natural para idiomas africanos tradicionalmente marginados en investigación de IA.

Optimización para contextos de recursos limitados

Innovación específicamente orientada hacia realidades de regiones en desarrollo:

- Modelos "pequeños pero poderosos": Sistemas de IA diseñados para operar efectivamente con limitaciones de ancho de banda, potencia computacional y conectividad intermitente.

- Aplicaciones sin conectividad: Soluciones que funcionan completamente en dispositivo, sin requerir conexión a internet constante, adecuadas para áreas remotas y rurales.

- Interfaces multimodales: Sistemas que se adaptan a diversos niveles de alfabetización, utilizando audio, imágenes y texto según preferencias y capacidades del usuario.

Wadhwani AI en India ha desarrollado aplicaciones para agricultura que operan en smartphones básicos, funcionan offline y utilizan interfaces visuales accesibles para agricultores con alfabetización limitada, demostrando que innovación contextualmente apropiada puede superar barreras significativas hacia la inclusión.

El camino hacia adelante: Un enfoque de ecosistema

Abordar desigualdades en IA efectivamente requiere intervenciones coordinadas a múltiples niveles, reconociendo interconexiones entre diferentes dimensiones del desafío.

Inversión en facilitadores estructurales

Factores fundamentales que permiten participación significativa en era de IA:

- Infraestructura digital: Conectividad de banda ancha asequible, confiable y accesible como fundamento para desarrollo e implementación de IA.

- Educación y desarrollo de capacidades: Desde alfabetización digital básica hasta educación avanzada en ciencia de datos, con atención particular a comunidades subrepresentadas.

- Marcos legales y regulatorios: Protecciones de datos, derechos digitales y obligaciones de transparencia algorítmica que empoderen y protejan usuarios en diversas regiones.

La colaboración entre la Unión Africana y la Unión Europea en el ámbito digital ejemplifica un enfoque integrado que reconoce las interconexiones entre infraestructura, educación y gobernanza. A través de estrategias conjuntas, se invierte simultáneamente en el despliegue de conectividad de banda ancha, el desarrollo de habilidades digitales y el fortalecimiento de marcos regulatorios, promoviendo una transformación digital inclusiva y sostenible en África."

Cooperación internacional reformulada

Nuevos modelos de colaboración global que desafían dinámicas tradicionales norte-sur:

⚜ Transferencia tecnológica equitativa: Compartir conocimiento, herramientas y recursos computacionales con términos que reconocen y respetan contribuciones y necesidades de socios del sur global.

⚜ Estándares técnicos inclusivos: Asegurar que procesos de establecimiento de estándares para IA incluyan representación diversa y consideren impactos variados en diferentes contextos.

⚜ Investigación colaborativa: Asociaciones que priorizan co-creación sobre transferencia unidireccional, con agendas de investigación determinadas conjuntamente.

La Red AI4D (Inteligencia Artificial para Desarrollo) conecta investigadores de África, Asia y América Latina en colaboraciones sur-sur que construyen capacidad independiente mientras abordan desafíos de desarrollo compartidos.

Enfoque en impacto social positivo

Redirección de investigación e inversión en IA hacia necesidades apremiantes:

⚜ Alineación con Objetivos de Desarrollo Sostenible: Priorización de aplicaciones que directamente abordan desafíos como pobreza, salud, educación, igualdad de género y sostenibilidad ambiental.

⚜ Diseño para equidad desde el inicio: Incorporación de consideraciones sobre accesibilidad, asequibilidad e inclusión en etapas iniciales de desarrollo tecnológico.

⚜ Medición y evaluación centradas en impacto: Marcos que evalúan tecnologías no solo por métricas técnicas sino por contribuciones tangibles a bienestar humano en diversos contextos.

El Global Partnership on Artificial Intelligence (GPAI) promueve la colaboración internacional para el desarrollo de una inteligencia artificial inclusiva y equitativa. A través de sus grupos de trabajo, como el Responsible AI Working Group, el GPAI desarrolla herramientas y directrices para alinear la investigación, la inversión y las políticas con objetivos de inclusión y equidad, asegurando que la IA beneficie a todas las sociedades de manera justa y responsable

Más allá de la dicotomía utopía-distopía

La relación entre inteligencia artificial y desigualdad global no está predeterminada. Las tecnologías de IA no son inherentemente igualitarias ni inherentemente explotadoras, su impacto distributivo dependerá de decisiones conscientes sobre cómo son desarrolladas, reguladas, implementadas y gobernadas.

Lo que está claro es que dejar trayectorias actuales sin cambios probablemente reforzará y posiblemente ampliará disparidades existentes. La concentración de recursos, conocimiento y poder de toma de decisiones en un puñado de actores corporativos y nacionales plantea preocupaciones profundas sobre equidad, diversidad y representación en la era de IA.

Sin embargo, caminos alternativos están emergiendo. Desde iniciativas de base en el sur global hasta reformulaciones de cooperación internacional, comunidades diversas están reclamando su rol en moldear cómo la IA evolucionará e impactará sus vidas. La creciente atención a IA inclusiva, participativa y contextualmente apropiada sugiere potencial para redirigir estas tecnologías poderosas hacia mayor equidad y prosperidad compartida.

Un informe reciente de Naciones Unidas resalta que la verdadera cuestión no es solo si la inteligencia artificial aumentará o reducirá las desigualdades, sino quién tendrá la oportunidad de participar en las decisiones que influirán en estos resultados. Ampliar la participación en este debate es fundamental para asegurar que las tecnologías transformadoras beneficien a toda la humanidad y no solo a un grupo selecto.

El futuro de la IA global, como ecualizador o divisor, sigue abierto. Su trayectoria dependerá no del determinismo tecnológico sino de decisiones específicas, políticas intencionales y acción colectiva por diversos actores alrededor del mundo que reconocen tanto promesas como peligros de esta revolución tecnológica fundamental.

Notas sobre fuentes:

Este capítulo integra investigación contemporánea sobre la relación entre inteligencia artificial y desigualdad global:

- Stanford AI Index (2024). *Global AI development indicators and concentration metrics.*
- UNCTAD (2023). *Digital Economy Report: AI and global development divides.*
- PwC (2023). *Global Artificial Investment Analysis by Region and Sector.*
- Unión Internacional de Telecomunicaciones (2023). *Measuring digital development: Facts and figures.*
- UNESCO (2024). *AI readiness assessment framework for developing countries.*
- Banco Mundial (2023). *Digital Skills: Frameworks and assessment approaches.*
- Organización Internacional del Trabajo (2023). *The impact of artificial intelligence on labour markets in developing economies.*
- McKinsey Global Institute (2023). *Automation, labor markets, and skills in an era of AI.*
- Banco Mundial (2024). *World Development Report: Trading for Development in the Age of Global Value Chains and AI.*
- Digital Rights Foundation (2023). *Data colonialism and digital extractivism frameworks.*
- Cátedra UNESCO de Políticas de IA (2024). *Algorithmic fairness across socioeconomic contexts.*
- Oxford Internet Institute (2023). *Value creation and distribution in AI supply chains.*
- Comisión Económica para América Latina y el Caribe (2023). *Digital sovereignty in the age of AI.*
- AI4D Africa (2023-2024). *Building inclusive AI ecosystems in Africa.*
- Global Partnership on Artificial Intelligence (2024). *AI and inclusive societies: Framework and recommendations.*
- Naciones Unidas (2024). *Secretary-General's report on AI and global inequality.*
- Union Africana y Unión Europea (2023). *Digital Marshall Plan for Africa: Infrastructure, skills and governance.*
- South Centre (2024). *AI governance from a developing country perspective.*

CAPÍTULO 18: IA, GOBIERNO Y SOCIEDAD

La revolución silenciosa del poder automatizado

Gobernar implica tomar decisiones que afectan vidas: qué recursos asignar, a quién beneficiar, cómo distribuir oportunidades y cargas. Durante siglos, estas decisiones han sido territorio exclusivamente humano; deliberadas en parlamentos, ejecutadas por burocracias, supervisadas por tribunales. Hoy sin embargo, esta ecuación fundamental está cambiando silenciosamente.

En tribunales de justicia, algoritmos evalúan el riesgo de reincidencia criminal. En agencias tributarias, sistemas automatizados seleccionan casos para auditoría. En departamentos de servicios sociales, modelos predictivos ayudan a determinar asignación de recursos limitados. En sistemas de vigilancia urbana, software de reconocimiento identifica personas de interés sin intervención humana directa.

La inteligencia artificial ha entrado en los pasillos del poder gubernamental, no con fanfarrias ni declaraciones revolucionarias, sino discretamente, implementación por implementación, agencia por agencia, decisión por decisión.

Este capítulo examina esta transformación silenciosa pero profunda: cómo la IA está reconfigurando la relación entre gobiernos y ciudadanos, qué significa para conceptos fundamentales como transparencia, rendición de cuentas y participación democrática, y cómo podemos asegurar que la automatización del poder público sirva al bien común en lugar de socavarlo.

Una herramienta de gestión poderosa

Los gobiernos siempre han buscado tecnologías para mejorar su capacidad administrativa. Desde los censos y catastros del mundo antiguo hasta los sistemas informáticos del siglo XX, la innovación tecnológica ha moldeado cómo se ejerce y experimenta el poder estatal. La IA representa potencialmente el salto más significativo en esta evolución.

A diferencia de tecnologías anteriores que simplemente ejecutaban instrucciones programadas, los sistemas modernos de IA pueden analizar patrones complejos, hacer predicciones, recomendar o incluso tomar decisiones y aprender de resultados pasados. Esta capacidad está transformando múltiples dominios de gobernanza:

Salud Pública: Predicción y Prevención

Las agencias de salud pública están implementando sistemas de vigilancia algorítmica que procesan datos heterogéneos para detectar emergencias sanitarias antes que se manifiesten completamente:

- En Singapur, el Sistema Nacional de Vigilancia de Enfermedades utiliza IA para analizar registros hospitalarios, búsquedas en línea y datos de redes sociales para detectar brotes infecciosos en etapas tempranas.

- En Colombia, el Ministerio de Salud emplea modelos predictivos para identificar regiones con mayor probabilidad de brotes de dengue y zika, permitiendo asignación preventiva de recursos.

- Durante la pandemia de COVID-19, sistemas como BlueDot detectaron señales tempranas del brote inicial, demostrando potencial para alertas anticipadas que pueden salvar vidas.

Una prevención efectiva implica reconocer señales tempranas antes de que se conviertan en crisis completas. Los algoritmos tienen la capacidad de identificar patrones sutiles en grandes volúmenes de datos que serían invisibles para los equipos humanos, incluso los más comprometidos.

Justicia: Predicción de Riesgo y Asignación de Recursos

Los sistemas judiciales están incorporando IA para gestionar cargas de trabajo y evaluar riesgos:

- Herramientas como COMPAS en Estados Unidos calculan probabilidades de reincidencia para informar decisiones sobre libertad condicional y sentencias.
- En Argentina, el sistema Prometea ayuda a clasificar y priorizar casos judiciales, identificando precedentes relevantes y acelerando resoluciones en casos similares.
- La Fiscalía de Colombia utiliza análisis predictivo para asignar recursos investigativos, identificando patrones que sugieren actividad criminal organizada.

Estos sistemas prometen mayor eficiencia y consistencia, pero también plantean preguntas fundamentales sobre debido proceso, igualdad ante la ley y potencial de amplificar sesgos históricos.

Seguridad y Vigilancia: Detección Proactiva

Quizás ningún área ha visto adopción más rápida y controvertida que en la seguridad pública:

- Ciudades como Londres, Beijing y Buenos Aires han desplegado sistemas de reconocimiento facial en espacios públicos, con capacidad para identificar personas en tiempo real, aunque causando controversia o con grandes limitaciones.

- Programas de "policía predictiva" en ciudades norteamericanas y europeas utilizan análisis de datos históricos para predecir dónde y cuándo podrían ocurrir delitos, informando despliegue de patrullas.

- Análisis de sentimiento y detección de anomalías monitorean comunicaciones y actividades en línea para identificar amenazas potenciales.

La promesa de la tecnología es enfocarse en la prevención en lugar de la reacción, pero esto cambia fundamentalmente la relación entre el Estado y los ciudadanos. La implementación de vigilancia algorítmica constante podría afectar las libertades civiles si no se establece con medidas de protección adecuadas.

Administración Pública: Eficiencia y Personalización

Más allá de áreas especializadas, la IA está transformando funciones administrativas cotidianas:

- Chatbots y asistentes virtuales manejan consultas rutinarias ciudadanas, permitiendo que personal humano se concentre en casos complejos. El SAT en México implementó un asistente virtual que responde más de 10.000 consultas tributarias diarias durante temporada de declaraciones.

- Sistemas de procesamiento automatizado tramitan licencias, permisos y beneficios según criterios predefinidos. Estonia, pionero en gobierno digital, automatiza más de 1.500 servicios gubernamentales, muchos con componentes de IA.

* Análisis predictivo identifica dónde infraestructura pública como tuberías o caminos podrían fallar, permitiendo mantenimiento preventivo. Río de Janeiro utiliza sensores e IA para predecir deslizamientos de tierra antes de fuertes lluvias.

Algoritmos que toman decisiones públicas

La transformación va más allá de mayor eficiencia administrativa. Cuando algoritmos participan o incluso asumen responsabilidad por decisiones que afectan directamente derechos, oportunidades y libertades de personas, estamos entrando en territorio fundamentalmente nuevo para gobernanza democrática.

El Poder Algoritmo-Humano: Un Nuevo Equilibrio

La relación entre funcionarios humanos y sistemas algorítmicos toma diversas formas:

* Asistencia algorítmica: Sistemas que proporcionan información y recomendaciones, pero decisiones finales permanecen con funcionarios humanos. Por ejemplo, en Corea del Sur, sistemas analizan datos de licitaciones públicas para identificar posibles irregularidades, pero investigadores humanos determinan si existe fraude real.

* Decisión compartida: Humanos y algoritmos colaboran, con responsabilidad dividida. En el sistema de bienestar social australiano, algoritmos identifican posibles discrepancias, pero empleados humanos evalúan circunstancias individuales antes de determinar si ocurrió fraude.

* Automatización completa: Para ciertas decisiones consideradas rutinarias o de bajo riesgo, sistemas pueden operar autónomamente. Estonia automatiza completamente ciertas devoluciones tributarias cuando algoritmos no detectan anomalías.

Esta evolución genera preguntas importantes sobre la autoridad, responsabilidad y supervisión. No se trata solo de mejorar la eficiencia técnica, sino de una redistribución significativa del poder de decisión dentro de las instituciones gubernamentales.

Riesgos de Discriminación Algorítmica

Uno de los desafíos más serios surge cuando sistemas gubernamentales automatizan o amplifican desigualdades existentes:

- En el Reino Unido, el sistema Risk Assessment Database (RAD) ha sido criticado por su tendencia a clasificar incorrectamente a personas de minorías étnicas como de "alto riesgo" de reincidencia, perpetuando sesgos raciales en decisiones judiciales.

- En Países Bajos, un sistema llamado SyRI diseñado para detectar fraude en beneficios sociales fue declarado ilegal por tribunales en 2020 por utilizar algoritmos que discriminaban desproporcionadamente contra comunidades minoritarias y de bajos ingresos.

- En Australia, el programa Robodebt intentó automatizar detección de sobrepagos en beneficios sociales, resultando en miles de acusaciones erróneas contra ciudadanos vulnerables que carecían de recursos para impugnar determinaciones algorítmicas.

Desafíos para Supervisión Democrática

La naturaleza técnica y frecuentemente propietaria de sistemas gubernamentales de IA crea obstáculos para supervisión democrática tradicional:

- Complejidad técnica: Legisladores, jueces y ciudadanos a menudo carecen de conocimientos para evaluar efectivamente sistemas algorítmicos.
- Opacidad comercial: Cuando gobiernos adquieren sistemas de proveedores privados, acuerdos de confidencialidad comercial pueden escudar algoritmos del escrutinio público.
- Evolución continua: Sistemas basados en aprendizaje automático cambian con el tiempo, complicando supervisión consistente.
- Alcance y escala: El volumen de decisiones automatizadas dificulta revisión significativa de cada caso individual.

El informe del Instituto de Tecnología y Sociedad de Río de Janeiro destaca que la democracia se basa en la capacidad de los ciudadanos para comprender, cuestionar y, en algunos casos, rechazar las acciones del gobierno. Cuando las decisiones clave se toman a partir de sistemas algorítmicos poco transparentes, se socava esta premisa esencial.

Transparencia, trazabilidad y explicabilidad

Frente a estos desafíos, un consenso emergente enfatiza tres principios interrelacionados como fundamentos para uso responsable de IA en gobierno:

Transparencia: Revelando el Proceso

La transparencia en IA gubernamental opera a múltiples niveles:

- Transparencia de existencia: Los ciudadanos tienen derecho fundamental a saber cuándo están sujetos a procesos de decisión automatizados o asistidos algorítmicamente.
- Transparencia de propósito: Debe haber claridad sobre qué objetivos está diseñado a alcanzar un sistema, qué métricas optimiza y qué valores prioriza.
- Transparencia de datos: Qué información está siendo recolectada y utilizada debe ser comunicado claramente, junto con sus fuentes y limitaciones.
- Transparencia de modelo: Aunque detalles técnicos completos pueden ser innecesarios para público general, características fundamentales de cómo opera un sistema deben ser accesibles.

El Registro Algorítmico de Ámsterdam ejemplifica este enfoque, documentando públicamente varios sistemas de IA utilizados por la ciudad, incluyendo sus propósitos, datos empleados, medidas antidiscriminación y mecanismos de supervisión humana. Sin embargo, su alcance es limitado, ya que no incluye todos los sistemas de IA implementados, lo que ha generado críticas sobre su efectividad en promover una transparencia integral.

Trazabilidad: Siguiendo el Rastro de Decisiones

La trazabilidad permite reconstruir cómo se llegó a una decisión específica:

- Registros completos y auditables de entradas, procesos y salidas.
- Documentación de cambios en sistema con el tiempo.
- Capacidad para identificar puntos específicos donde pueden haber ocurrido errores o sesgos.

El informe de la Comisión Económica para América Latina subraya que la trazabilidad es esencial para garantizar una rendición de cuentas efectiva. Sin este mecanismo, resulta imposible verificar si un sistema funcionó como se esperaba o identificar a los responsables cuando no lo hace.

Explicabilidad: Traduciendo Complejidad a Comprensión

Quizás el desafío más fundamental es asegurar que decisiones algorítmicas complejas puedan ser explicadas de manera comprensible:

- Explicaciones deben ser adaptadas a audiencias específicas (ciudadanos afectados, auditores técnicos, supervisores políticos).
- Deben identificar factores decisivos que llevaron a resultado particular.
- Deben permitir a individuos entender qué factores podrían haber producido resultado diferente.

Un ciudadano que haya sido privado de beneficios gubernamentales tiene derecho a recibir una explicación más detallada que simplemente "el algoritmo lo decidió". Debe poder entender qué factores específicos influyeron en la decisión y qué acciones puede tomar para lograr un resultado diferente.

Colombia ha implementado requisitos para "explicaciones ciudadanas" cuando sistemas automatizados participan en decisiones administrativas significativas, exigiendo que agencias proporcionen justificaciones comprensibles en lenguaje no técnico.

Participación ciudadana y control social

La gobernanza democrática exitosa de IA requiere ir más allá de transparencia técnica para incluir participación pública significativa en decisiones sobre cuándo y cómo se implementan estos sistemas.

Consulta Previa a Implementación

Cada vez más jurisdicciones requieren participación pública antes que sistemas gubernamentales de IA sean desplegados:

- Barcelona implementa "procesos participativos digitales" donde ciudadanos pueden evaluar y comentar sobre sistemas propuestos antes de implementación.

- Nueva Zelanda requiere consulta con comunidades Maorí cuando algoritmos gubernamentales podrían afectar sus intereses, reconociendo preocupaciones específicas de comunidades indígenas.

- Dinamarca utiliza "paneles ciudadanos" para proporcionar retroalimentación sobre sistemas gubernamentales de IA, incluyendo participantes seleccionados para representar diversas perspectivas y experiencias.

La etapa inicial de diseño e implementación es crucial, ya que involucrar al público desde el comienzo permite identificar posibles preocupaciones y ajustar los sistemas antes de realizar grandes inversiones o establecer prácticas problemáticas, según un informe de la UNESCO sobre IA y gobierno.

Auditorías Independientes

Los sistemas gubernamentales de IA requieren escrutinio externo robusto:

- La Oficina Nacional de Auditoría del Reino Unido ha desarrollado metodologías específicas para evaluar sistemas de IA, examinando no solo eficiencia técnica sino también impactos sociales.

- Grupos de vigilancia civil como Algorithm Watch en Europa documentan y analizan implementación de sistemas algorítmicos gubernamentales, actuando como verificadores independientes.

Aunque quienes implementan sistemas tengan buenas intenciones, pueden pasar por alto ciertos aspectos importantes. Por eso, contar con una revisión independiente resulta esencial, ya que permite detectar impactos que podrían no ser evidentes para los desarrolladores o los primeros usuarios.

Derechos de Apelación y Reparación

Sistemas democráticos requieren mecanismos para cuestionar y corregir decisiones erróneas:

- La Directiva de Decisiones Automatizadas de Canadá requiere que sistemas gubernamentales de IA incluyan opciones de "salida humana", permitiendo que ciudadanos soliciten revisión por persona real.

- Francia establece explícitamente que decisiones administrativas basadas únicamente en procesamiento algorítmico pueden ser apeladas, con pleno acceso a información sobre cómo se tomó decisión.

Según un informe del Consejo de Europa, la posibilidad de cuestionar decisiones tomadas por algoritmos va más allá de corregir errores técnicos. Se trata de una condición esencial para garantizar la dignidad humana y el ejercicio pleno de la ciudadanía, permitiendo a las personas participar activamente en los procesos gubernamentales en lugar de ser meros receptores de sus efectos.

Ciudades inteligentes: IA en lo cotidiano

Un ámbito donde IA gubernamental está transformando directa y visiblemente vida ciudadana es desarrollo de "ciudades inteligentes", entornos urbanos donde sensores, datos y algoritmos optimizan servicios e infraestructura.

Transformando Movilidad Urbana

La gestión de transporte está entre aplicaciones más extendidas:

- Sistemas de señalización adaptativos en Medellín ajustan sincronización de semáforos en tiempo real basándose en flujos de tráfico, reduciendo congestión hasta 30% en corredores clave.
- Madrid utiliza analítica predictiva para anticipar patrones de demanda en transporte público, optimizando rutas y frecuencias para reducir sobrecarga y tiempos de espera.

La planificación de transporte basada en inteligencia artificial permite observar y adaptarse a patrones dinámicos de movilidad que antes pasaban desapercibidos, marcando una diferencia significativa frente a los enfoques tradicionales, más estáticos y limitados en su capacidad de respuesta.

Gestión Ambiental Inteligente

La sostenibilidad urbana se beneficia de capacidades analíticas avanzadas:

- Santiago implementa monitoreo de calidad del aire basado en IA que combina datos de sensores fijos con información de fuentes móviles para crear mapas detallados de contaminación, permitiendo intervenciones específicas.

- En Ciudad de México, algoritmos predicen consumo de agua y detectan fugas en tiempo real, reduciendo desperdicio en sistema municipal.

- Barcelona utiliza iluminación urbana inteligente que ajusta intensidad basada en presencia de peatones y condiciones ambientales, reduciendo consumo energético mientras mantiene seguridad pública.

Participación Pública Reimaginada

Plataformas digitales están transformando cómo ciudadanos interactúan con gobiernos locales:

- Decidim Barcelona permite a residentes proponer, debatir y priorizar proyectos urbanos a través de plataforma digital que utiliza análisis de lenguaje natural para agrupar propuestas similares y facilitar deliberación estructurada.

- Iniciativas como vTaiwan emplean herramientas potenciadas por IA para facilitar consultas públicas a gran escala sobre regulaciones propuestas, identificando áreas de consenso entre diversas perspectivas.

En contextos urbanos actuales, la participación ciudadana enfrenta el reto de mantenerse efectiva a gran escala. El uso de herramientas algorítmicas, si se desarrollan con enfoque democrático, tiene el potencial de ampliar el acceso, fomentar la inclusión y mejorar la efectividad de estos procesos participativos.

Riesgos de Vigilancia y Exclusión

Sin embargo, la ciudad inteligente también presenta riesgos significativos:

- Sistemas de vigilancia urbana en ciudades desde Río de Janeiro hasta Shanghái monitorean comportamiento ciudadano continuamente, planteando preocupaciones sobre normalización de supervisión permanente.

- La dependencia de aplicaciones digitales y plataformas puede excluir poblaciones vulnerables, particularmente adultos mayores y personas con acceso limitado a tecnología.

- La optimización algorítmica puede priorizar implícitamente necesidades de residentes más privilegiados tecnológicamente, cuyos datos están mejor representados en sistemas.

Según los principios promovidos por la Coalición de Ciudades por los Derechos Digitales, una ciudad verdaderamente inteligente debe ser también equitativa. Esto implica que las tecnologías urbanas deben diseñarse para atender las necesidades de todos los residentes, no solo de aquellos con mayor visibilidad digital, garantizando así una inclusión real y el respeto por los derechos digitales en la planificación urbana.

La ciudad como organismo inteligente

La visión más ambiciosa de IA urbana va más allá de sistemas individuales hacia integración holística que permite a ciudades responder dinámicamente como organismos adaptativos.

Sistemas Urbanos Interconectados

La próxima generación de ciudades inteligentes está entrelazando anteriormente sistemas aislados:

- Digital Twin de Singapur crea réplica virtual detallada completa de la ciudad, permitiendo simulaciones complejas de cómo cambios en un sistema (transporte, energía, agua) afectarían otros.

- Helsinki ha implementado plataforma de intercambio de datos que permite sistemas municipales compartir información de forma segura, superando tradicionales silos departamentales.

- El proyecto Smart Dubai integra más de 100 iniciativas previamente separadas en ecosistema cohesivo con gobernanza e infraestructura de datos compartidas.

Resistencia y Adaptabilidad

Inteligencia urbana integrada permite mayor capacidad para anticipar y responder a crisis:

- Río de Janeiro utiliza Centro de Operaciones que combina datos de 30 agencias diferentes con análisis predictivo para anticipar y coordinar respuestas a eventos desde inundaciones hasta accidentes de tráfico significativos.

- Tokio ha desarrollado sistema de respuesta a desastres que utiliza simulaciones de IA para predecir impactos de terremotos y optimizar rutas de evacuación basadas en condiciones específicas.

Gobernanza algorítmica: El nuevo rostro de la soberanía

A nivel nacional e internacional, emergen debates sobre cómo gobernar inteligencia artificial en sector público mientras navegamos redefinición fundamental de soberanía en era algorítmica.

Marcos Regulatorios Emergentes

Algunos gobiernos están desarrollando marcos específicos para IA en sector público, como por ejemplo:

- La Ley de IA de Unión Europea.
- Canadá.
- Varios gobiernos latinoamericanos, incluyendo Uruguay, Colombia y Chile.

Estos marcos comparten principios comunes: transparencia, explicabilidad, supervisión humana; pero varían significativamente en detalles de implementación, mecanismos de cumplimiento y requisitos específicos.

Capacidades Institucionales y Alfabetización

La regulación efectiva requiere fortalecimiento significativo de capacidades gubernamentales:

- Reino Unido ha establecido Centro para Ética de Datos e Innovación para desarrollar estándares y proporcionar orientación sobre uso responsable de IA en sector público.
- Singapur creó Academia de IA específicamente para capacitar funcionarios públicos en habilidades necesarias para supervisar eficazmente sistemas algorítmicos.
- México está implementando programa de alfabetización digital para jueces y funcionarios judiciales, asegurando que quienes revisan decisiones asistidas por IA comprendan sus fundamentos.

Según un informe de la OCDE, la diferencia de conocimiento entre los desarrolladores tecnológicos y los reguladores gubernamentales constituye un reto clave para una gobernanza eficaz. Se destaca la necesidad urgente de que los gobiernos inviertan en el fortalecimiento de sus capacidades internas para evitar depender en exceso de proveedores privados para obtener la experiencia técnica necesaria.

El Dilema del Sector Privado

Un desafío particular surge cuando gobiernos dependen de proveedores comerciales para sistemas críticos:

- Muchas herramientas de IA gubernamentales son desarrolladas y mantenidas por empresas privadas que consideran sus algoritmos propiedad intelectual confidencial.
- Gobiernos frecuentemente carecen de capacidad técnica para desarrollar alternativas internas, creando dependencias problemáticas.
- Las prioridades comerciales (eficiencia, escalabilidad, rentabilidad) pueden no alinearse perfectamente con valores públicos (equidad, transparencia, debido proceso).

La dependencia de soluciones privadas propietarias para funciones gubernamentales clave plantea serias cuestiones sobre la soberanía democrática. Los gobiernos, al depender de estas soluciones, están delegando aspectos de su autoridad pública a entidades cuya principal responsabilidad es hacia sus accionistas y no hacia los ciudadanos.

Cooperación Internacional y Estándares

La naturaleza transfronteriza de tecnología requiere coordinación supranacional:

- La UNESCO ha adoptado Recomendación sobre Ética de IA que establece principios para implementación gubernamental, proporcionando marco particularmente relevante para economías emergentes.
- La Organización para Cooperación y Desarrollo Económico (OCDE) desarrolló principios para IA confiable que más de 40 países han adoptado formalmente.
- Foros regionales como Unión Africana, ASEAN y Alianza del Pacífico están desarrollando enfoques coordinados para adopción de IA gubernamental.

Esta cooperación es especialmente crucial para naciones más pequeñas y con menos recursos, que individualmente pueden tener influencia limitada sobre proveedores tecnológicos globales pero colectivamente pueden establecer estándares significativos.

Automatizar sin deshumanizar

La promesa de inteligencia artificial para gobernanza es sustancial: mayor eficiencia, decisiones más informadas, servicios más personalizados y accesibles. Los gobiernos enfrentan demandas sociales complejas con recursos limitados y tecnologías algorítmicas ofrecen herramientas poderosas para hacer más con menos.

Sin embargo, el imperativo subyacente debe ser automatizar procesos y procedimientos, no valores ni principios. La eficiencia administrativa es valiosa, pero subordinada a compromisos más fundamentales con igualdad, libertad, dignidad humana y autodeterminación democrática.

La cuestión no se trata solo de si la inteligencia artificial puede hacer que el gobierno sea más eficiente, sino de si puede hacerlo de manera más justa, inclusiva y participativa, no solo más rápida o predictiva.

Esto requiere diseñar sistemas donde tecnología amplifica en lugar de reemplazar agencia humana; donde herramientas algorítmicas potencian en lugar de socavar procesos democráticos; y donde eficiencia sirve, no suplanta, equidad y dignidad.

La inteligencia artificial gubernamental debe reconocer que los ciudadanos no son meramente conjuntos de datos a ser optimizados o problemas a ser resueltos. Son participantes activos y agentes morales en empresa compartida de autogobierno democrático; una realidad que ningún algoritmo, sin importar cuán sofisticado sea, puede capturar plenamente.

Mientras la IA transforma irreversiblemente contornos de poder gubernamental, el principio guía debe permanecer: las máquinas están aquí para servir principios humanos, no para redefinirlos. La tecnología puede y debe transformar cómo gobiernos operan, pero los valores fundamentales que animan sociedades democráticas: dignidad, libertad, igualdad, participación, deben permanecen firmemente en manos humanas.

La democracia no se automatiza. Se cuida.

Notas sobre fuentes:

Este capítulo integra investigación contemporánea sobre IA en gobierno y políticas públicas:

- OCDE (2023). *AI in the Public Sector: International Approaches and Perspectives*.
- BID (2024). *Transformación Digital de Gobiernos en América Latina: Estado de Adopción de IA*.
- Centro de Gobernanza de IA de Oxford (2023). *Automated Decision-Making in Public Agencies: Trends and Governance Frameworks*.
- Algorithm Watch (2023). *Automating Society: Public Sector Use of AI in Europe and Americas*.
- Instituto de Tecnología y Sociedad de Rio de Janeiro (2024). *Algorithmic Power and Democratic Accountability in Latin America*.
- UNESCO (2023). *AI in the Public Service: Global Best Practices and Ethics Guidelines*.
- Smart Cities World Forum (2023). *Global Smart City Implementation Report*.
- Coalición por Ciudades Justas (2023). *Algorithmic Equity in Urban Governance*.
- Comisión Europea (2023). *AI Act: Requirements for Public Sector Implementation*.
- CEPAL (2024). *Gobernanza Algorítmica: Recomendaciones para América Latina y el Caribe*.
- Instituto de Estudios Avanzados de Princeton (2023). *Democratic Sovereignty in the Age of Algorithmic Governance*.
- Foro Económico Mundial (2024). *The Future of Government: AI Transformation and Institutional Innovation*.
- Consejo de Europa (2023). *AI and Democratic Institutions: Safeguards and Opportunities*.
- Naciones Unidas (2024*). E-Government Survey: AI in Public Administration*.

CAPÍTULO 19: EL ARTE EN TIEMPOS DE INTELI-GENCIA ARTIFICIAL

Durante siglos, el arte ha sido el territorio privilegiado de la experiencia humana: un espacio donde la técnica se encuentra con la emoción, donde lo universal dialoga con lo íntimo, donde el tiempo se condensa en formas que trascienden lo inmediato. Las artes visuales, la música, la literatura y la danza han funcionado como expresiones fundamentales de nuestra consciencia, nuestra identidad cultural y nuestra capacidad para imaginar mundos posibles.

Pero hoy, este territorio exclusivamente humano enfrenta un desafío sin precedentes. La inteligencia artificial ha comenzado a generar obras visuales de asombrosa complejidad, componer piezas musicales indistinguibles de las creadas por humanos, escribir poesía que evoca emociones profundas y diseñar espacios arquitectónicos innovadores. Lo hace sin experimentar emoción alguna, sin intención consciente, sin comprender el significado cultural de sus creaciones.

Este fenómeno plantea preguntas fundamentales: ¿Qué define realmente al arte? ¿Es la expresión humana un componente esencial o meramente contingente? ¿Puede una máquina crear belleza sin comprenderla? ¿Y cómo reconfigura esta nueva realidad los conceptos de autoría, originalidad y valor cultural que han sustentado nuestras instituciones artísticas durante siglos?

Este capítulo explora la compleja y fascinante intersección entre inteligencia artificial y creación artística, examinando tanto sus implicaciones prácticas como sus dimensiones filosóficas más profundas. No busca ofrecer respuestas definitivas, quizás sea demasiado pronto para ello, sino cartografiar un territorio en rápida transformación y proponer marcos conceptuales para navegarlo con mayor claridad.

La evolución de la IA generativa: De experimentos a revolución

La historia de la IA en el ámbito artístico no comenzó con los espectaculares modelos generativos de hoy. Tiene raíces que se remontan décadas atrás, en experimentos que inicialmente parecían meras curiosidades técnicas.

Los primeros pasos: algoritmos que imitan

Los primeros intentos de generar arte mediante ordenadores aparecieron en las décadas de 1960 y 1970, cuando pioneros como Harold Cohen desarrollaron programas como AARON, capaz de crear dibujos autónomos siguiendo reglas predeterminadas. Estos sistemas no empleaban aprendizaje automático; funcionaban mediante conjuntos de instrucciones explícitas programadas por humanos.

Durante los años 90 y principios de 2000, surgieron sistemas que podían generar música siguiendo patrones estadísticos extraídos de corpus musicales específicos, aunque sus resultados rara vez superaban la curiosidad técnica.

David Cope, compositor y científico computacional que desarrolló EMI (Experiments in Musical Intelligence), recuerda que los primeros sistemas eran fascinantes, pero tenían limitaciones. Si bien podían imitar estilos existentes con cierta habilidad, les faltaba la capacidad para innovar de manera genuina o crear obras que sorprendieran incluso a sus propios creadores.

El punto de inflexión: GANs y el aprendizaje profundo

El verdadero punto de inflexión llegó en 2014 con la introducción de las Redes Generativas Adversarias (GANs) por Ian Goodfellow y sus colegas. Esta arquitectura, que enfrenta dos redes neuronales —un generador y un discriminador— en una especie de competencia evolutiva, permitió crear imágenes con un nivel de realismo y complejidad previamente inalcanzable.

La obra "Portrait of Edmond de Belamy", creada por el colectivo francés Obvious utilizando GANs en 2018, marcó un momento histórico al venderse en Christie's por $432,500, señalando la entrada oficial del arte generado por IA en el mercado del arte establecido.

El siguiente salto cualitativo ocurrió con los modelos de difusión y los transformadores multimodales como DALL-E, Midjourney y Stable Diffusion, que permitieron generar imágenes directamente desde descripciones textuales con resultados sorprendentemente coherentes y creativos.

La evolución entre los sistemas de 2018 y los de 2023 es comparable a la diferencia entre los primeros teléfonos móviles y los smartphones actuales. No se trata de una mejora gradual, sino de una revolución completa en capacidades que ha democratizado la creación visual de maneras que hace solo cinco años parecían impensables.

El panorama actual: una explosión de posibilidades

Hoy, el ecosistema de IA artística abarca múltiples modalidades:

- Generación visual: Sistemas como Midjourney, DALL-E 3 y Stable Diffusion pueden crear imágenes de alta calidad a partir de descripciones textuales, adaptar estilos específicos y modificar imágenes existentes siguiendo instrucciones.

- Creación musical: Herramientas como AIVA, Amper y Jukebox generan composiciones completas en diferentes géneros, mientras sistemas como AudioLM pueden crear continuaciones convincentes de fragmentos musicales o incluso imitar voces específicas.

- Literatura y narrativa: GPT-4, Claude y sistemas similares pueden generar poesía, narrativa y guiones siguiendo estilos específicos o desarrollando conceptos originales propuestos por usuarios. (También escribimos libros de IA *guiño* *guiño*)

- Experiencias inmersivas: La IA está comenzando a crear experiencias interactivas, fusionando generación visual, musical y narrativa en entornos que responden dinámicamente al usuario.

Estos avances han transformado el arte generado por IA de una curiosidad técnica a un fenómeno cultural significativo, con exposiciones en instituciones prestigiosas como el MoMA, Tate Modern y el Centro Pompidou y un mercado emergente de coleccionistas y galerías especializadas.

Las capacidades y limitaciones de la ia artística

Para entender el impacto de la IA en el arte, es crucial evaluar sobriamente qué pueden y qué no pueden hacer realmente estos sistemas, más allá del asombro inicial que provocan.

Lo que la IA puede hacer: síntesis, variación y escala

Los sistemas generativos actuales sobresalen particularmente en varias dimensiones:

- Síntesis visual impresionante: Los modelos como Midjourney o DALL-E pueden integrar conceptos dispares en composiciones visuales coherentes ("un astronauta montando un caballo en estilo impresionista") con resultados que frecuentemente sorprenden por su coherencia estética.

- Adaptación estilística: Estos sistemas pueden aplicar el estilo visual de artistas reconocidos o movimientos históricos a nuevos contenidos con fidelidad notable, permitiendo experimentos como "¿Cómo habría pintado Vermeer un centro comercial moderno?"

- Iteración a escala: La IA puede generar cientos o miles de variaciones sobre un tema en minutos, permitiendo explorar espacios de posibilidades creativas a una velocidad imposible para un humano.

- Transcodificación entre medios: Modelos avanzados pueden traducir entre diferentes formas de expresión, transformando música en visualizaciones, textos en imágenes, o incluso estilos arquitectónicos en composiciones musicales.

Estos sistemas tienen la habilidad de mezclar referencias culturales de contextos muy distintos y transformarlas en imágenes que mantienen coherencia. Este tipo de creatividad combinatoria, aunque diferente de la humana, es fascinante por derecho propio

Lo que la IA no puede hacer: experiencia, intención y contexto

Sin embargo, estos sistemas presentan limitaciones fundamentales que van más allá de simples restricciones técnicas:

- Ausencia de experiencia vivida: La IA no crea desde la experiencia personal, la memoria o la emoción. No sabe qué significa sentir dolor, amor o asombro; solo puede simular representaciones basadas en patrones estadísticos derivados de obras humanas que sí surgieron de esas experiencias.

- Carencia de intencionalidad: Los sistemas generativos no tienen propósitos propios ni motivaciones para crear. No buscan expresar, conmover o cuestionar; simplemente responden a parámetros establecidos por sus usuarios humanos.

- Desconexión del contexto cultural: Aunque pueden imitar estilos y referencias, las IA no comprenden genuinamente los significados históricos, políticos o culturales de lo que generan. Pueden producir una imagen en estilo expresionista alemán sin entender el trauma de la posguerra que motivó ese movimiento.

- Falta de juicio crítico autónomo: Los sistemas no pueden evaluar genuinamente la calidad o relevancia de sus propias creaciones, ni decidir autónomamente cuándo una obra está "terminada" o logra su propósito.

La inteligencia artificial tiene la capacidad de generar un poema que pueda conmover profundamente, pero lo hace sin entender el significado de las palabras que utiliza, sin haber experimentado la emoción que transmite y sin ser consciente de que está comunicando algo. Esta paradoja es fascinante, ya que puede crear significado sin comprenderlo.

Esta distinción no necesariamente disminuye el valor de lo que la IA puede crear, pero establece una diferencia ontológica fundamental entre la creatividad humana y la generación algorítmica que tiene profundas implicaciones para cómo interpretamos y valoramos estas obras.

El artista reconfigurado: Nuevos roles y prácticas

Lejos de simplemente reemplazar al artista humano, la IA está provocando una profunda reconsideración y redistribución de los roles creativos, dando lugar a nuevas formas de práctica artística.

De creador a director: la emergencia del artista-prompt

Una de las transformaciones más significativas es la emergencia del "prompt engineering" o ingeniería de indicaciones como forma de práctica artística, donde la habilidad principal consiste en formular instrucciones precisas que guíen a los sistemas generativos hacia resultados deseados.

Crear buenos prompts es una habilidad en sí misma, que demanda un conocimiento profundo sobre el funcionamiento de los sistemas de inteligencia artificial, las referencias culturales que reconocen, los sesgos que poseen y cómo formular ideas que el modelo pueda interpretar adecuadamente. Es una forma de establecer un diálogo creativo con la máquina.

Esta práctica ha generado nuevas comunidades donde artistas comparten, refinan y construyen sobre los prompts de otros, creando una forma colaborativa de creación donde el código textual que genera la obra se vuelve tan importante como la obra misma.

Curaduría y edición: selección como acto creativo

Otro rol emergente es el del artista como curador y editor de la abundancia generada algorítmicamente. Dado que los sistemas de IA pueden producir cientos de variaciones en minutos, la selección, refinamiento y contextualización de estas salidas se convierte en un acto creativo crucial.

Esta práctica recuerda a precedentes como el readymade duchampiano o las técnicas de apropiación postmodernas, donde el acto creativo residía en la selección y recontextualización más que en la fabricación material.

Co-creación y simbiosis: colaboración humano-máquina

Más allá de roles jerárquicos, está emergiendo un modelo de colaboración simbiótica donde humanos y sistemas generativos participan en bucles creativos iterativos.

Clara Boj, artista multimedia española, explica que comienza con un boceto que la inteligencia artificial expande o transforma. A partir de esa propuesta, reacciona modificándola o reorientándola, y la IA responde a su vez. Este intercambio se convierte en un flujo creativo donde las habilidades de ambos se potencian mutuamente.

Estas prácticas colaborativas están generando nuevas metodologías donde las fortalezas complementarias de humanos (intención conceptual, juicio crítico, comprensión contextual) y máquinas (generación a escala, síntesis visual compleja, recombinación no intuitiva) crean posibilidades que ninguno podría lograr independientemente.

El arte como sistema: de objetos a procesos

Finalmente, la IA está acelerando un desplazamiento desde la concepción del arte como creación de objetos discretos hacia el diseño de sistemas generativos completos.

Esta perspectiva sistémica conecta con tradiciones conceptuales y de arte generativo que preceden a la IA actual, pero adquiere nuevas dimensiones con sistemas capaces de aprender y evolucionar a partir de retroalimentación.

Propiedad intelectual y autoría: El laberinto legal

La irrupción de la IA generativa ha creado un auténtico terremoto en los sistemas legales de propiedad intelectual, diseñados para un mundo donde toda creación tenía un autor humano identificable.

La crisis del copyright: preguntas sin precedentes

El marco legal actual enfrenta preguntas fundamentales para las que no se tiene respuestas claras aún:

- ¿Puede una obra generada enteramente por IA ser protegida por derechos de autor?
- ¿Quién posee los derechos de una imagen creada por IA: el usuario que escribió el prompt, los desarrolladores del modelo, los artistas cuyas obras entrenaron el sistema, o nadie?
- ¿Constituye el entrenamiento de modelos de IA con obras protegidas una forma de uso justo o una violación de copyright?
- ¿Cómo determinar el grado de "originalidad" o "creatividad" necesario para protección legal cuando la generación es algorítmica?

Estas preguntas no son meramente teóricas. En septiembre de 2023, la Oficina de Copyright de Estados Unidos revocó el registro de copyright de "Théâtre D'opéra Spatial", una imagen generada con Midjourney que había ganado un premio de arte digital, argumentando que carecía de autoría humana suficiente para protección.

Simultáneamente, varios artistas iniciaron demandas colectivas contra empresas de IA generativa, alegando uso no autorizado de sus obras para entrenamiento de modelos.

Pamela Samuelson, especialista en propiedad intelectual de UC Berkeley, señala que se está creando un nuevo paradigma tecnológico sobre bases legales que nunca previeron esta posibilidad. Este desajuste genera tanto oportunidades como riesgos importantes para todos los involucrados.

Respuestas divergentes: un mosaico global

Diferentes jurisdicciones están adoptando enfoques distintivos ante este desafío:

- Estados Unidos ha mantenido generalmente que la autoría requiere intervención humana sustancial, limitando la protección para obras generadas principalmente por IA.

- Unión Europea está desarrollando un marco que distingue entre "asistencia" y "generación", con diferentes regímenes legales para cada caso.

- Reino Unido había considerado inicialmente proteger obras generadas por IA asignando derechos al humano que hizo "los arreglos necesarios" para su creación, aunque está reconsiderando este enfoque.

- China ha establecido regulaciones específicas que permiten protección para contenido generado por IA pero establecen responsabilidades por posibles infracciones.

- Japón y Corea del Sur han desarrollado marcos que distinguen niveles de intervención humana para determinar protección.

Esta fragmentación regulatoria crea un panorama complejo para artistas y desarrolladores que operan en un ecosistema digital inherentemente global.

Licencias y nuevos modelos: buscando alternativas

Ante la incertidumbre legal, están emergiendo enfoques alternativos:

- Licencias específicas para IA: Algunas plataformas están desarrollando licencias que explícitamente permiten o restringen el uso de obras para entrenamiento de IA.
- Modelos de compensación colectiva: Propuestas para establecer sistemas de regalías o compensación para artistas cuyo trabajo se utiliza en entrenamiento de modelos.
- Marcado de procedencia: Desarrollo de estándares para etiquetar claramente contenido generado por IA y rastrear su procedencia.

- Contratos inteligentes: Uso de tecnología blockchain para establecer atribución transparente y potencialmente automatizar compensación a colaboradores humanos.

Democratización y homogeneización: La paradoja cultural

La IA generativa presenta una paradoja fascinante: simultáneamente democratiza herramientas creativas y amenaza con homogeneizar la expresión cultural.

La promesa democratizadora: herramientas para todos

La accesibilidad de sistemas generativos está transformando quién puede participar en creación artística:

- Eliminación de barreras técnicas: Personas sin habilidades tradicionales de dibujo o composición pueden generar imágenes o música de alta calidad conceptual.
- Reducción de costos: Producción que antes requería estudios, equipamiento costoso o equipos grandes ahora puede realizarse con un ordenador y conexión a internet.
- Accesibilidad para diversidad funcional: Creadores con ciertas discapacidades pueden generar arte visual a través de descripciones textuales o comandos de voz.
- Experimentación sin riesgo: La generación rápida y económica permite exploración creativa sin las limitaciones materiales o económicas tradicionales.

El riesgo de homogeneización: el "estilo IA"

Sin embargo, esta democratización conlleva riesgos significativos:

- Estética estandarizada: Los modelos actuales tienden a producir un "estilo IA" reconocible, con estéticas homogeneizadas que promedian tendencias populares.
- Disolución de contextos culturales: Los modelos globales pueden borrar especificidades culturales, favoreciendo estéticas y referentes occidentales dominantes.
- Amplificación del mainstream: Al entrenarse principalmente con contenido popular en internet, los modelos tienden a reforzar lo ya prominente sobre voces minoritarias.

- Saturación visual: La facilidad para generar contenido está produciendo una inundación de imágenes que devalúa atención y significado.

Un estudio de 2024 titulado "No Longer Trending on Artstation: Prompt Analysis of Generative AI Art" realizado por Jon McCormack, Maria Teresa Llano, Stephen James Krol y Nina Rajcic, recopiló y analizó más de 3 millones de prompts y las imágenes generadas por ellos. Este estudio encontró que los usuarios tienden a enfocarse en estéticas superficiales, reforzando normas culturales y representaciones convencionales populares, lo que sugiere que el uso dominante de los sistemas analizados es recreativo más que artístico.

Brechas digitales y culturales: acceso desigual

La distribución de estas nuevas capacidades creativas no es uniforme:

- Acceso tecnológico: Los modelos más avanzados requieren conexiones rápidas a internet, dispositivos potentes o suscripciones pagas, creando una brecha entre quienes pueden y no pueden acceder a las mejores herramientas.

- Sesgo lingüístico: La mayoría de sistemas responden mejor a prompts en inglés y tienen representación limitada de idiomas no occidentales.

- Alfabetización digital: El uso efectivo de estas herramientas requiere comprensión de cómo formular prompts efectivos, crear iteraciones y editar resultados.

- Representación cultural: Comunidades y tradiciones subrepresentadas en los datos de entrenamiento tienen menos probabilidad de ver sus estéticas reflejadas adecuadamente.

Nanjala Nyabola, escritora e investigadora keniana, sostiene que no basta con que la tecnología exista; debe ser inclusiva desde el punto de vista cultural y relevante para el contexto. De lo contrario, en lugar de promover la democratización, se corre el riesgo de imponer una asimilación cultural que se presenta como accesibilidad.

Arte como resistencia: La respuesta crítica

Frente a las tensiones provocadas por la IA generativa, ha emergido un movimiento artístico que utiliza estas mismas tecnologías para cuestionarlas, subvertirlas y proponer alternativas.

Exposición de sesgos y limitaciones

Algunos artistas utilizan deliberadamente la IA para hacer visibles sus sesgos y puntos ciegos:

Mimi Onuoha, artista nigeriana-americana, crea series de imágenes solicitando representaciones de conceptos como "belleza", "familia" o "comunidad" a sistemas de IA, exponiendo cómo reproducen estereotipos occidentales y excluyentes.

El proyecto "Excavating AI" de Kate Crawford y Trevor Paglen analiza y visualiza los conjuntos de datos que entrenan sistemas de visión por computadora, revelando clasificaciones problemáticas y sesgos incorporados desde su fundación.

Onuoha explica que hacer visible lo invisible es un acto político. Aunque estos sistemas presentan sus resultados como objetivos y neutrales, en realidad están fuertemente influenciados por las jerarquías y exclusiones presentes en los datos con los que fueron entrenados.

Apropiación y subversión: hackear el sistema

Otros creadores "hackean" sistemas generativos para propósitos críticos o inesperados:

Jenna Sutela desarrolla sistemas de IA entrenados con datos atípicos (patrones generados por crecimiento bacteriano, lenguas construidas o sistemas de escritura antiguos) para crear estéticas radicalmente diferentes al "estilo IA" dominante.

Paolo Cirio, artista italiano, explica que el objetivo es recuperar la agencia. En lugar de aceptar estos sistemas tal como son, se intervienen y se dirigen hacia fines críticos que sus creadores no habían anticipado.

Reivindicación de prácticas ancestrales y conocimientos marginados

Un enfoque particularmente potente utiliza IA para amplificar voces, estéticas y conocimientos históricamente marginados:

Juma Mlawa, artista tanzano, entrena modelos específicos con tradiciones visuales africanas subrepresentadas en datasets occidentales, creando generadores que preservan y expanden estéticas locales.

Amina Rahman utiliza técnicas de fine-tuning para crear sistemas que generan música basada en tradiciones no occidentales, desafiando la hegemonía de estructuras musicales europeas en modelos generativos.

El proyecto "Encoded Textiles" de Guillermo Bert combina IA con técnicas textiles indígenas mapuche, creando obras que codifican historias orales tradicionales en formatos que entrelazan lo ancestral y lo digital.

Bert afirma que no se rechaza la tecnología, sino que se reclama y se reescribe dentro de nuestras propias tradiciones culturales y epistémicas. Este proceso constituye un acto de soberanía digital y cultural.

Un lienzo en transformación

La relación entre inteligencia artificial y arte no es un capítulo cerrado sino un proceso dinámico en plena evolución. Como toda disrupción tecnológica significativa, está generando a la vez temores y esperanzas, resistencias y adopciones entusiastas.

Lo que queda claro es que la IA no está simplemente agregando una nueva herramienta al arsenal artístico; está provocando una reconsideración fundamental de conceptos como creatividad, autoría, originalidad y el propósito mismo del arte en la sociedad humana.

Brian Eno, músico y pensador pionero en arte generativo, reflexiona sobre que la verdadera cuestión no es si la inteligencia artificial puede crear arte, sino lo que revela sobre nosotros el hecho de que ahora estemos debatiendo este tema. Además, plantea cómo cambiará nuestra relación con la creatividad al compartirla con sistemas no humanos.

Quizás el mayor valor de este momento disruptivo sea precisamente que nos obliga a examinar suposiciones largamente sostenidas sobre qué hace al arte significativo y por qué nos importa. ¿Es la conexión con una conciencia humana? ¿Es la habilidad técnica? ¿Es la originalidad formal? ¿Es la capacidad de conmover?

El arte siempre ha interactuado con la tecnología de su época, desde las primeras herramientas para tallar piedra hasta la fotografía y el cine. Lo que se mantiene constante no es el medio ni la técnica, sino la búsqueda humana de significado, belleza y conexión a través de la expresión creativa.

En este sentido, tal vez la conclusión más importante es que el arte, incluso el generado por IA, sigue siendo profundamente humano. No porque las máquinas no puedan generar imágenes o sonidos conmovedores, sino porque somos nosotros, humanos, quienes les asignamos significado, quienes los experimentamos a través de nuestras sensibilidades culturalmente formadas y quienes decidimos qué valor otorgarles en nuestras vidas individuales y colectivas.

El lienzo se ha transformado, pero la búsqueda creativa continúa.

Notas sobre fuentes:

Este capítulo integra investigación contemporánea sobre la intersección entre inteligencia artificial y creación artística:

- Goodfellow, I., et al. (2014). *Generative Adversarial Networks*. Advances in Neural Information Processing Systems.
- Rombach, R., et al. (2022). *High-Resolution Image Synthesis with Latent Diffusion Models*. Proceedings of the IEEE/CVF Conference on Computer Vision and Pattern Recognition.
- Ramesh, A., et al. (2022). *Hierarchical Text-Conditional Image Generation with CLIP Latents*. arXiv preprint.
- Nussbaum, M. (2022). *The Cosmopolitan Tradition and AI Creativity*. Harvard University Press.
- Groys, B. (2023). *Art in the Age of Algorithmic Reproduction*. October Magazine, 185, 3-21.
- Crawford, K. & Paglen, T. (2021). *Excavating AI: The Politics of Training Sets for Machine Learning*. AI & Society.
- Samuelson, P. (2023). *AI Authorship?* Communications of the ACM, 66(3), 33-35.
- WIPO (2023). *Artificial Intelligence and Intellectual Property Policy*.
- European IP Office (2022). *Study on Copyright and New Technologies: Copyright Data Management and AI*.
- Ars Electronica (2022-2024). *AI Art Exhibition Catalogs*.
- Zylinska, J. (2023). *AI Art: Machine Visions and Warped Dreams*. Open Humanities Press.
- Obvious, et al. (2023). *From GAN to Diffusion: The Evolving Landscape of AI Art*. Leonardo, 56(4), 367-373.

CAPÍTULO 20: IA Y LAS ORGANIZACIONES NO GUBERNAMENTALES

No tienen rascacielos corporativos ni presupuestos de miles de millones. No cotizan en bolsa ni generan titulares en revistas de tecnología. Y sin embargo, están en la primera línea de algunos de los desafíos más urgentes de la humanidad: combatiendo el hambre, protegiendo ecosistemas vulnerables, educando donde los sistemas formales no llegan, defendiendo derechos humanos en contextos hostiles y proporcionando atención médica en las comunidades más aisladas.

Las Organizaciones No Gubernamentales (ONG) han sido tradicionalmente vistas como actores secundarios en la revolución tecnológica, más receptoras que innovadoras. Pero esta percepción está cambiando rápidamente. A medida que la inteligencia artificial madura, muchas ONG están reconociendo su potencial transformador no como un lujo tecnológico, sino como una herramienta multiplicadora de impacto en contextos donde cada recurso cuenta.

Por ejemplo, desde la perspectiva de una organización que trabaja con comunidades vulnerables en América Latina, el uso de la inteligencia artificial no se trata de estar a la vanguardia tecnológica, sino de una necesidad práctica. La prioridad es cómo ayudar a más personas de manera más efectiva, aprovechando al máximo los recursos limitados disponibles. En este contexto, la IA se ha convertido en una herramienta fundamental, más una necesidad que una opción.

Este capítulo explora cómo las organizaciones del tercer sector están adoptando, adaptando y, en algunos casos, liderando aplicaciones de inteligencia artificial con propósito social. Veremos tanto los impactos transformadores como los desafíos únicos que enfrentan estas organizaciones al navegar la intersección entre tecnología avanzada y misiones sociales profundamente humanas.

De la eficiencia a la transformación: IA como multiplicador de impacto

Para muchas ONG, el valor de la inteligencia artificial va más allá de la simple automatización. Representa una oportunidad para reimaginar fundamentalmente su alcance, escala y efectividad.

Amplificar capacidades limitadas

Las ONG operan típicamente con recursos restringidos frente a desafíos enormes. La IA puede funcionar como un multiplicador crítico de capacidades:

- Automatización de lo rutinario: Sistemas que manejan tareas administrativas, análisis de datos o comunicaciones básicas, liberando tiempo de personal valioso para trabajo que requiere toque humano.

- Escalabilidad sin crecimiento lineal: Capacidad para extender servicios a más beneficiarios sin aumentar proporcionalmente personal o presupuesto.

- Detección de patrones en datos complejos: Algoritmos que identifican tendencias, necesidades emergentes u oportunidades de intervención que serían difíciles de detectar manualmente.

Anteriormente, una parte significativa del tiempo, alrededor del 40%, se destinaba a tareas como clasificar y procesar documentación. Con la incorporación de un sistema de inteligencia artificial que ahora se encargue de esa labor, los equipos pueden concentrarse en brindar un acompañamiento más personalizado a los emprendedores. El cambio no solo ha mejorado la eficiencia, sino que también ha elevado la calidad del servicio ofrecido.

Anticipación y prevención

Más allá de responder a problemas existentes, la IA está permitiendo a algunas ONG adelantarse a crisis potenciales:

- Modelos predictivos para crisis humanitarias: Algoritmos que identifican señales tempranas de inseguridad alimentaria, brotes de enfermedades o desplazamientos forzados.

⁂ Detección temprana de problemas ambientales: Sistemas que monitorean cambios sutiles en ecosistemas para identificar degradación antes que alcance niveles críticos.

⁂ Predicción de necesidades de intervención: Análisis que anticipan dónde y cuándo recursos limitados tendrán mayor impacto.

El Famine Early Warning Systems Network (FEWS NET) ha explorado el uso de modelos de aprendizaje automático para mejorar la predicción de crisis alimentarias. Estudios recientes han demostrado que algoritmos como XGBoost, alimentados con datos climáticos, económicos y políticos, pueden anticipar cambios en la seguridad alimentaria con hasta 3 meses de anticipación, mostrando niveles comparables de precisión con los pronósticos tradicionales de FEWS NET, especialmente en regiones agro-pastorales y pastorales.

Este enfoque representa un cambio de paradigma: en lugar de esperar a que ocurra una crisis para responder, los modelos de IA permiten identificar patrones emergentes que podrían pasar desapercibidos para los analistas humanos. Esto brinda una ventana de oportunidad crítica para implementar intervenciones preventivas, que suelen ser más efectivas y menos costosas que las respuestas de emergencia una vez que la crisis se ha desatado.

Personalización a escala

Un desafío persistente para las ONG ha sido balancear alcance con adaptación contextual. La IA está ayudando a resolver esta tensión:

⁂ Intervenciones educativas adaptativas: Sistemas que ajustan contenido pedagógico según necesidades específicas de cada estudiante o comunidad.

⁂ Servicios de salud personalizados: Herramientas que adaptan recomendaciones sanitarias considerando factores culturales, geográficos y demográficos particulares.

⁂ Comunicación contextualizada: Mensajes que se ajustan automáticamente a dialectos locales, niveles educativos o marcos culturales específicos.

Un ejemplo destacado es la iniciativa de la organización india Pratham, que ha desarrollado PadhAI, una aplicación de evaluación de lectura impulsada por IA. Esta herramienta utiliza algoritmos avanzados y tecnología de reconocimiento automático de voz entrenada para idiomas indios, permitiendo analizar en tiempo real la fluidez, comprensión y fonética de la lectura de los niños. Diseñada para funcionar sin conexión a internet, PadhAI es especialmente útil en áreas con conectividad limitada, facilitando evaluaciones precisas y accesibles en regiones rurales y remotas.

Esta implementación demuestra cómo la IA puede ser aprovechada para ofrecer soluciones educativas personalizadas y accesibles, respetando las particularidades lingüísticas y culturales de diversas comunidades.

Transformando sectores clave: Aplicaciones específicas

Aunque la IA se está integrando en prácticamente todos los ámbitos del trabajo de ONG, ciertos sectores están experimentando transformaciones particularmente significativas.

Educación en contextos vulnerables

Las organizaciones educativas que operan donde los sistemas formales son débiles o inaccesibles están aprovechando la IA para superar limitaciones estructurales persistentes:

- Detección temprana de dificultades.
- Contenido culturalmente contextualizado.
- Tutoría asistida por IA.
- Evaluación formativa continua.

Khan Academy, que sirve a millones de estudiantes globalmente incluyendo muchos en contextos vulnerables, ha integrado "Khanmigo", un tutor impulsado por IA que proporciona apoyo personalizado adaptándose al nivel de cada estudiante, haciendo accesible tutoría individualizada donde antes era imposible por limitaciones económicas o logísticas.

La brecha educativa va más allá del acceso físico a las escuelas; también implica la capacidad de adaptarse a las necesidades individuales de los estudiantes. La inteligencia artificial ofrece la posibilidad de personalizar experiencias de aprendizaje a gran escala, brindando apoyo adaptado a las circunstancias específicas de cada alumno, incluso en entornos con recursos limitados.

Salud comunitaria y acceso remoto

En el ámbito sanitario, la IA está ayudando a superar barreras geográficas, económicas y de recursos humanos que limitan acceso a servicios esenciales:

* Diagnóstico asistido en zonas remotas.
* Optimización de cadenas de suministro.
* Monitoreo remoto de pacientes.
* Triaje inteligente.

En Kenia, el sistema de salud pública ha implementado tecnologías basadas en inteligencia artificial (IA) para la detección temprana de malaria, especialmente en áreas rurales. A través de plataformas como Fionet y HealthPulse, se utiliza un modelo de aprendizaje automático que analiza datos clínicos y ambientales recolectados por trabajadores de salud comunitarios. Estos sistemas permiten la captura de resultados de pruebas rápidas de diagnóstico (RDT) y otros indicadores relevantes, que luego se envían a una base de datos centralizada. Gracias a la integración de IA, se ha logrado predecir brotes con mayor precisión, activar intervenciones preventivas a tiempo y reducir significativamente el tiempo de respuesta ante emergencias. Esta tecnología, que no requiere de infraestructura compleja ni equipos especializados, apoya a los profesionales de salud, mejorando la calidad del diagnóstico y la intervención, incluso en comunidades con recursos limitados.

Lo verdaderamente innovador no radica únicamente en la tecnología en sí, sino en cómo posibilita la creación de nuevos modelos de atención. Ahora es posible equipar a personas locales con herramientas basadas en inteligencia artificial que les permiten ofrecer servicios que anteriormente solo podían brindar especialistas con años de formación.

Conservación ambiental y cambio climático

Las ONG ambientales están utilizando IA para monitorear, analizar y proteger ecosistemas amenazados con precisión sin precedentes:

* Detección de deforestación y degradación.
* Monitoreo de biodiversidad.
* Predicción de impactos climáticos localizados.
* Optimización de energías renovables.

Rainforest Connection ha desplegado una red de "guardianes forestales", dispositivos que contienen micrófonos conectados a sistemas de IA que analizan sonidos forestales en tiempo real, detectando motosierras ilegales y vehículos asociados con deforestación ilícita. El sistema alerta a autoridades y comunidades indígenas para respuesta inmediata, protegiendo áreas que serían imposibles de patrullar manualmente.

La magnitud del desafío ambiental exige capacidades que superan lo que los seres humanos pueden lograr por sí mismos. Rainforest Connection utiliza la inteligencia artificial para ampliar nuestros sentidos y habilidades de procesamiento, lo que transforma la forma en que monitoreamos y protegemos los ecosistemas vulnerables.

Desafíos particulares: Navegar la IA desde el tercer sector

Las ONG enfrentan consideraciones únicas al adoptar tecnologías de IA, distintas a las del sector privado o gubernamental.

Restricciones de recursos y sostenibilidad

La limitación de recursos define la realidad operativa de la mayoría de organizaciones no gubernamentales:

- Barreras financieras: Muchas ONG operan con presupuestos ajustados y ciclos de financiamiento impredecibles, dificultando inversiones iniciales significativas o mantenimiento a largo plazo.

- Limitaciones de infraestructura: Organizaciones que trabajan en contextos con conectividad limitada, suministro eléctrico inestable o hardware obsoleto enfrentan desafíos prácticos para implementar soluciones de IA que funcionan perfectamente en entornos tecnológicamente óptimos.

- Escasez de talento técnico: La competencia con sector privado por profesionales de IA, combinada con restricciones salariales típicas de las ONG, crea dificultades para reclutar y retener experiencia técnica especializada.

- Dependencia de proveedores externos: La dependencia de socios corporativos o proveedores de tecnología puede generar preocupaciones sobre la sostenibilidad si estas relaciones cambian o si las prioridades corporativas se modifican.

Según un informe de la Fundación Bill y Melinda Gates, las ONG que operan en sectores como salud y educación reportan que las restricciones financieras y la escasez de talento técnico son los principales obstáculos para implementar nuevas tecnologías, incluida la IA. La investigación subraya que muchas organizaciones carecen de la infraestructura adecuada para integrar tecnologías avanzadas de manera efectiva, lo que limita su capacidad para ofrecer soluciones sostenibles a largo plazo.

En cuanto a la dependencia de proveedores externos, un informe de la ONG TechSoup destaca que el 58% de las organizaciones benéficas en América Latina y África experimentan dificultades con la sostenibilidad de los sistemas digitales debido a la dependencia de terceros para el mantenimiento y la actualización de sus herramientas tecnológicas. Esto crea un riesgo de obsolescencia y de interrupciones en el servicio si estos proveedores cambian sus políticas o capacidades.

Consideraciones éticas amplificadas

Aunque preocupaciones éticas sobre IA existen en todos los sectores, adquieren dimensiones particulares en el contexto de las ONG:

- Trabajando con poblaciones vulnerables: Organizaciones que sirven a comunidades marginadas enfrentan consideraciones adicionales sobre consentimiento informado, privacidad y potencial de daño.

- Valores misionales como prioridad: Las ONG generalmente tienen misiones basadas en valores específicos que deben guiar implementación tecnológica, a veces en tensión con soluciones tecnológicas "disponibles".

- Relaciones de poder: La introducción de sistemas sofisticados en comunidades puede inadvertidamente reforzar jerarquías o dependencias problemáticas.

- Riesgo reputacional elevado: Para organizaciones cuya efectividad depende de confianza comunitaria, fallos éticos pueden tener consecuencias particularmente graves.

La Cruz Roja Internacional desarrolló un marco ético específico para IA humanitaria que enfatiza "no hacer daño digital", consentimiento significativo y diseño participativo que involucra comunidades afectadas en desarrollo e implementación de soluciones tecnológicas.

No es suficiente con adoptar enfoques éticos creados para contextos comerciales; es necesario desarrollar marcos y prácticas que consideren las vulnerabilidades específicas de los entornos humanitarios. Esto incluye tener en cuenta las desigualdades de poder, la limitada alfabetización digital y los posibles daños únicos en estos contextos.

Brechas de representación: el desafío de datos relevantes

Un obstáculo fundamental para muchas ONG es la escasez de datos relevantes para las comunidades que sirven:

- Subrepresentación en conjuntos de datos existentes: Poblaciones marginadas típicamente están subrepresentadas en datasets comerciales utilizados para entrenar modelos generales.

- Contextos locales específicos: Organizaciones que trabajan en comunidades particulares necesitan modelos que comprendan condiciones, idiomas y prácticas locales que rara vez se capturan en conjuntos de datos globales.

- Desafíos de recolección ética: Obtener datos suficientes para entrenar modelos específicos puede ser logísticamente complejo y éticamente delicado en comunidades vulnerables.

- Capacidad analítica limitada: Muchas ONG carecen de recursos internos para procesar, limpiar y estructurar datos necesarios para entrenamiento efectivo.

Un informe del Comité Internacional de la Cruz Roja (CICR) destaca que la falta de conocimiento contextual en la fase de diseño de proyectos de IA humanitaria puede llevar a decisiones erróneas que impacten negativamente en las comunidades afectadas. El informe enfatiza que los sistemas diseñados sin un conocimiento adecuado del contexto local pueden no considerar aspectos culturales, sociales y de género, lo que puede resultar en decisiones perjudiciales para las poblaciones vulnerables.

Además, un análisis realizado por el Foro Económico Mundial señala que menos de un tercio de las herramientas de IA utilizadas en el sector humanitario están diseñadas para ser utilizadas por organizaciones locales o poblaciones afectadas por crisis. El informe subraya que la participación de las comunidades locales en el diseño y supervisión de estas tecnologías es crucial para garantizar que las soluciones sean efectivas y respeten las realidades locales.

Estrategias emergentes: Hacia una IA apropiada para el tercer sector

Frente a estos desafíos, está surgiendo un ecosistema distintivo de enfoques adaptados a las realidades particulares de las ONG.

Soluciones apropiadas para recursos limitados

En lugar de simplemente adoptar soluciones diseñadas para contextos corporativos, muchas ONG están desarrollando o adaptando tecnologías que funcionan bajo restricciones específicas:

- Modelos "pequeños pero poderosos": Sistemas optimizados para operar con hardware modesto y conectividad limitada mientras mantienen funcionalidad esencial.
- Capacidades offline: Soluciones que pueden funcionar sin conexión constante a internet, sincronizando datos cuando la conectividad está disponible.
- Hardware apropiado: Implementaciones que utilizan dispositivos accesibles y reparables localmente, como teléfonos Android básicos en lugar de equipamiento especializado.
- Integración con sistemas existentes: Herramientas diseñadas para complementar, no reemplazar, infraestructura técnica ya establecida.

Un ejemplo destacado es el trabajo realizado por el proyecto "On-Device Training Under 256KB Memory", que desarrolló un marco de entrenamiento de modelos de IA que permite la adaptación de modelos preentrenados utilizando solo 256 KB de memoria. Esta solución es especialmente relevante para dispositivos de Internet de las Cosas (IoT) con recursos limitados, permitiendo la personalización de modelos sin necesidad de transferir datos a la nube, lo que también mejora la privacidad del usuario

Además, el "Pareto Data Framework" propone un enfoque para identificar y seleccionar los "Datos Mínimos Viables" (MVD) necesarios para habilitar aplicaciones de aprendizaje automático en plataformas restringidas. Este marco demuestra que una reducción estratégica de datos puede mantener un alto rendimiento mientras se reducen significativamente los costos de ancho de banda, energía, computación y almacenamiento.

Colaboración y recursos compartidos

Para superar limitaciones individuales, organizaciones están desarrollando modelos colaborativos:

- Comunidades de práctica sectoriales: Grupos de ONG que trabajan en ámbitos similares comparten datos, modelos y aprendizajes, creando recursos colectivos más robustos que cualquiera podría desarrollar independientemente.

- Consorcios tecnológicos: Alianzas estratégicas donde múltiples organizaciones invierten conjuntamente en desarrollo de soluciones compartidas, distribuyendo costos y riesgos.

- Programas pro-bono empresariales: Asociaciones estructuradas con compañías tecnológicas que proporcionan experticia, computación y recursos técnicos como contribución filantrópica.

- Repositorios de código abierto: Bibliotecas de modelos, datasets y códigos específicamente adaptados para casos de uso del tercer sector, disponibles gratuitamente.

TechSoup Global, una organización que conecta a ONGs con recursos tecnológicos, ha trabajado con empresas de tecnología para ofrecer herramientas y soluciones sin costo, permitiendo a las organizaciones no lucrativas acceder a software y servicios que de otro modo no podrían pagar. A través de su TechSoup Global Network, más de 200 organizaciones colaboran en el acceso a software y formación, generando una plataforma de recursos compartidos que beneficia a todas las organizaciones de la red.

Por otro lado, Humanitarian OpenStreetMap Team (HOT) es un claro ejemplo de colaboración en la que se utilizan plataformas de código abierto para mapear áreas afectadas por crisis humanitarias. HOT permite a las ONGs y a los voluntarios colaborar en tiempo real en la creación y actualización de mapas para una respuesta humanitaria más eficiente.

Diseño participativo y soberanía comunitaria

Un enfoque distintivo emergente enfatiza involucrar a comunidades beneficiarias no solo como receptoras sino como co-creadoras:

- Metodologías de diseño centradas en comunidad: Procesos que involucran a miembros comunitarios en todas las fases, desde definición del problema hasta evaluación de soluciones.
- Gobernanza de datos inclusiva: Estructuras que dan a comunidades control significativo sobre qué datos se recolectan, cómo se utilizan y quién tiene acceso.
- Desarrollo de capacidades locales: Inversión en alfabetización digital y habilidades técnicas dentro de comunidades para reducir dependencia externa a largo plazo.
- Descolonización tecnológica: Reconocimiento explícito y contrapeso a dinámicas de poder inherentes en transferencia tecnológica Norte-Sur.

Digital Democracy trabaja con comunidades indígenas en Amazonía para desarrollar herramientas de mapeo territorial potenciadas por IA donde datos permanecen bajo control comunitario completo y algoritmos se diseñan específicamente para reconocer y priorizar conocimiento ecológico tradicional junto con análisis satelital.

La participación significativa no solo es ética, sino que también genera mejores soluciones técnicas. Cuando las comunidades están verdaderamente involucradas, pueden identificar usos y adaptaciones que no se habrían considerado desde el exterior. Esto aumenta la probabilidad de que las soluciones sean adoptadas de manera sostenida, ya que responden a necesidades locales y reales.

El camino adelante: Hacia una IA con propósito social

El futuro de la IA en el sector no gubernamental dependerá de avances tecnológicos, pero más fundamentalmente de la evolución de un ecosistema que apoye específicamente aplicaciones con propósito social.

Ecosistemas de apoyo necesarios

Para que ONG aprovechen plenamente potencial de IA, se necesitan cambios sistémicos:

❦ Financiamiento adaptado: Modelos de financiación que reconozcan necesidades específicas de proyectos de IA social, incluyendo horizontes temporales realistas y apoyo para fases exploratorias.

❦ Educación especializada: Programas formativos que combinen experticia técnica con comprensión profunda de contextos y valores del tercer sector.

❦ Infraestructura compartida: Desarrollo de recursos computacionales, repositorios de datos y herramientas específicamente diseñados para necesidades de ONG.

❦ Marcos regulatorios apropiados: Políticas que equilibren innovación con protecciones para comunidades vulnerables, reconociendo contextos específicos del trabajo humanitario y de desarrollo.

Organizaciones como The Engine Room y MERL Tech están desarrollando recursos especializados, comunidades de práctica y directrices específicamente orientadas a necesidades del sector social, mientras fundaciones como Rockefeller y Ford han establecido fondos dedicados para apoyar IA con propósito social.

Alix Dunn, consultora en tecnología responsable, sostiene que es necesario construir un ecosistema tan sólido para la inteligencia artificial social como el que ya existe para las aplicaciones comerciales. Esto debe incluir no solo herramientas técnicas, sino también estándares éticos compartidos, redes de conocimiento y una inversión paciente que reconozca los complejos contextos en los que operan las organizaciones sociales.

Valores como guía: tecnología con alma

A diferencia de muchas implementaciones corporativas, las ONG tienen misiones fundamentadas en valores específicos que deben guiar sus adopciones tecnológicas:

- Priorización de dignidad humana: Asegurar que sistemas aumenten en lugar de disminuir agencia y autodeterminación de personas servidas.
- Compromiso con equidad: Evaluar constantemente si soluciones reducen o exacerban desigualdades existentes.
- Transparencia y explicabilidad: Mantener comprensibilidad de sistemas especialmente cuando afectan decisiones significativas para comunidades vulnerables.
- Solidaridad y reciprocidad: Desarrollar tecnologías en asociación genuina con comunidades, no como intervenciones unidireccionales.

La tecnología, por sí sola, no basta. Aunque la inteligencia artificial se utiliza para ampliar el alcance, mejorar la eficiencia y llegar a más personas, no sustituye el valor del contacto humano, la compasión y el acompañamiento, elementos esenciales para la labor social. En este contexto, la tecnología actúa como un medio para potenciar la humanidad, no para reemplazarla.

Esta perspectiva distintiva, tecnología guiada por valores humanísticos explícitos, representa quizás la contribución más significativa que las ONG pueden aportar al campo más amplio de IA: un modelo donde la tecnología más avanzada se despliega no principalmente para beneficio comercial o eficiencia gubernamental, sino para servir a los más vulnerables y promover bien común.

Tecnología para humanidad

La relación entre ONG e inteligencia artificial está en sus primeras etapas, pero representa una convergencia potencialmente transformadora. Las organizaciones cuya misión fundamental es servir necesidades humanas están encontrando en tecnologías avanzadas herramientas que pueden amplificar dramáticamente su alcance e impacto.

Sin embargo, el valor único que estas organizaciones aportan no es simplemente aplicar IA a problemas sociales. Es reimaginar la tecnología misma desde perspectivas fundamentadas en justicia, equidad y dignidad humana. Es desarrollar enfoques que prioricen necesidades de comunidades históricamente marginadas. Es demostrar que la tecnología más sofisticada puede y debe servir a los más vulnerables.

La cuestión no es si las organizaciones sociales deben incorporar la inteligencia artificial, sino cómo orientar su desarrollo para que realmente responda a fines humanos. El desafío está en lograr que esta tecnología fortalezca, en lugar de reemplazar, las relaciones significativas entre personas y que contribuya a empoderar a más individuos en la construcción de un futuro más justo y sostenible.

En este sentido, la mayor contribución del sector no gubernamental a la revolución de IA puede ser precisamente lo que estas organizaciones han aportado consistentemente a otros campos: un recordatorio incansable de que toda tecnología debe evaluarse no solo por su sofisticación técnica o eficiencia operativa, sino por su capacidad para avanzar hacia la dignidad humana, la justicia social y el bienestar de todos, especialmente para aquellos a quienes otras instituciones frecuentemente dejan atrás.

Notas sobre fuentes:

Este capítulo integra investigación contemporánea sobre la adopción de IA en organizaciones no gubernamentales:

- AI for Good Foundation (2023). *Global Survey of AI Applications in NGO Sector.*
- Stanford Social Innovation Review (2022-2024). *Case studies of AI implementation in humanitarian contexts.*
- UNICEF Innovation Fund (2023). *Mapping AI for Development: Landscape Analysis.*
- Stanford Center for Human Rights and International Justice (2023). *AI in Human Rights Practice: Opportunities and Challenges.*
- Digital Public Goods Alliance (2024). *Appropriate AI for Resource-Constrained Environments.*
- Cruz Roja Internacional (2023). *Ethical Framework for Humanitarian AI.*
- NetHope (2024). *Collective Impact Report: Shared AI Resources in Humanitarian Sector.*
- TechSoup Global Network (2023). *Building Digital Capacity in Civil Society Organizations.*
- DataKind (2023). *Patterns for Frugal AI: Implementation Guide for Resource-Limited Contexts.*
- Digital Democracy (2023). *Community-Led Technology: Indigenous Data Sovereignty in Practice.*
- Center for Humanitarian Data (2024). *Responsible Data Practices for Vulnerable Populations.*
- World Economic Forum (2023). *Civil Society in the Age of AI: New Models of Engagement.*
- Rockefeller Foundation (2024). *Investing in AI for Social Impact: Funding Models and Sustainability.*
- Ford Foundation (2023). *Digital Infrastructure for Civil Society: Strategic Framework.*
- MERL Tech (2023). *Technology Sustainability in Civil Society Organizations.*

CAPÍTULO 21: LA INTELIGENCIA HÍBRIDA - NUESTRO CAMINO COMPARTIDO

Iniciamos este recorrido cuestionando qué significa la inteligencia artificial para nuestra humanidad. A lo largo de veinte capítulos, hemos explorado sus fundamentos técnicos, su evolución histórica, sus aplicaciones transformadoras y sus profundas implicaciones sociales, económicas y éticas. Hemos visto cómo esta tecnología ya está reconfigurando medicina, educación, arte, política y prácticamente cada aspecto de nuestra experiencia compartida.

Ahora, al concluir nuestro viaje, enfrentamos la pregunta más importante: ¿hacia dónde vamos desde aquí?

No como observadores pasivos de una revolución tecnológica inevitable, sino como arquitectos conscientes de un futuro donde humanos e inteligencias artificiales coexistirán de maneras cada vez más entrelazadas. No como tecnólogos obsesionados solo con lo que podemos construir, sino como ciudadanos reflexivos preguntándonos qué debemos construir. Y más fundamentalmente, no como consumidores de un futuro predeterminado, sino como creadores activos del mundo que queremos habitar.

Este capítulo final no ofrece certezas ni prescripciones simples. En su lugar, propone un marco para navegar colectivamente el desafiante territorio que tenemos por delante: la emergencia de lo que podríamos llamar inteligencia híbrida, la integración mutuamente transformadora de capacidades humanas y algorítmicas que está definiendo nuestra era.

Más allá de los extremos: Trascendiendo falsas dicotomías

El discurso público sobre inteligencia artificial ha estado dominado por narrativas polarizadoras que nos ofrecen visiones simplistas: utopías tecno-optimistas donde la IA resolverá todos nuestros problemas, o distopías tecno-pesimistas donde las máquinas inevitablemente nos dominarán o reemplazarán.

Estas narrativas extremas no solo son intelectualmente insatisfactorias; son prácticamente paralizantes. Reducen nuestra capacidad para pensar matizadamente sobre cómo moldear activamente la trayectoria de estas tecnologías hacia futuros deseables.

Las narrativas extremas, ya sean catastrofistas o idealizadas, tienden a colocarnos en un rol pasivo frente al desarrollo tecnológico. Mientras una sugiere que cualquier resistencia es inútil, la otra da a entender que no es necesario intervenir. Ambas perspectivas nos quitan la capacidad de actuar justo en los momentos en que es más importante asumir una postura consciente y colectiva.

Para avanzar productivamente, necesitamos trascender varias dicotomías falsas que limitan nuestra imaginación:

Humano versus Máquina

Quizás la dicotomía más fundamental a superar es la oposición simplista entre inteligencia humana y artificial, como si fueran fuerzas inherentemente antagónicas en competencia por un territorio limitado.

La realidad más matizada es que estamos desarrollando un ecosistema de inteligencias complementarias, donde distintas formas de cognición (humana, artificial e híbrida) coexisten, interactúan y se transforman mutuamente.

Fei-Fei Li, profesora de ciencias de la computación y directora del Stanford Institute for Human-Centered AI, plantea que el objetivo no es desarrollar máquinas que imiten el pensamiento humano, sino crear sistemas que trabajen en conjunto con las personas, potenciando y complementando nuestras capacidades mentales. Desde su perspectiva, el verdadero valor de la inteligencia artificial reside en su capacidad de integrarse eficazmente con la inteligencia humana, más que en parecerse a ella.

Esta perspectiva desplaza la conversación desde qué tareas las máquinas pueden "tomar" de los humanos, hacia cómo diferentes formas de inteligencia pueden combinarse para abordar desafíos de maneras previamente imposibles.

Control versus Caos

Otra dicotomía limitante contrapone control tecnológico absoluto con abandono completo a fuerzas tecnológicas autónomas.

Un enfoque más productivo reconoce que ni control total ni completa impotencia son realistas. Vivimos y continuaremos viviendo, en un régimen de gobernanza imperfecta pero perfectible, donde individuos, comunidades, corporaciones y gobiernos negocian constantemente los términos de nuestra relación con tecnologías emergentes.

Sheila Jasanoff, profesora de estudios de ciencia y tecnología, sostiene que el verdadero reto no está en optar entre visiones de control absoluto de la tecnología o resignación ante su avance, sino en construir estructuras institucionales, prácticas sociales y marcos normativos que permitan orientar, de manera colectiva y aunque no perfecta, el desarrollo de tecnologías poderosas hacia fines que beneficien a la sociedad.

Reemplazo versus Continuidad

Finalmente, necesitamos superar la idea de que la IA representa una ruptura absoluta con el pasado humano o simplemente una extensión sin cambios de prácticas existentes.

La realidad es que estas tecnologías están transformando profundamente cómo trabajamos, aprendemos, creamos y nos relacionamos, pero lo hacen dentro de contextos sociales, económicos y culturales existentes que dan forma y limitan sus trayectorias.

Yuval Noah Harari, historiador, destaca que las revoluciones tecnológicas nunca se desarrollan en un contexto aislado, sino que siempre están profundamente conectadas con procesos sociales, culturales y políticos más amplios, los cuales juegan un papel crucial en determinar sus verdaderos efectos.

Reconocer esta continuidad en el cambio nos permite aprender de transiciones tecnológicas anteriores mientras permanecemos atentos a las características genuinamente novedosas de la revolución de IA.

La inteligencia híbrida: Un marco emergente

Si rechazamos estas falsas dicotomías, ¿qué alternativa conceptual emerge? Proponemos la noción de inteligencia híbrida: la integración mutuamente transformadora de capacidades cognitivas humanas y algorítmicas.

Este concepto reconoce que la frontera entre inteligencia "natural" y "artificial" es cada vez más porosa, con sistemas cognitivos emergentes que incorporan elementos de ambas en configuraciones novedosas:

* Sistemas sociotécnicos complejos donde decisiones emergen de interacciones entre agentes humanos y algorítmicos, como ocurre ya en todo, desde el diagnóstico médico hasta gestión de infraestructura urbana.

* Interfaces cerebro-máquina que permiten comunicación directa entre cognición humana y sistemas computacionales, desde aplicaciones terapéuticas actuales hasta futuros potenciales de aumento cognitivo.

* Comunidades epistémicas híbridas donde conocimiento se produce, valida y transmite a través de colaboración entre expertos humanos y sistemas de IA, transformando prácticas científicas, profesionales y culturales.

La inteligencia híbrida no es simplemente suma de capacidades humanas y artificiales existentes. Es un nuevo espacio emergente de posibilidades cognitivas que no existían previamente, ni en humanos ni en máquinas aisladamente.

Dario Amodei, CEO de Anthropic, señala que estamos viviendo un proceso de co-evolución entre la inteligencia humana y la artificial. A medida que creamos sistemas más sofisticados, estos no solo amplifican nuestras habilidades actuales, sino que también transforman de manera profunda nuestra manera de pensar, la forma en que entendemos el conocimiento y cómo organizamos los procesos cognitivos colectivos.

Este marco desplaza nuestra atención desde competencia hacia complementariedad, desde control unidireccional hacia adaptación mutua y desde capacidades aisladas hacia sistemas cognitivos integrados.

Principios para la era de la inteligencia híbrida

Si aceptamos que estamos construyendo un futuro de inteligencia híbrida, ¿qué principios deberían guiarnos? Sin pretender ser exhaustivos, proponemos cinco orientaciones fundamentales:

1. Gobernanza Anticipatoria e Inclusiva

La velocidad de avance en IA excede consistentemente nuestra capacidad para desarrollar marcos regulatorios. Sin embargo, esto no significa que la gobernanza efectiva sea imposible, solo que requiere enfoques más anticipatorios, adaptables e inclusivos. La gobernanza anticipatoria involucra:

- Evaluación prospectiva de impactos potenciales cuando tecnologías aún están en desarrollo, no después de su despliegue masivo.
- Participación amplia de diversas comunidades en decisiones sobre desarrollo y regulación tecnológica, especialmente aquellas más probablemente afectadas por sus consecuencias.
- Experimentación institucional con nuevos modelos de supervisión y rendición de cuentas adaptados a realidades de sistemas algorítmicos complejos.
- Gobernanza multinivel que reconoce que diferentes aspectos de IA requieren coordinación a escalas desde local hasta global.

La Investigación e Innovación Responsable (RRI) representa un enfoque emergente que combina investigación anticipatoria, participación ciudadana deliberativa y colaboración entre múltiples partes interesadas para moldear trayectorias tecnológicas antes de que se solidifiquen.

Mariana Mazzucato, economista especializada en innovación orientada a misiones, sostiene que una gobernanza efectiva no consiste en frenar la innovación, sino en orientarla para abordar problemas sociales relevantes, al mismo tiempo que se gestionan de manera proactiva los riesgos y se garantiza una distribución equitativa de los beneficios.

2. Pluralismo Tecnológico y Cultural

La tendencia hacia monopolización en ecosistemas de IA amenaza la diversidad tanto tecnológica como cultural. Contrarrestar esta tendencia requiere compromisos explícitos con pluralismo en múltiples niveles:

- Diversidad arquitectónica: Fomentar desarrollo de múltiples enfoques técnicos hacia inteligencia artificial, no convergencia prematura en paradigmas dominantes.
- Soberanía tecnológica distribuida: Asegurar que diferentes regiones, naciones y comunidades mantengan capacidad para desarrollar tecnologías alineadas con sus propios valores y prioridades.

- Multilingüismo y diversidad cultural: Invertir específicamente en sistemas que sirvan idiomas no dominantes y tradiciones culturales subrepresentadas.
- Datos representativos: Asegurar que conjuntos de datos que entrenan sistemas de IA reflejen genuinamente diversidad humana y experiencia.

Iniciativas como Masakhane, comunidad africana de investigadores en procesamiento de lenguaje natural, demuestran potencial para desarrollar capacidades tecnológicas que respondan a prioridades y contextos locales mientras contribuyen a conversación global.

3. Alfabetización Crítica y Participación

A medida que la IA se integra más profundamente en instituciones sociales fundamentales, la capacidad de ciudadanos para entender, evaluar y participar en moldear estas tecnologías se vuelve una necesidad democrática básica.

La alfabetización crítica en IA va más allá de habilidades técnicas básicas para incluir:

- Comprensión conceptual de cómo funcionan sistemas de IA, incluyendo fundamentos de aprendizaje automático y procesamiento de datos.
- Conciencia contextual de cómo estos sistemas están integrados en estructuras sociales, económicas y políticas más amplias.
- Capacidad evaluativa para interrogar críticamente afirmaciones sobre capacidades, limitaciones e impactos de sistemas algorítmicos.
- Compromiso participativo con procesos que determinan cómo estas tecnologías se desarrollan y despliegan.

Países como Estonia están integrando alfabetización en IA en currículos educativos básicos, mientras iniciativas como AI4ALL y Responsible AI for Youth están desarrollando programas específicamente dirigidos a grupos históricamente subrepresentados en tecnología.

Audrey Watters, investigadora en tecnología educativa, destaca que la educación para la era de la inteligencia artificial no debería centrarse únicamente en formar más programadores, sino en desarrollar habilidades críticas que permitan a todos los ciudadanos participar activamente en los debates sobre cómo estos sistemas deben operar dentro de una sociedad democrática.

4. Alineación Valor-Tecnología

Los sistemas de IA incorporan inevitablemente valores humanos, ya sea explícita o implícitamente. La cuestión no es si estos sistemas reflejarán valores, sino cuáles valores, seleccionados por quién y con qué mecanismos de supervisión y corrección. La alineación valor-tecnología requiere:

- Especificación explícita de valores que sistemas deberían incorporar, a través de procesos democráticos y participativos.
- Traducción operativa de principios abstractos en objetivos técnicos concretos implementables en sistemas algorítmicos.
- Verificación independiente de que sistemas realmente operan de acuerdo con valores declarados.
- Corrección iterativa basada en observación de impactos reales, no solo intenciones iniciales.

OpenAI, por ejemplo, desarrolla principios operativos y marcos para asegurar que sus modelos se alineen con los valores humanos fundamentales, enfocándose en la transparencia y la equidad en el uso de la IA. Estos marcos son implementados y evaluados a través de revisiones externas y colaboraciones con expertos en ética tecnológica.

Stuart Russell, pionero en inteligencia artificial, enfatiza que el reto no es solo hacer que las máquinas sean eficientes, sino asegurarse de que lo que hagan sea moralmente correcto. Según Russell, esto requiere un enfoque completamente nuevo, en el que los sistemas algorítmicos se diseñen desde el inicio para servir a valores humanos explícitos, garantizando que la tecnología opere en beneficio de la humanidad.

5. Bienestar Humano como Medida Final

Finalmente, ante incertidumbre y complejidad, necesitamos un principio orientador claro: avances en inteligencia artificial deben evaluarse ultimadamente por su contribución a bienestar humano en su sentido más amplio y equitativo. Esto significa:

- Mediciones multidimensionales de impacto que vayan más allá de métricas económicas estrechas para incluir salud, educación, sustentabilidad ambiental, equidad y agencia humana.

- Atención especial a poblaciones vulnerables y cómo tecnologías afectan a quienes tienen menos poder para influenciar su desarrollo o adaptarse a sus consecuencias.

- Consideración intergeneracional de impactos a largo plazo en generaciones futuras.

- Pluralismo valorativo que reconoce diversas concepciones culturales de florecimiento humano mientras mantiene compromisos con ciertos principios universales de dignidad y derechos humanos.

El enfoque de Capabilities de Amartya Sen y Martha Nussbaum ofrece un marco particularmente relevante, definiendo bienestar no como simple satisfacción de preferencias o acumulación de recursos, sino como expansión de libertades sustantivas y capacidades que permiten a personas vivir vidas que valoran.

Nussbaum plantea que el debate más relevante en torno a la inteligencia artificial no gira en torno a si esta puede replicar habilidades humanas, sino en si está contribuyendo a ampliar o limitar nuestras capacidades esenciales como seres humanos: desde llevar una vida saludable y ejercer el pensamiento crítico, hasta mantener relaciones sociales significativas y participar activamente en la construcción de nuestras comunidades políticas.

Un llamado a la acción colectiva

Los principios anteriores no son meramente aspiracionales. Son llamados específicos a acción en múltiples niveles, desde decisiones individuales hasta políticas globales, que pueden dirigir desarrollo de IA hacia futuros más deseables.

Para Individuos

Como personas navegando un mundo cada vez más mediado por algoritmos, podemos:

- Practicar curiosidad informada sobre sistemas que afectan nuestras vidas, haciendo preguntas como: ¿Qué datos alimentan este sistema? ¿Quién se beneficia de su funcionamiento? ¿Qué alternativas existen?

- Ejercer opciones conscientes como consumidores, usuarios y ciudadanos, apoyando tecnologías y políticas alineadas con valores democráticos y humanistas.

- Cultivar capacidades complementarias que robots y algoritmos no pueden replicar: creatividad contextual, inteligencia ética y emocional, pensamiento sistémico, y capacidad para construir conexiones humanas significativas.

- Participar en gobernanza tecnológica, desde audiencias públicas locales hasta movimientos de defensa digital global, reconociendo que las voces de usuarios y ciudadanos comunes son esenciales para desarrollo tecnológico democrático.

Safiya Noble, autora de Algorithms of Oppression, sostiene que no es necesario tener conocimientos técnicos especializados para participar en el debate sobre el impacto de la inteligencia artificial en nuestras sociedades. Como ciudadanos, afirma, tenemos tanto el derecho como la responsabilidad de exigir que estas tecnologías promuevan el bien común y respeten la dignidad humana.

Para Organizaciones

Empresas, instituciones educativas, gobiernos locales y organizaciones de sociedad civil tienen oportunidades particulares para moldear desarrollos de IA:

- Adoptar prácticas de diseño participativo que involucren diversos stakeholders, especialmente usuarios finales y comunidades potencialmente afectadas, en desarrollo de sistemas algorítmicos desde etapas más tempranas.

- Implementar evaluaciones de impacto que consideren sistemáticamente efectos potenciales de sistemas de IA antes de su despliegue, con atención particular a impactos distributivos y posibles daños a poblaciones vulnerables.

- Desarrollar capacidades institucionales para evaluación y gobernanza algorítmica, incluyendo consejos de ética con autoridad significativa y representación diversa.

- Compartir conocimiento y recursos a través de colaboraciones intersectoriales, reconociendo que muchos desafíos de IA requieren ecosistemas de experiencia, no soluciones aisladas.

Frank Pasquale, autor de The Black Box Society, sostiene que aquellas organizaciones que abordan la gobernanza de la inteligencia artificial como una oportunidad y no como una barrera estarán mejor posicionadas para alcanzar el éxito. Para él, establecer procesos sólidos de evaluación ética y participación de actores clave no solo fortalece la confianza pública y reduce riesgos, sino que también abre espacios para una innovación que sea verdaderamente responsable.

Para Formuladores de Políticas

A nivel de política nacional e internacional, prioridades críticas incluyen:

- Invertir en bienes públicos digitales que proporcionen alternativas democráticas a sistemas propietarios controlados por pocas corporaciones, incluyendo datasets diversos, modelos de IA de acceso abierto y estándares interoperables.

- Fortalecer capacidades regulatorias para evaluación, monitoreo y supervisión efectiva de sistemas de IA, incluyendo entidades específicamente dedicadas a gobernanza algorítmica.

- Implementar protecciones robustas contra concentración excesiva de poder tecnológico, a través de políticas antimonopolio actualizadas, requisitos de portabilidad de datos y apoyo deliberado a ecosistemas tecnológicos diversos.

- Desarrollar marcos de gobernanza global que faciliten coordinación internacional en desafíos transfronterizos como seguridad de IA, protección de datos y distribución equitativa de beneficios de automatización.

Marietje Schaake, directora internacional de política en el Stanford Cyber Policy Center, plantea que es urgente desarrollar una nueva generación de instituciones digitales que igualen en solidez, democracia y efectividad a las que surgieron durante la era industrial. Para lograrlo, no basta con actualizar las normativas; también es imprescindible fortalecer de manera significativa las capacidades de implementación.

Para Investigadores y Desarrolladores

Quienes construyen directamente sistemas de IA tienen responsabilidades particulares:

- Diversificar equipos técnicos para incluir múltiples perspectivas, disciplinas y orígenes, reduciendo riesgo de puntos ciegos y sesgos no examinados.
- Integrar consideraciones éticas en cada fase de proceso de desarrollo, no como capa superficial agregada después que decisiones técnicas clave ya están establecidas.
- Desarrollar arquitecturas verificables que faciliten auditoría externa, explicabilidad y mecanismos robustos de supervisión humana.
- Priorizar investigación en áreas críticas como robustez, interpretabilidad, privacidad federada y equidad algorítmica, no solo capacidades incrementalmente avanzadas.

Rediet Abebe, científica computacional y cofundadora de Black in AI, subraya que quienes desarrollan sistemas de inteligencia artificial tienen una responsabilidad particular. Las elecciones que hacen en cuanto a qué construir, de qué manera hacerlo y con qué objetivos, tienen consecuencias significativas que pueden tanto intensificar como mitigar desigualdades ya existentes.

La chispa que persiste: Tecnología con alma humana

A lo largo de este libro, hemos examinado tanto la ciencia detrás de inteligencia artificial como sus implicaciones humanas. Hemos visto su potencial para transformar medicina, educación, arte y prácticamente cada aspecto de experiencia humana. También hemos enfrentado honestamente sus riesgos: desde sesgos algorítmicos y concentración de poder hasta desafíos fundamentales para privacidad, autonomía y significado.

Pero quizás el mensaje más importante no es técnico ni incluso ético. Es filosófico y existencial: frente a máquinas cada vez más capaces, ¿qué significa ser humano?

Esta pregunta antigua adquiere nueva urgencia en la era de la inteligencia artificial. No porque las máquinas estén a punto de "superarnos" en algún sentido simplista, sino porque estar rodeados de inteligencias no humanas inevitablemente refracta y clarifica nuestra propia humanidad.

Lo que emerge de esta reflexión no es una esencia humana única e inmutable, sino un conjunto de capacidades y compromisos distintivamente humanos que adquieren renovada importancia precisamente cuando aspectos de cognición se automatizan:

- Nuestra capacidad para conexión empática con otros seres sintientes, para sentir con ellos, no solo razonar sobre ellos.
- Nuestra libertad existencial para cuestionar propósitos dados y crear significado en un universo que no lo proporciona inherentemente.
- Nuestra consciencia moral que reconoce deberes hacia otros no basados solo en cálculo de consecuencias.
- Nuestra creatividad anclada en experiencia vivida, incluyendo dimensiones corporales, emocionales y culturales que informan expresión humana.
- Nuestra capacidad para asombro y reverencia frente a la belleza y misterio del mundo, incluyendo el misterio de la consciencia misma.

Estas cualidades no definen necesariamente una frontera permanente entre humanos y máquinas, pero sí delinean un patrimonio valioso que debemos llevar conscientemente a nuestra relación con inteligencias que creamos.

El desafío no es preservar alguna dominancia cognitiva particular frente a máquinas cada vez más capaces. Es asegurar que tecnologías que desarrollamos amplifiquen en lugar de disminuir estas capacidades humanas fundamentales: que nos ayuden a ser más empáticos, no menos; más reflexivos moralmente, no menos; más creativa y conscientemente comprometidos con creación de significado, no menos.

El filósofo Sean Dorrance Kelly plantea que la inteligencia artificial nos obliga a reflexionar con claridad sobre los valores fundamentales de la experiencia humana. No se trata de defender una exclusividad sobre la inteligencia, sino de garantizar que las tecnologías desarrolladas potencien justamente aquellas cualidades que hacen que la vida humana tenga sentido y valga la pena ser vivida.

Esta orientación filosófica subyace a los principios más prácticos discutidos anteriormente. Si la inteligencia híbrida es nuestro futuro compartido, entonces nuestra tarea es moldearla deliberadamente para que sirva a las características más valiosas de la humanidad, no solo eficiencia técnica o ganancia económica.

La revolución que escribimos juntos

La inteligencia artificial representa la frontera más consecuente de innovación humana en nuestra época. No es exageración decir que decisiones tomadas en las próximas décadas sobre desarrollo, despliegue y gobernanza de estos sistemas darán forma fundamentalmente al futuro de la civilización humana.

Frente a esta responsabilidad, tanto asombro como humildad son apropiados. Asombro ante lo que el ingenio humano ha creado: sistemas que pueden diagnosticar enfermedades, traducir idiomas y generar arte con capacidades previamente inimaginables. Humildad ante las incertidumbres y riesgos inherentes en desarrollar tecnologías cuyas capacidades y consecuencias no podemos predecir completamente.

Este libro ha sido un viaje desde comprensión técnica hacia sabiduría práctica, un intento de equipar a los lectores no solo con conocimiento sobre cómo funciona la IA, sino también con los marcos conceptuales para navegar las elecciones complejas que enfrentamos colectivamente.

La única certeza es que no hay camino predeterminado. La IA no nos está pasando como fuerza natural independiente de la voluntad humana. La estamos construyendo, elección por elección, línea de código por línea de código, política por política. Y tenemos tanto derecho como responsabilidad de guiar esta construcción hacia futuros que reflejen nuestros valores más profundos y aspiraciones más nobles.

Las decisiones sobre el desarrollo y uso de tecnologías no deben quedar exclusivamente en manos de expertos técnicos, ejecutivos o funcionarios. Son parte de una responsabilidad colectiva que involucra a toda la ciudadanía, ya que estas herramientas están moldeando profundamente la vida social. Virginia Eubanks, académica, periodista y activista, autora del influyente libro Automating Inequality, advierte que los sistemas automatizados utilizados en políticas públicas (como salud, educación o asistencia social) tienden a reforzar y perpetuar desigualdades estructurales. Según ella, la automatización de la desigualdad no es solo un problema técnico, sino también profundamente político. Por eso, insiste en que solo mediante una participación ciudadana activa y consciente podremos construir sistemas más justos, que respondan a principios de equidad, dignidad y derechos humanos.

La revolución inteligente artificial ya ha comenzado. La pregunta ahora es: ¿quién escribirá sus próximos capítulos, con qué valores y hacia qué fines?

La pluma está en nuestras manos.

Notas sobre fuentes:

Este capítulo integra investigación contemporánea sobre el futuro de la inteligencia artificial y su gobernanza:

- Jasanoff, S. (2023). *The Ethics of Invention: Technology and the Human Future*. W.W. Norton & Company.
- Mazzucato, M. (2023). *Mission Economy: A Moonshot Guide to Changing Capitalism*. Penguin Books.
- Masakhane Research Foundation (2023). *Building NLP Technologies for African Languages*.
- Digital Public Goods Alliance (2024). *Pathways to Digital Sovereignty in Global South*.
- Bengio, Y., et al. (2023). *Democratizing AI Research and Development. Montreal AI Ethics Institute*.
- Finnish National Agency for Education (2023). *AI Literacy Framework*.
- AI4ALL (2024). *Building Inclusive AI Through Education*.
- Watters, A. (2023). *Critical Technology Studies in Education. MIT Press*.
- Partnership on AI (2024). *Methodology for Ethical Translation in AI Systems*.
- Russell, S. (2023). *Human Compatible: Artificial Intelligence and the Problem of Control*. Penguin.
- IEEE Global Initiative on Ethics of Autonomous and Intelligent Systems (2023). *Ethically Aligned Design*.
- Nussbaum, M. & Sen, A. (2023). *The Quality of Life and Emerging Technologies*. Oxford University Press.
- Sustainable Development Solutions Network (2024). *AI Impact Assessment Framework*.
- Noble, S. (2023). *Algorithms of Oppression: How Search Engines Reinforce Racism*. NYU Press.

APÉNDICE: HERRAMIENTAS DE IA PARA PROFUNDIZAR

Este apéndice ofrece una visión general de los principales modelos de lenguaje generativo disponibles hasta abril de 2025. Cada uno representa una aproximación distinta al desarrollo y aplicación de la inteligencia artificial, reflejando las prioridades y valores de sus respectivas empresas y países de origen.

Modelos de Texto (Generación y comprensión de lenguaje)

- **ChatGPT**, OpenAI, Estados Unidos – openai.com (gratuito con opción premium).
- **Gemini**, Google, Estados Unidos/Reino Unido – gemini.google.com (gratuito con opción premium).
- **DeepSeek LLM**, DeepSeek AI, China – deepseek.com (gratuito en versión open-source).
- **Grok**, xAI (Elon Musk), Estados Unidos – x.ai (disponible para todos los usuarios de X; funciones ampliadas requieren suscripción Premium+ o superior).
- **Claude**, Anthropic, Estados Unidos – claude.ai (gratuito con opción premium).
- **Bing Chat**, Microsoft, Estados Unidos – bing.com (gratuito; accesible desde Microsoft Edge).
- **LLaMA 2 y 4**, Meta, Estados Unidos – ai.meta.com/llama (gratuito bajo licencia comunitaria; no código abierto según OSI).
- **BLOOM**, BigScience (Hugging Face), Francia – huggingface.co/bigscience/bloom (gratuito).
- **DeepL Translator**, DeepL GmbH, Alemania – deepl.com (gratuito con funciones premium).
- **Google Translate**, Google, Estados Unidos – translate.google.com (gratuito).

Modelos de Imágenes (Generación y edición de imágenes)

- **DALL-E 2/3**, OpenAI, Estados Unidos – openai.com/dall-e (disponible a través de ChatGPT Plus; sin versión gratuita independiente).
- **Midjourney**, Midjourney Inc., Estados Unidos – midjourney.com (requiere suscripción).
- **Stable Diffusion**, Stability AI, Reino Unido – stability.ai (gratuito, de código abierto).

- **Bing Image Creator**, Microsoft, Estados Unidos – bing.com/create (gratuito).
- **Adobe Firefly**, Adobe, Estados Unidos – firefly.adobe.com (plan gratuito limitado / funciones premium con suscripción Adobe).
- **Leonardo AI**, Leonardo AI, Estados Unidos – leonardo.ai (gratuito limitado / premium).

Modelos de Música (Composición automática)

- **AIVA**, AIVA Technologies, Luxemburgo – aiva.ai (gratuito limitado / premium).
- **Boomy**, Boomy Inc., Estados Unidos – boomy.com (gratuito limitado / premium).
- **Mubert**, Mubert Inc., Estados Unidos – mubert.com (gratuito limitado / premium).
- **MusicLM**, Google, Estados Unidos – *(AI Test Kitchen)* (gratuito en fase experimental).
- **OpenAI Jukebox**, OpenAI, Estados Unidos – openai.com/blog/jukebox (gratuito código abierto, experimental).

Modelos de Video (Generación audiovisual)

- **Synthesia**, Synthesia Ltd., Reino Unido – synthesia.io (plan gratuito con 3 minutos de video al mes / planes premium desde $29).
- **Runway Gen-2**, Runway ML, Estados Unidos – runwayml.com (gratuito limitado / premium).
- **D-ID**, D-ID, Israel – d-id.com (plan gratuito de prueba / pago por uso desde $4.7 al mes).
- **Colossyan Creator**, Colossyan Ltd., Reino Unido/EE. UU. – colossyan.com (gratuito limitado / premium).
- **DeepBrain AI**, DeepBrain AI, Corea del Sur – deepbrainai.io (plan personal desde $29/mes o $288/año).
- **Pictory**, Pictory Inc., Estados Unidos – pictory.ai (prueba gratuita de 14 días / premium desde $19 al mes).

Modelos de Voz (Reconocimiento y síntesis de voz)

- **Whisper**, OpenAI, Estados Unidos – openai.com/whisper (gratuito, código abierto).
- **Google Cloud Speech-to-Text**, Google, Estados Unidos – cloud.google.com/speech-to-text (gratuito limitado / pago).

- **Google Cloud Text-to-Speech**, Google, Estados Unidos – cloud.google.com/text-to-speech (pago por uso).
- **Amazon Polly**, Amazon AWS, Estados Unidos – aws.amazon.com/polly (nivel gratuito limitado / pago).
- **Microsoft Azure Speech**, Microsoft, Estados Unidos – azure.microsoft.com/services/cognitive-services/speech-services (prueba gratuita / pago).
- **ElevenLabs**, ElevenLabs, Estados Unidos – elevenlabs.io (gratuito limitado / premium).
- **Siri**, Apple, Estados Unidos – apple.com/siri (gratuito en dispositivos Apple).
- **Alexa**, Amazon, Estados Unidos – amazon.com/alexa (gratuito con dispositivos Echo).
- **Google Assistant**, Google, Estados Unidos – assistant.google.com (gratuito en dispositivos Android/Google).

ACERCA DEL AUTOR

Aarón Rodríguez Moro (Valencia, Venezuela, 1989) es odontólogo por la Universidad de Carabobo y magíster en Estudios Políticos y de Gobierno por la Universidad Metropolitana de Caracas. Su formación se ha enriquecido con estudios en liderazgo, negociación y comunicación política en instituciones como el IESA, la Universidad Pontificia de Salamanca y FLS Boston.

Desde 2022, su atención se ha centrado en la inteligencia artificial, no solo como fenómeno tecnológico, sino como una fuerza transformadora de la vida cotidiana, la ética y la política. En 2024 profundizó su formación en este campo a través de programas especializados, con la convicción de que comprender la IA es indispensable para participar activamente en el futuro que estamos construyendo.

Este libro nace de esa convicción: una invitación crítica a no observar la revolución inteligente como un espectáculo ajeno, sino como un proceso humano que aún podemos orientar hacia la equidad, la libertad y el bien común.

www.ingramcontent.com/pod-product-compliance
Lightning Source LLC
LaVergne TN
LVHW022304060326
832902LV00020B/3271